Das LICHT aus ZION

Dieses Buch offenbart verborgene Pfade ins Reich Gottes. Eine kraftvolle Botschaft von zwölf Rabbinern über Einheit, echte Schätze und Gottes Liebe.

Das LICHT aus ZION

Das Licht aus Zion ist all jenen gewidmet, die auf die Errichtung des Reiches Gottes warten und darauf, dass dem Gott Israels alle Ehre und Dankbarkeit zuteilwird.

Du bist mein König, O Gott; befiehl die Erlösung Jakobs! Und mögest Du in Liebe zurückkehren nach Jerusalem, in Deine Stadt, und darinnen wohnen, so wie Du gesprochen hast. Mögest Du sie bald in unseren Tagen wieder aufbauen als einen ewigen Bau und mögest Du eilends den Thron Davids in ihr wieder aufrichten. Gepriesen bist Du, HERR, der Erbauer Jerusalems.

VORWORT von RABBI MOSHE GOLDSMITH

VOR ETWA EINEM Jahr erhielt ich einen Anruf von einem Freund, der mich fragte, ob ich bereit sei, mit einer nichtjüdischen Frau aus Norwegen zu sprechen, die gerne mit einem Rabbi sprechen wollte. Er teilte mir mit, dass er sie persönlich kenne und dass sie eine aktive Unterstützerin Israels sei. Ich stimmte zu und nach unserer anfänglichen E-Mail-Korrespondenz fand unser erstes Treffen via Skype statt.

Während unserer ersten Skype-Unterhaltung teilte Britt mir mit, dass sie, obwohl Christin, eine tiefe Verbindung zur Torah empfinde und die Lehrweise orthodoxer Rabbiner bewundere. Sie erwähnte, dass es ihre Überzeugung sei, dass die christliche Welt mit den eindrucksvollen Botschaften der Torahlehren konfrontiert werden müsse, was ihrer Meinung nach zu Tikun Olam (Rechtfertigung der Welt) führen würde. Sie fragte mich, ob ich bereit sei, eine wöchentliche Abhandlung zur Paraschat zu schreiben, die sie dann übersetzen und über ihre E-Mail-Liste in Umlauf bringen würde. Ich stimmte zu.

In einem folgenden Gespräch *äußerte* sie die Idee, ein Buch über die wöchentlichen Torahabschnitte zu veröffentlichen und fragte, ob ich innerhalb eines Jahres zu jedem Abschnitt eine Abhandlung verfassen könne. Ich erklärte ihr, dass mir ein Jahr für die Bearbeitung aller Abschnitte nicht reichen würde. Ein paar Tage später schlug sie vor, zwölf Rabbiner dazu zu bewegen, einige der wöchentlichen Abschnitte schriftlich zu behandeln, was sicherlich den Prozess der Fertigstellung eines Buches über die wöchentlichen Paraschats beschleunigen würde. Ich verlieh meiner diesbezüglichen Skepsis mit folgenden Worten Ausdruck: „Britt, es wird dir sicherlich sehr schwerfallen, zwölf Rabbiner dazu zu bringen, an einem solchen Projekt teilzunehmen."

Ich hatte mich geirrt! Mit ihrer erstaunlichen Begeisterung und positiven Einstellung ließ sie es Wirklichkeit werden. Hashem leitete sie dabei, diese schwierige Aufgabe zu meistern und die vielen Hindernisse aus dem Weg zu räumen.

Abgesehen von den wunderbaren Botschaften der Torah in diesem Buch, gibt es eine zweite Lehre, die wir nicht für selbstverständlich nehmen sollten

– die Macht des einfachen Glaubens. Es ist ein reiner und unkomplizierter Glaube, der uns durch unser Leben führen muss. Das ist die Lehre, die Britt Lode durch ihr eigenes Vorbild vermittelt.

Wir haben heute das Privileg, in einer besonderen Zeit zu leben – in der wir Zeugen eines außergewöhnlichen Erwachens eines Teiles der Völker werden, die ihr Bedürfnis, sich mit dem Licht der Torah zu verbinden, spüren. Zweifellos ist dies eine erfüllte Prophezeiung in unseren Tagen.

> „So spricht der HERR der Heerscharen: In jenen Tagen, da werden zehn Männer aus allerlei Sprachen der Nationen ergreifen, ja, ergreifen werden sie den Rockzipfel eines jüdischen Mannes und sagen: Wir wollen mit euch gehen, denn wir haben gehört, dass Gott mit euch ist." (Sach. 8,23)

Liest man diesen Vers, dann erscheint es überflüssig, zweimal „ergreifen" zu sagen. Meiner Meinung nach ist dies ein Hinweis darauf, dass die Völker in einem allmählichen Prozess zur Torah hingezogen werden. Zunächst werden sie auf ihrer Suche nach Hashem alle möglichen unterschiedlichen Wege beschreiten, welche der Prophet nicht offenbaren will, letztendlich aber, wie der Prophet lehrt, werden sie zu dem Schluss kommen, dass die Antwort auf ihre Suche in ihrer Verbindung zum Volk Israel zu finden ist.

Ich möchte mit einem Bittgebet schließen: Lass die machtvollen Botschaften dieses Buches die Herzen von Millionen erreichen und sie dem kostbaren Licht der Torah immer näherbringen.

> „Und es wird geschehen am Ende der Tage, da wird der Berg des Hauses des HERRN feststehen auf dem Gipfel der Berge und erhaben sein über die Hügel; und alle Nationen werden zu ihm strömen. Und viele Völker werden hingehen und sagen: Kommt und laßt uns hinaufziehen zum Berge des HERRN, zum Hause des Gottes Jakobs! Und er wird uns belehren aus seinen Wegen, und wir wollen wandeln in seinen Pfaden. Denn von Zion wird das Gesetz ausgehen, und das Wort des HERRN von Jerusalem." (Jes. 2,2-3)

Rabbi Moshe Goldsmith
Itamar, Samaria

VORWORT von GIDON ARIEL

Von Zeit zu Zeit erscheinen Bücher auf den Markt, die, obwohl es zuerst nicht den Anschein hat, weltbewegend sind. Ein solches Buch hältst Du gerade in der Hand.

Um die Wahrheit zu sagen, nicht dieses Buch ändert wirklich den Verlauf des Spiels, sondern die Welt selbst hat sich im Laufe der letzten Jahrzehnte geändert. Dabei spiele ich besonders auf die Veränderungen an, die das jüdische Volk durchlaufen hat und darauf, wie diese Veränderungen sich auf das Verhältnis der Juden zu der sie umgebenden Welt ausgewirkt haben.

Es finden sich eine Reihe grundlegender Ereignisse im biblischen Bericht der Geschichte des jüdischen Volkes, die man prägend nennen könnte. Sicherlich stünden der Exodus und die Offenbarung am Berg Sinai auf jedermanns Liste; einerseits emanzipierten sich die Kinder Israels an diesen Scheidepunkten von der Sklaverei und erhielten andererseits die Torah, das göttliche Dokument der Gebote und ihrer Beziehung zu Gott. Ohne eine einzigartige, verbindende Aufgabe (Torah) und ohne die Möglichkeit, sie zu tun (Freiheit), wären die Juden bestenfalls eine Nation wie jede andere und schlimmstenfalls nicht existent.

Es gibt allerdings auch noch einen Vers, der die Ausrufung des nationalen Erstehens Israels verkündet:

> „Und Mose und die Priester, die Leviten, redeten zu ganz Israel und sprachen: Schweige und höre, Israel! An diesem Tage bist du dem HERRN, deinem Gott, zum Volke geworden." (Deut. 27,9)

Dieser Vers ist in seiner Aussage einerseits eindeutig, andererseits aber lässt er eine Frage offen, denn er spricht von dem Moment der Volkswerdung sagt aber nicht, auf welchen „Tag" genau er sich bezieht. Er wurde gegen Ende des 40-jährigen Aufenthaltes Israels in der Wüste gesprochen, ohne in zeitlichem Zusammenhang mit einem denkwürdigen oder erinnernswerten Ereignis zu stehen. Hinzu kommt, dass dieser Tag, selbst wenn er auf ein Datum festlegbar wäre, ganz gewiss in keiner Weise beachtet wird.

Liest man diesen Vers etwas aufmerksamer im Zusammenhang, so stellen wir fest, dass er eine Einleitung zu dem Gebot der Zeremonie an den Bergen Garizim und Ebal darstellt (Deut. 27,12-13). Diese Zeremonie sollte kurz nach Durchquerung des Jordans und ihrer Ankunft im Lande Israel an den Zwillingsgipfeln der Stadt Schchem stattfinden, heute (vielleicht wegen der schwierigen Aussprache?) bekannt als Nablus. Dieses Ereignis lässt sich im letzten Vers 26 dieses Kapitels zusammenfassen: „Verflucht sei, wer nicht aufrecht hält die Worte dieses Gesetzes, sie zu tun! Und das ganze Volk sage: Amen!"

Auch hier könnte diese Zusammenfassung und die vorausgehenden elf Verse so verstanden werden, als sei dieses Ereignis eine Wiederholung des Bundes am Sinai. Im Zusammenhang aber mit anderen Hinweisen aus benachbarten Versen und der Darstellung des eigentlichen Ereignisses bei Garizim und Ebal, kommen wir zu einem anderen umfassenderen Schluss: Dieses Gebot soll den Bund segnen, in dem Moment, wo alle drei seiner menschlichen Aspekte zusammentreffen: die Torah, das Volk Israel und das Land Israel.

Diese drei Bestandteile – die Torah, das Volk Israel und das Land Israel sind das Seil aus drei Strängen, das nicht aufgetrennt werden kann (s. Pred. 4,12). Auch wenn wir seit über zweitausend Jahren aus unserem geliebten Land verbannt waren, war es doch nur eine vorübergehende Störung, denn unsere Nation ließ nie ab von dem Glauben an Gottes Bund mit uns.

Um auf unsere anfängliche Frage zurückzukommen, was eigentlich der formgebende Moment für das jüdische Volk war, so können wir wohl auf einen Vers hinweisen, der diese drei Aspekte in ihrer Entstehungsphase vereint:

> „Und der HERR sprach zu Abram: Gehe aus deinem Lande und aus deiner Verwandtschaft und aus deines Vaters Hause, in das Land, das ich dir zeigen werde." (Gen. 12,1)

Gott gab Abram Weisung und Gesetz bezüglich des Landes.
Gott, Torah, Land, Volk.
Dieser Gesetzesbund, mit der Zusage des Landes, wurde mit Abrams Sohn und Enkelsohn, Isaak und Jakob, erneuert. Sie sind die drei Stammväter des

Volkes Israel. Diese drei Vorfahren sind die drei Säulen unseres Vertrauens, auf deren Verhältnis zu Gott wir uns täglich berufen, wenn wir zu Ihm beten.

Abram selbst aber machte natürlich eine Verwandlung durch, als Gott schwor:

> „… Ich, siehe, mein Bund ist mit dir, und du wirst zum Vater einer Menge Nationen werden. Und nicht soll hinfort dein Name Abram heißen, sondern Abraham soll dein Name sein; denn zum Vater einer Menge Nationen habe ich dich gemacht." (Gen. 17,4-5)

Ungeachtet einiger traditioneller, jüdischer Kommentare, die die Bezeichnung „zwölf Stämme Jakobs" mit „viel Mischvolk" oder „viel fremdes Volk" (Ex. 12,38) gleichsetzen, bezieht sich dieser Bund eindeutig auf Abrahams universales Vermächtnis. Ein näherer Blick auf Abrahams Handeln und seine moralische Haltung während seiner gesamten Lebenszeit lassen es sehr deutlich werden, dass jeder, der sich den Idealen des ethischen Monotheismus verpflichtet fühlt, Abrahams spiritueller Erbe ist.

Heute werden wir Zeugen zahlloser Wunder. Die industrielle Revolution, das Informationszeitalter, weltweite Unabhängigkeit der Nationen, bildungsmäßige und politische Demokratie – all dies und mehr sind Zeichen des Heranreifens der Menschheit. Viele dieser Errungenschaften lassen sich zurückverfolgen auf den ersten revolutionären und zuvor erwähnten Vater Abraham. So muss auch seine wichtigste Neuerung – der Glaube an den Einen Wahren Gott – mit in diese Liste aufgenommen werden, denn immer mehr Menschen kommen zu einem wohlüberlegten, tiefen Verständnis der Wichtigkeit dieses Glaubens. Wenn die Menschen dann darüber nachdenken, was das größte Wunder von allen ist – die Rückkehr des jüdischen Volkes aus den Tiefen seines Exils in sein versprochenes Land, so wie in den Propheten beschrieben – dann ist es kein Wunder, dass sich so viele dieser nachdenklichen, an den Gott Abrahams Glaubenden zu Seinem wunderbaren Volk (den Juden) und ihrem wunderbaren Land (dem modernen Staat Israel) hingezogen fühlen.

Natürlich wurde diese Entwicklung klar und deutlich in Sacharja 8,23 prophezeit:

> „So spricht der HERR der Heerscharen: In jenen Tagen, da werden zehn Männer aus allerlei Sprachen der Nationen ergreifen, ja, ergreifen werden

sie den (Rockzipfel) Tzitzit (die rituellen Schaufäden) eines jüdischen Mannes und sagen: Wir wollen mit euch gehen, denn wir haben gehört, dass Gott mit euch ist."

Das bringt uns zu diesem Buch, *Das Licht aus Zion*. Meine gute Freundin, Britt Lode, sie ist ein wunderbares Beispiel für jemanden aus eben jenen Nationen, von denen Sacharja gesprochen hat: Aus einem Land (Norwegen) kommend, in dem es kaum Juden gibt, vernahm Britt (unglaublich, aber ihr Name bedeutet auf Hebräisch „Bund, Bündnis") den Ruf des Gottes Abrahams an sie. Bei diesem Ruf wurde es überdies deutlich, dass der Weg zu Ihm über das jüdische Volk geht. Dank der von Gott gelenkten Wunder von Telefon, Internet und Skype war Britt in der Lage, jüdische Lehrer zu finden, die ihrerseits offen und auch voller Begeisterung dafür waren, mit Nichtjuden wie ihr, Verbindung aufzunehmen und sie zu unterrichten (eine Bereitschaft, die an sich schon kein kleines Wunder ist).

Ich hatte die Ehre, an der Veröffentlichung dieses Buches mitzuwirken, eine 100% „koschere" Darstellung der Gedanken der Torah, vorgetragen von einigen der besten Torahlehrer unserer Zeit. *Während es Britts Traum war, die traditionelle jüdische Torah der norwegischen Öffentlichkeit nahezubringen, ist die Veröffentlichung dieses Buch* auf-Englisch tatsächlich nur ein willkommener Nebeneffekt der Veröffentlichung auf Norwegisch. Ich denke, dass die wesentliche Neuerung bei *Das Licht aus Zion* der Beginn des Phänomens ist, dass wohlbekannte, traditionelle, israelische, jüdisch-orthodoxe Lehrer Christen und anderen Nichtjuden die Torah nahebringen, denn aus Zion soll kommen die Torah und das Wort Gottes aus Jerusalem.

Ich habe das Wort „kanaf" in der Prophezeiung Sacharjas mit „Tzitzit" wiedergegeben anstatt mit „Rocksaum, Rockzipfel, Mantel, Ärmel, Kleid etc.," wie es üblicherweise in christlichen Bibelübersetzungen übersetzt wird. Diese Übersetzungen sind leicht nachvollziehbar, da die Vorstellung von Tzitzit (Schaufäden), wie in Num.15,37-41 dargestellt, Christen fremd ist.

Davon abgesehen, dass dies offenbar die rechte Deutung dieses Verses ist (das Wort „kanaf" erscheint sowohl in Num.15,38 als auch in Sacharja), eröffnet sich eine faszinierende Deutungsmöglichkeit in dem Verständnis, dass die Nationen die Tzitzit der Juden ergreifen.

Alle Tzitzit benötigen vier Schaufäden, einen an jeder Ecke eines viereckigen Gewandes. Jeder Schaufaden besteht aus acht Fäden, was eine Summe von 32 Fäden pro Juden ergibt. Die Prophezeiung Sacharjas rechnet damit jedem jüdischen Lehrer 320 Nichtjuden zu.

Kehrte jeder Jude in der Welt aufgrund seiner Berechtigung durch das Rückkehrgesetz nach Israel zurück, so lebten heute 23 Millionen Juden in Israel. Wenn jeder heute lebende Menschen – nach heutigen Schätzungen 7,4 Milliarden Menschen, – dann mit neun weiteren nach dem „kanaf" eines Juden greift, dann würden wir 320 Nichtjuden zählen, die von einem Juden Torah lernen.

Möge es Gottes Wille sein, dass schon bald in unseren Tagen ein jeder Jude seine Möglichkeit und seine Verantwortung erkennt und wahrnimmt, zurückkehrt in das Land seiner Väter, zur Torah seines Gottes und ein Leuchtturm der Torahkenntnis für jeden einzelnen Menschen auf der Erde wird. Dann „wird die Erde voll Erkenntnis Gottes sein, wie Wasser das Meer bedeckt."

GIDON ARIEL
MAALE HEVER, HEBRON

DER
AARONITISCHE SEGEN

UND DER HERR redete zu Mose und sprach: „Sprich zu Aaron und zu seinen Söhnen und sprich: So sollt ihr die Kinder Israel segnen; sprechet zu ihnen:

Der HERR segne dich und behüte dich! Der HERR lasse sein Angesicht über dir leuchten und sei dir gnädig! Der HERR richte sein Angesicht auf dich und gebe dir Frieden!

Und so sollen sie Meinen Namen auf die Kinder Israel legen, und Ich werde sie segnen.

NUMERI 6,22-27

HEBRÄISCH:

וידבר אדוני אל משה לאמר:

דבר אל אהרן ואל בניו לאמר

כה תברכו את בני ישראל אמור להם:

יברכך אדוני וישמרך יאר אדוני פניו אליך ויחונך:

ישא אדוני פניו אליך וישם לך שלום:

ושמו את שמי על בני ישראל ואני אברכם:

INHALTSVERZEICHNIS

DIE FESTTAGE

Einleitung

Lieber Leser,

es ist mir eine große Ehre, Dir dieses ganz besondere Buch vorstellen zu dürfen – oder ich sollte besser sagen: dieses ganz besondere Buchprojekt. Während der Vorbereitung dieses Buches war ich als Herausgeber, im wahrsten Sinne des Wortes, eingetaucht in eine Goldmine, eine wahre Schatzkammer. Die Gelegenheit zu haben, die Weisheit der Torah zu lesen und ihr dabei so nahe zu kommen, hat mich ihren *süßen* Wohlgeschmack kosten lassen und „ihre Frucht ist besser als Gold und Feingold, ihr Nutzen übertrifft wertvolles Silber. Sie übertrifft die Perlen an Wert, keine kostbaren Steine kommen ihr gleich." (Spr. 8,19 und 3,15)[1]. Dieses Buch ist ein Schatz, der unser Verständnis und unsere Vorstellungskraft übersteigt. Ich glaube, dass es bahnbrechend ist, dass uns so viele verschiedene Rabbiner an ihrer Weisheit und ihrem Herzen haben teilhaben lassen, damit dieser Schatz sowohl Juden als auch allen Nationen zugänglich gemacht werden kann.

Warum also glaube ich, dass dieses Buch so wichtig ist?

Ich wuchs in einer christlichen Tradition in Norwegen auf, sehr weit entfernt vom Judentum und Israel. Ich hatte bereits von meiner frühesten Kindheit an das Privileg, die Geschichten und Worte der Bibel zu hören und ich wuchs damit auf. Als junge Erwachsene begann ich, Israel und die Juden zu entdecken – zum großen Teil dank enthusiastischer, pro-israelischer Prediger, denen ich zuhörte – und ich spürte das Verlangen in mir, die biblischen Geschichten in größerer Tiefe zu studieren. Was sagt uns die Bibel wirklich? Ich entdeckte, dass die Bibel die Geschichte über das Königreich Israel ist; *über* das Königreich Gottes vom aller ersten Anfang, als Gott Abraham rief, bis hin zu den höchsten Höhen, als David und Salomo die Könige Israels waren; *über seinen* Niedergang, als zuerst zehn der zwölf Stämme in die assyrische Gefangenschaft gerieten und später, als der letzte Stamm, der Stamm Juda (die Juden) in die babylonische Gefangenschaft geführt wurde. Die Juden

---

1 Die Bibelzitate sind nach der englischen Vorlage übersetzt und entsprechen daher nicht immer dem genauen Wortlaut gängiger Bibelübersetzungen.

kamen *für eine kurze Zeit zurück, bevor sie zum zweiten Mal in die Diaspora hinausziehen mussten, während die zehn Stämme bis auf den heutigen Tag als „verloren" gelten. Es ist eine dramatische und fesselnde Geschichte* voller Intrigen, Liebe, Eifersucht, Vergebung, Strafe, Versprechen, Enttäuschung und all dem, was uns das Leben sonst noch bietet. Am interessantesten von allem finde ich, dass dieses Königtum, laut der Bibel, noch nicht beendet ist. Die Geschichte ist noch nicht zu Ende und das Beste soll noch kommen! Etwas noch Faszinierenderes ist, dass obwohl Juden und Christen sich in vielen Glaubensfragen unterscheiden, wir doch beide an den Gott Abrahams, Isaaks und Jakobs glauben; wir glauben beide an das Wort Gottes und auch unser Ziel oder unsere Vision sind gleich; wir sehnen uns nach der Erlösung und wir warten auf das Reich Gottes – wir wollen es wieder aufgerichtet sehen!

Die große Frage ist: wie erreichen wir dieses Ziel? Für eine sehr lange Zeit hat das Königreich in Trümmern gelegen, weit entfernt von der Herrlichkeit, die es einst besaß. Heute, selbst wenn wir Fortschritt in die richtige Richtung sehen – der Staat Israel ist gegründet, viele Juden sind nach Israel gezogen, die hebräische Sprache ist wiederbelebt, Menschen bemühen sich um Verständnis der Torah und mehr – ist das Königreich noch weit entfernt von seinem einstigen Glanz. Man fragt sich: Wo ist der Schlüssel für sein Wiedererstehen? Wie können wir die Wege finden, die zu diesem alten und geheimnisvollen Königreich führen? Sind sie überhaupt auffindbar? Selbst wenn die Situation dunkel und aussichtslos erscheint, so gibt es dennoch keinen Zweifel, dass die Wiederherstellung kommen wird, denn das Wort Gottes spricht immer und immer wieder davon:

> „Denn siehe, Tage kommen, spricht der HERR, da ich die Gefangenschaft meines Volkes Israel und Juda wenden werde, spricht der HERR; und ich werde sie in das Land zurückbringen, welches ich ihren Vätern gegeben habe, damit sie es besitzen. Sie werden dem HERRN, ihrem Gott, dienen und ihrem König David, den ich ihnen erwecken werde." Jer. 30,3,9 (siehe auch Sach.14,9; Jes. 35,10; Jer. 32,37-44; Jer. 16,14-15; Amos 9,11-15; Hes. Kap. 36 und 37)

Ich glaube, dass der Schlüssel zur Wiederherstellung darin liegt, dass wir in die Vergangenheit schauen und daraus lernen. Dazu müssen wir uns den Weg anschauen, den die Kinder Israels eingeschlagen haben, als sie Gott verließen, und dann auf eben jenem Weg zurückkehren (Jer. 31,20-21). „Seit den Tagen eurer Väter seid ihr von meinen Satzungen abgewichen und habt sie nicht bewahrt. Kehret um zu mir, so will ich zu euch umkehren, spricht der HERR der Heerscharen" (Mal. 3,7). Es ist eindeutig, was geschah. Die Kinder Israels verließen Gott und Seine Gebote. Das Königreich wurde gesetzlos. Die Kinder Israels kamen vom Weg ab, wandten sich ab von Seinem Wort, Seinem Gesetz, Seiner Torah. Die Grundfesten des Königreiches waren zerstört und damit endete das Königreich. Gott verschloss und verbarg die Wege des Königreiches vor uns, wie er sagt: „Darum siehe, ich will deinen Weg mit Dornen verzäunen, und ich will ihr eine Mauer errichten, dass sie ihre Pfade nicht finden soll" (Hos. 2,8/2,6).

Wir wissen, dass die Grundlagen jeder Gesellschaft aus ihrer Verfassung, ihren Gesetzen und Regeln besteht. Sie haben eine wichtige Funktion für die Stabilisierung der Gesellschaft, so dass alle ein gutes und friedliches Leben führen können. Respekt vor den Gesetzen heißt auch Respekt vor dem Gesetzgeber und der Regierung der Gesellschaft. Im Reich Gottes, es ist ein Königreich der Liebe, sind die Gesetze noch wichtiger, weil sie ein Ausdruck der Liebe sind. Das Königreich wird verglichen mit einer Ehe, wobei die Zehn Gebote den Ehevertrag darstellen. Die Zehn Gebote stellen auch die Verfassung des Reiches dar. Sie können zusammengefasst werden im königlichen Gebot: „Gott zu lieben mit deinem ganzen Herzen, deiner ganzen Seele und mit deiner ganzen Kraft," und „deinen Nächsten zu lieben wie dich selbst" (Deut. 6,5 und Lev. 19,18). Die Grundlage des Königreiches ist Liebe; wenn du den König liebst, wirst du Seine Gebote halten und das ist unsere Art, unsere Liebe zu unserem geliebten Vater zu zeigen (s. Ex. 4,22 und Jer. 31,9), der unser Gatte (Jes.54,5) und unser *König* ist (Jes.43,15), der für alle unsere Bedürfnisse sorgt und uns mit ewiger Liebe liebt (Jer. 31,2-3). Ohne jeden Zweifel wird Er unserer ersten Liebe gedenken und Sich uns vermählen für immer (Jer. 2,2 und Hos. 2,21/2,19). Die Frage ist, ob wir uns unserer Liebe zu Ihm erinnern.

Laut R'Yehuda Halevi (1075.1141), ist die Torah selbst der König, denn sie ist Israels höchste Autorität. Wenn die Schrift beklagt, dass es in Israel keinen König gab, (Ri. 18,1), so heißt das, dass das Volk in seinem Gehorsam gegenüber der Torah nachließ. Ja, wenn jemand sagt, dass er an Gott glaubt, aber nicht an die Torah, ist es dasselbe, als leugne er Gott

Selbst, denn ein König ohne Autorität ist kein König (The Stone Edition, Chumash Seite 1114).

Wir müssen wieder unseren Weg zu unserer ersten Liebe finden. Wir müssen auf dem Weg umkehren, auf dem wir gekommen sind; wir müssen nach den guten Wegen fragen. „So spricht der HERR: Tretet auf die Wege, und sehet und fraget nach den Pfaden der Vorzeit, welches der Weg des Guten sei, und wandelt darauf; so werdet ihr Ruhe finden für eure Seelen. Aber sie sprechen: Wir wollen nicht darauf wandeln." (Jer. 6,16) „Dein Wort ist Leuchte meinem Fuße und Licht für meinen Pfad" (Ps. 119,105). Wir müssen umkehren zu Gott, auf Seine Stimme hören und alles tun, was Er uns zu tun befohlen hat.

> „Und es wird geschehen, wenn alle diese Dinge über dich kommen – der Segen und der Fluch, die ich dir vorgelegt habe – dann wirst du es zu Herzen nehmen unter all den Nationen, wohin der HERR, dein Gott, dich verstreut hat, und **du wirst umkehren zum HERRN, deinem Gott, und seiner Stimme gehorchen nach all dem, was ich dir heute gebiete**, du und deine Kinder, mit deinem ganzen Herzen und mit deiner ganzen Seele. **Dann** wird der HERR, dein Gott, deine Gefangenschaft beenden und Erbarmen haben mit dir; und er wird dich sammeln aus all den Völkern, unter die der HERR, dein Gott, dich verstreut hat. Wenn deine Vertriebenen am Ende des Himmels sein werden, von dort wird der HERR, dein Gott, dich sammeln und von dort wird Er dich holen. Der HERR, dein Gott, wird dich in das Land bringen, das deine Vorväter besessen haben und du sollst es besitzen; Er wird dir Gutes tun und dich zahlreicher machen als deine Väter. Und der HERR, dein Gott, wird dein Herz und das Herz deiner Kinder beschneiden, auf dass du den HERRN, deinen Gott, liebst mit deinem ganzen Herzen und mit deiner ganzen Seele, auf damit du am lebst." (Deut.30,1-10)

Gott will unseren Gehorsam und unsere Herzen; Er will, dass wir demütig mit Ihm wandeln. Es wird hier sehr deutlich, dass der Schlüssel zum Reich das Entdecken und Wiederaufnehmen des Weges ist und der Weg ist die Torah, die Gebote Gottes. Die Frage lautet: Wer kann uns lehren, diese Wege heute zu gehen? Wer kann uns alles lehren, was Gott uns geboten hat? Die

Offenbarung am Berg Sinai, wo Moses die Gebote von Gott erhielt, liegt schon sehr lange zurück. Wo können wir also das Wissen und die Weisheit diesbezüglich finden? Baruch Haschem (Gott sei Dank) hat Gott alles bestens in Seinem Reich organisiert. Der König selbst hat dem Stamm Juda, den Juden, das Wort Gottes anvertraut. Er hat ihnen die Autorität gegeben und den Auftrag, das Gesetz zu verwalten und zu bewahren (Gen. 49,10). Er hat die Juden am Leben erhalten, niemand, außer dem Stamm Juda, verblieb im Königreich (2.Kö. 17,18). Sie „gingen nicht verloren", wie die zehn Stämme. Sie haben die Torah sehr wohl bewahrt, nicht eine Generation hat darin versagt, sie zu schützen und die Weisheit und die Schätze der Torah zu bewahren und sie an die nächste Generation weiterzugeben. Die heutigen Rabbiner sind die Repräsentanten der Torah, des Gesetzes, in unserer Zeit. Sie sind unsere Verbindung zu Moses und dem Berg Sinai. Sie sitzen auf dem Stuhl des Moses. Sie repräsentieren die Wege und Pfade des Königreiches und bieten uns die einzigartige Möglichkeit, die verborgenen Wege zu finden. Ich glaube, der Schlüssel zur Wiedererstehung dieses alten und glorreichen Reiches ist es, zu erkennen, dass die Juden einen unermesslichen Schatz für uns bewahrt haben und „den Rockzipfel eines jüdischen Mannes zu ergreifen" und zu sagen: „Wir wollen mit euch gehen, denn wir haben gehört, dass Gott mit euch ist!" (Sach. 8,12). Ich glaube, wir müssen aufschreien und sagen: „Machet euch auf und lasset uns nach Zion hinaufziehen zum HERRN, unserem Gott!" (Jer. 31,5/31,6). Wir wollen hoffen und beten, dass wir die Tage noch zu unseren Lebzeiten sehen, von denen die Propheten gesprochen haben, wenn „der Berg des Hauses des HERRN feststehen wird auf dem Gipfel der Berge und erhaben sein wird *über die Hügel und alle Nationen zu ihm strömen* werden. Und viele Völker werden hingehen und sagen: Kommt und laßt uns hinaufziehen zum Berge des HERRN, zum Hause des Gottes Jakobs! Und er wird uns belehren *über* seine Wege und wir wollen wandeln in seinen Pfaden. Denn von Zion wird das Gesetz ausgehen, und das Wort des HERRN von Jerusalem" (Jes. 2,2-3).

Es könnte jemand sagen: Ist es nicht genug, dass die Juden die Gesetze halten und nach Gottes Wort leben? Dabei darf man nicht vergessen, dass die Juden nicht für das gesamte Volk Israel stehen. Um das Reich in seiner Ganzheit wiederherzustellen, so glaube ich, bedarf es aller „verlorenen" Kinder Israels, jener, die ihre Identität verloren haben und heute über die Welt verstreut sind, auch sie müssen das Wort hören. Damit Israel zu seiner höchsten Berufung aufsteigen kann, müssen alle zwölf Stämme wieder vereint sein, nur dann können wir unser höchstes Ziel erreichen. Wie Rabbi Zelig Pliskin in seinem Buch ‚Wachstum durch Torah' sagt: „Nur wenn Einigkeit herrscht unter den Nachkommen Jakobs, kann es eine Erlösung geben." Wir müssen nach Einigkeit streben und die Torah wird uns den Weg weisen. Gott hat **ganz** Israel befohlen die Torah zu bewahren; „Gedenket des Gesetzes Moses, meines Knechtes, welches ich ihm auf Horeb für **ganz Israel** geboten habe – Anordnungen und Gesetze" (Mal. 3,22/4,4). Darüber hinaus sprechen die Endzeitprophezeiungen, wie wir bereits vorher erwähnten, von allen zwölf Stämmen als einem Königreich (s. Hes.37,15-28). Da wir nun nicht mit Gewissheit sagen können, wo sie sich momentan befinden, müssen wir uns an die ganze Welt wenden. Dazu dürfen wir nicht vergessen, dass das letztendliche Ziel darin besteht, das Licht der Torah hinauszutragen zu allen Völkern der Welt, wie Jesaja sagt: „Denn von Zion wird die Torah (das Gesetz) ausgehen, und das Wort Jahwes von Jerusalem" und Jes. 49,6 „Ich habe dich zum Licht der Heiden gemacht."

Mein Hoffen und Beten ist, dass dieses Buch als ein Werkzeug gebraucht werden wird bei der „Wiederherstellung der Wege" (Jes.58,12) und beim „Freimachen der Straße und der Beseitigung der Hindernisse aus dem Weg der Kinder Israels" zu dem Königreich hin, auf das wir alle warten (Jes. 57,14). Ich glaube, dass, wenn die Wege und Straßen wiederhergestellt sind und wir auf ihnen gehen, wir das endgültige Ziel erreichen werden, die Wiederherstellung des Königreiches selbst. Möge dieses Buch als ein Werkzeug für die Wiedervereinigung der zwölf Stämme Israels– des Königreiches – dienen und der Welt Frieden bringen (Jes. 2,4). Wollen wir alle den König dieses glorreichen Königreiches anflehen und sagen: Lass mich wandeln auf dem Pfad deiner Gebote! Denn daran habe ich mein Gefallen (Ps. 119,35) und mögen wir alle die Stimme hören, die da flüstert: „Dies ist der Weg, wandelt auf ihm" (Jes30,21).

„Kommt, Haus Jakob, und lasst uns wandeln im Lichte des HERRN!" (Jes. 2,5)

Britt Lode,
Oljetreet (Der Ölbaum)
Varhaug, Norwegen

Danksagungen

MIR FEHLEN DIE Worte, meine von Herzen kommende Dankbarkeit all denen gegenüber auszudrücken, die dazu beigetragen und geholfen haben, dieses Buch entstehen zu lassen. Ich bin dankbar und gleichzeitig von Demut ergriffen, wenn ich das Ergebnis vor mir sehe und ich bin überzeugt, dass dieses Buch gefüllt ist mit Licht, Geist und Kraft.

Zuerst danke ich meinem Abba und meinem König, der mich jeden Morgen aufwachen lässt und mich mit der Fülle des Lebens segnet; der mir dieses Projekt ans Herz gelegt und der mir wunderbare Menschen gesandt hat, um mir bei der Erfüllung dieser Aufgabe zu helfen. Ohne Ihn kann ich nichts tun und nur durch Seine Gnade hat Er mich unterstützt und befähigt, diese Mission zu vollenden. Ich richte all meinen Dank an den HERRN, denn Er ist gut, Er, der Türen öffnet, die für einen Menschen verschlossen sind; Seine Freundlichkeit währt ewiglich! „Gelobt sei der HERR, der Gott Israels, von Dieser Welt bis in Die Welt von Morgen! Der HERR regiert!" (1.Chr. 16, 31-36).

Ein ganz besonderer Dank geht an Rabbi Moshe Goldsmith, Gidon Ariel und Murray McLaren, die mir während der gesamten Zeit treu zur Seite standen. Bereitwillig haben sie mir ihre Zeit und Weisheit zukommen lassen und waren immer zur Stelle, wenn ich Hilfe brauchte. Ihr habt wesentlich zum Erfolg dieses Projektes beigetragen und ich bin so dankbar für alle Eure Bemühungen. *Möget Ihr überreich gesegnet werden in all Eurem Tun.*

Wiederum, Worte sind nicht genug, meine Dankbarkeit zu beschreiben, die den zwölf Rabbinern gilt, die an diesem Projekt beteiligt waren. Sie sind alle Verwalter der Schätze des Himmels und bestellte und betraute Diener des Allmächtigen. Sie haben alle aus ihrem Herzen, von ihrer Weisheit und von ihrem Wissen gegeben. Obwohl sie sehr beschäftigt waren, haben sie alle von ihrer wertvollen Zeit gegeben, um die Weisheit der Torah für unsere Leser verfügbar und zugänglich zu machen. Mögen sie alle vom HERRN großzügig für ihre wichtigen Beiträge und ihre Bereitschaft gesegnet werden, in dieser und in der kommenden Welt.

Zusätzlich gab es zahlreiche wundervolle und besondere Menschen, die auf vielerlei Weise geholfen haben, dieses Projekt zu verwirklichen. Dankbar bin ich auch jedem einzelnen, der mit seiner Zeit, seinem Wissen und seinen Ratschlägen einen Beitrag geleistet hat. Möge der HERR Euch belohnen und die Fenster des Himmels öffnen und Segen herabschütten in Fülle.

Zum guter Letzt danke ich jedem, der dieses Buch aufschlägt und liest – Du erfüllst damit die Mission endgültig. Ich hoffe und bete, dass Du die Schätze und den süßen Geschmack der Torah entdeckst. Möge der König von Israel Dein Herz von den Worten dieses Buches berühren lassen und Dich und Deine Umgebung segnen.

Diese Mission wäre nicht erfüllt worden ohne die Hilfe von Euch allen. Möge der König von Israel jeden einzelnen mit allen Segnungen in der Torah segnen und mögen wir alle würdig sein, das Königreich Israels bald und in unseren Tagen wieder hergestellt zu sehen, in seiner angemessenen Herrlichkeit und Macht, Amen!

Wichtige Einzelheiten

Die Abhandlungen, die Du in diesem Buche finden wirst, basieren auf traditioneller, grundlegender, rabbinischer Lehrmeinung. Alle Rabbiner, die ihre Abhandlungen zu diesem Buch beitrugen, wurden in derselben Tradition ausgebildet, der jüdisch orthodoxen Überlieferung. Dennoch spricht jeder hier mit seiner eigenen Stimme und es war uns wichtig, alle diese persönlichen Stimmen und Ausdrucksweisen zu erhalten. Du wirst daher feststellen, dass alle Abhandlungen ihren eigenen Stil haben, da sich jeder Rabbiner auf seinem eigenen Weg befindet, seinen persönlichen Hintergrund hat und seine besonderen Talente. Das vermittelt Dir einen einzigartigen Einblick in die unterschiedlichen Arbeits- und Denkweisen der Rabbiner und zeigt, wie sie alle einander ergänzen.

Dieses Buchprojekt ist ein gemeinnütziges Projekt und alle Rabbiner sowie die Mitglieder des Projektteams haben ehrenamtlich gearbeitet. Es war uns allen eine Herzensangelegenheit, wir taten es aus Liebe zu Gottes Wort. Sollte bei diesem Projekt ein Einkommen erstehen, so wird es für die Unterstützung bedürftiger Kinder und Familien in Israel verwendet werden.

Wir haben uns beim Layout dieses Buches viele Gedanken gemacht und es wird getragen von zwei verschiedenen, einander ergänzenden Vorstellungen. Die erste Vorstellung ist, dass das Wort der Torah die wahre Nahrung für unsere Seele ist. Die Einleitung für jede Paraschat (wöchentlicher Torahabschnitt) kann deshalb als Speisekarte betrachtet werden: Für spirituelles Wachstum braucht man geeignete, spirituelle Nahrung und die Worte der Torah, der Bibel, sind Dein Leben (Deut.32,46,47). „Der Mensch lebt nicht von Brot allein, sondern von allem, was aus dem Munde des HERRN hervorgeht. (Deut. 8,3).

Die zweite Vorstellung, die das Layout prägt, bezieht sich auf das Königreich Gottes. Die Bibel ist die Geschichte dieses Königreiches und wir warten auf seine Wiederherstellung und die Erlösung, wenn es für die zwölf wiedervereinten Stämme Israels einen König in Jerusalem und Frieden auf der ganzen Welt geben wird. Das Design des Buchumschlags bezieht sich u.a. auf die Schriftstellen in Hes. 37,22; Sach. 14,9; Micha 4,7 und Jes.2,2-5.

Darüber hinaus wird die endgültige Erlösung auch mit einer Hochzeit verglichen (Jes. 61,4,5) und die Einleitung einer jeden Paraschat kann ebenfalls als eine Hochzeitseinladung betrachtet werden. Die Torah ist der Weg, der zur Erlösung, zur endgültigen Vermählung *führt*. Jeder Sabbat ist dabei ein Vorgeschmack auf die Erlösung und die Kommende Welt, die endgültige Vermählung; auch wird der Sabbat die „Braut" genannt (s. „Die Sabbatbraut" Seite 35).

Bitte bedenke, dass dieses Buch heilig ist. Behandle das Buch mit Respekt – lies es nicht auf der Toilette und wirf es nicht achtlos weg.

Begriffserklärungen

Name Gottes

Wir schreiben den Namen Gottes nirgendwo hin, wo er weggeworfen oder ausgelöscht werden könnte. Gottes Namen mit Hochachtung zu behandeln, ist eine Art, Gott zu ehren. Laut jüdischem Gesetz und Tradition sind die unterschiedlichen Namen für unseren Schöpfer alle als heilig zu betrachten und müssen mit größtem Respekt behandelt werden. Deshalb ersetzen viele Juden „Gott" mit „G-tt", so dass sie das Geschriebene löschen oder wegwerfen können, ohne damit Gott gegenüber respektlos zu sein.

Der Name HASHEM, was wörtlich *der Name* bedeutet, wird gebraucht, um sich auf das Tetragramm (JHWH) zu beziehen. In den biblischen Übersetzungen wird es in der Regel mit HERR wiedergegeben.

Paraschat

Jede Woche lesen oder, genauer gesagt, singen wir in der Synagoge in einem Sprechgesang einen Abschnitt aus der Torah. Dieser Abschnitt wird *Paraschat* genannt. Die erste Paraschat z.B. heißt Bereschit und sie umfasst die Geschichte vom Anfang der Genesis bis zur Geschichte Noahs. Insgesamt gibt es 54 Paraschats, eine für jede Woche eines jüdischen Schaltjahres, so dass wir in unseren Gottesdiensten im Laufe eines Jahres die gesamte Torah (Genesis - Deuteronomium) einmal lesen. Während normaler Jahre gibt es 50 Wochen, so dass einige kürzere Abschnitte zusammengefasst werden. Den letzten Torahabschnitt erreichen wir etwa zur Zeit eines Feiertages, genannt Simchat Torah (Torahfreudenfest), welches in den September oder Oktober fällt, wenige Wochen nach Rosch Haschanah (Neujahr). Zu Simchat Torah lesen wir den letzten Torahabschnitt und fahren sogleich fort mit dem ersten Abschnitt von Genesis, was andeutet, dass die Torah ein Kreislauf ist, der niemals endet.

Torah

Das Wort *Torah* kann unterschiedliche Bedeutungen in unterschiedlichen Zusammenhängen haben. Im engsten Sinne bezieht sich *Torah* auf die Fünf Bücher Moses: Genesis, Exodus, Levitikus, Numeri, Deuteronomium. Das Wort *Torah* kann sich aber auch auf die gesamte hebräische Bibel beziehen. Diese Schriftensammlung kennen die Nichtjuden als das *Alte Testament*, die Juden als den *Tanakh* oder die Geschriebene *Torah*. In seinem weitesten Sinne kann sich *Torah* aber auch auf das gesamte Werk des jüdischen Gesetzes und seiner Lehren beziehen.

Tanakh

Tanakh ist ein Akronym der Worte *Torah* (Gesetz), *Nevi'im* (Propheten) und *Ketuvim* (Schriften). Es ist die Schriftliche Torah, die Nichtjuden das Alte Testament nennen.

Sabbat

Sabbat ist das allerwichtigste rituelle Brauchtum in unserem Glauben. Er ist der einzige rituelle Brauch, dessen Einhaltung in den Zehn Geboten festgelegt ist. Er ist auch der wichtigste, besondere Tag, sogar wichtiger als Yom Kippur. Das kommt dadurch zum Ausdruck, dass es an einem Sabbat mehr Aliyot gibt (Gelegenheiten für Versammlungsmitglieder nach vorne, zur Torah, gerufen zu werden), als an irgendeinem anderen Tag. Levitikus 23, wo die Festzeiten aufgezählt werden, beginnt mit dem Sabbat, wodurch dem Sabbat eine Vorrangstellung bei den heiligen Versammlungen eingeräumt wird.

Der Sabbat ist in erster Linie ein Tag der Ruhe und spirituellen Bereicherung. Das Wort Sabbat kommt von der Wortwurzel Schin-Bet-Taw, was so viel bedeutet wie ‚aufhören, beenden, ruhen‘. Er ist ein wertvolles Geschenk Gottes, ein Tag großer Freude, auf den man sich schon die ganze Woche freut, eine Zeit, in der wir alle Alltagsprobleme beiseitelassen können und uns selbst höheren Zielen widmen können. In der jüdischen Literatur, Poesie und Musik wird der Sabbat als Braut oder Königin beschrieben, wie in der beliebten Sabbathymne Lecha Dodi Likrat Kallah (Komm, mein Geliebter, die [Sabbat] Braut zu treffen).

Der Sabbat beinhaltet zwei miteinander verwobene Gebote: des Sabbats zu gedenken (sachor) und den Sabbat zu halten (schamor). Es heißt, „mehr als Israel den Sabbat gehalten hat, hat der Sabbat Israel erhalten"

MITZVOT

Mitzvot ist das hebräische Wort für Gebote; Mitzvah ist Singular. Es bezieht sich auf die 613 Gebote, die sich in der Torah finden. Es kann sich aber genauso auf jegliche jüdisch religiöse Pflicht beziehen oder allgemeiner noch auf jede gute Tat.

TALMUD

Zusätzlich zu den Schriften haben wir auch eine *Mündliche Torah*, eine Überlieferung, die erklärt, was die Fünf Bücher Moses im Einzelnen aussagen, wie sie zu interpretieren sind und wie die Gesetze angewandt werden sollen. Orthodoxe Juden sind der Überzeugung, dass Gott Moses das Mündliche Gesetz lehrte und Moses es wiederum andere lehrte und diese es wieder an andere weitergaben und so weiter, bis auf den heutigen Tag. Diese mündliche Weitergabe wurde bis etwa zum 2. Jh. n. Chr. aufrechterhalten, wo der Großteil des mündlichen Gesetzes zusammengetragen und in einem Schriftstück, der Mischnah, niedergeschrieben wurde.

Während der folgenden Jahrhunderte wurden in Israel und Babylon maßgebliche Kommentare verfasst, die die Mischnah näher auslegten und den verbleibenden Teil des mündlichen Gesetzes schriftlich festhielten. Diese zusätzlichen Kommentare sind bekannt als Tosefta, Mechileta, Sifra, Sifre, Jerusalemer Talmud und Babylonischer Talmud. Letzterer wurde etwa um 500 n.Chr. vollendet.

Die umfangreichsten Werke sind der Jerusalemer Talmud und der Babylonische Talmud. Der Babylonische Talmud ist umfangreicher und ist der Talmud, den die meisten Leute meinen, wenn sie vom Talmud sprechen.

MIDRASCH

Midrasch ist ein alter Kommentar zu einem Teil der hebräischen Schriften, der auf jüdischer Interpretationsmethodik basiert und den biblischen Schriften angefügt ist.

Koscher

Koscher bedeutet wörtlich: passend, angemessen, richtig. Dieser Begriff bezieht sich auf Speisen, die nach den jüdischen Speisegesetzen zu essen erlaubt sind. Er kann aber auch angewendet werden auf alle anderen rituellen Gegenstände, die nach jüdischem Gesetzt benutzt werden dürfen.

Chassidisch

Ein von Rabbi Israel Baal Shem Tov (1698-1760) gegründeter Zweig des orthodoxen Judentums, der den Dienst vor Gott auch durch das Mystische betont, in dem Bemühen, in jedem Aspekt der menschlichen Existenz Göttlichkeit zu finden und das materielle Universum auf eine höhere spirituelle Ebene zu erheben. Neben der legalistischen Dimension des Judentums soll dies erreicht werden durch die Macht der Freude, der Liebe zu Gott und zu unserem *Nächsten und durch die emotionale Beteiligung am Gebet.*

Chassidismus bezeichnet die Lehren und die Philosophie dieser Bewegung.

Mosche Rabbenu

Mosche Rabbenu ist die hebräische Bezeichnung für Rabbi Moses und bezieht sich auf den Moses der Torah.

Die Sabbatbraut

DAS LITURGISCHE LIED am Freitagabend Lechah Dodi vergleicht den Sabbat mit einer Braut: „Komm mein Freund, der Braut entgegen; lasst uns den Sabbat begrüßen." Was lehrt uns dieser Vergleich?

Ein Vorgeschmack auf die kommende Welt

Der Sabbat ist die Zeit, um sich der Torah zu widmen und die Zeit für spirituelle Erleuchtung. Durch das Licht unserer *Neschamah Yeteirah*, unserer besonderen ‚Sabbatseele', sind wir in der Lage, das zu erfassen, was uns während der Wochentage fern und verborgen war.

Diese besondere Empfänglichkeit für die Torah am Sabbat ist vergleichbar mit den Gefühlen einer Braut gegenüber ihrem neuen Ehemann. Die Braut kennt ihren Ehemann noch nicht auf so tiefe, intime Weise, wie eine seit Jahren verheiratete Frau. Jedoch empfindet die Braut eine innere freudige Erregung in ihrer Liebe, die aus der Neuheit der Beziehung hervorgeht.

Der Talmud lehrt in *Berachot* 57b, dass der Sabbat ein „Vorgeschmack auf die Kommende Welt" ist. An einem Tag in der Woche können wir etwas von der Heiligkeit und der Erkenntnis ‚schmecken', wovon die zukünftige Welt, eine Zeit eines reinen, immerwährenden Sabbats, erfüllt sein wird.

Unser wöchentlicher Sabbat hat nicht die Tiefe der Erleuchtung, die die Kommende Welt begnaden wird, aber die Freude des Neuen ist da, ganz wie die Aufregung und das erhebende Gefühl einer jungen Braut. Die bräutliche Freude ist gerade ganz zu Beginn des Sabbats angebracht, da wir seine Begrüßung mit *Lechah Dodi* feiern.

Die zukünftige Welt wird ebenfalls mit einer Freude wie bei Neuvermählten gesegnet sein. Es heißt: „Gott wird Sich deiner freuen, wie ein Bräutigam sich über seine Braut freut." Diese Freude wird das Ergebnis einer Erleuchtung sein, die beständig heller wird, so wie die Seelen in der Kommenden Welt sich an ihrer stetigen Erneuerung und Erhebung erfreuen.

Aus *Silver from the Land of Israel*, Seiten 29-30. Adaptiert von *Olat Re'iyah* Bd. II, S. 21

DAS
FUNDAMENT
DES GLAUBENS

Gott, zuverlässiger König.

„Höre, O Israel: Der HERR ist unser Gott, der HERR ist der Eine und Einzige. Du sollst den HERRN, deinen Gott, lieben, mit deinem ganzen Herzen und mit deiner ganzen Seele und mit deiner ganzen Kraft."

Deuteronomium 6,4-5

Gepriesen sei der Name Seines glorreichen Königtums in alle Ewigkeit.

Hebräisch:

אל מלך נאמן
שמע ישראל אדוני אלוהינו אדוני אחד
ואהבת את אדוני אלוהיך בכל לבבך ובכל נפשך ובכל מאודך
ברוך שם כבוד מלכותו לעולם ועד

GENESIS ✦ BERESCHIT

בראשית

BERESCHIT

TORAHLEKTION VON
RABBI GEDALIA MEYER

DIE SCHÖPFUNG

,Im Anfang erschuf Gott die Himmel und die Erde.' (Genesis 1,1)

DIES MÖGEN WOHL die berühmtesten, jemals in menschlicher Sprache verkündeten Worte sein. Dies mag der tiefgründigste, inhaltsvollste und umfassendste jemals formulierte Gedanke sein. Dies mag auch die einfachste Antwort auf die ultimative Frage sein. Deshalb ist es angemessen, dass die Torah mit diesen Worten beginnt. Was könnte natürlicher und selbstverständlicher sein, als dass die Bibel, dieses uralte Buch, dessen vorrangige Aufgabe es ist, uns über Gottes Beziehung zur Welt zu berichten, mit der Schöpfungsgeschichte beginnt?

Wir wollen jedes dieser Wörter einzeln betrachten, um zu verstehen, was tatsächlich mit diesem Satz ausgesagt werden soll. Es sind nur neun Wörter im Deutschen und wahrscheinlich die gleiche Anzahl in den meisten europäischen Sprachen. Im Hebräischen sind es nur sieben Wörter und zwei davon sind nichts als grammatische, nicht übersetzbare Zeichen, die notwendig sind, um das ihnen nachfolgende Wort einzuführen.

Das erste hebräische Wort ist *Bereschit,* was meist mit ,Im Anfang' übersetzt wird. Aber hier stellt sich schon die erste Frage zu diesem einfachen Einleitungssatz – im Anfang von was? Warum sagt die Torah einfach ,im Anfang', ohne uns mitzuteilen, was denn angefangen hatte? Eine einfache Antwort auf diese Frage ist zu sagen, dass es der Anfang von allem war. Dann stellt sich aber die Frage – warum sagt die Torah das dann nicht? Warum lässt sie das ,von allem' aus?

Vielleicht finden wir die Antwort auf diese Frage in dem zweiten hebräischen Wort, *bara,* was ,erschuf' bedeutet (im Hebräischen kommt das Verb häufig vor dem Nomen). Das Wort ,Schöpfung' bedeutet nach jüdischem Verständnis nicht einfach, irgendein neues Gerät herzustellen; es steht für den Prozess, etwas ins Dasein zu bringen. Im jüdischen Denken wird dies üblicherweise als ,Etwas aus Nichts' bezeichnet. Das ist es, worum es bei ,Schöpfung' wirklich geht – die beinahe mystische Vorstellung der Transformation von Nichts in Etwas. Diesen Vorgang ahmen wir selbst nach, wenn wir eine neue Idee haben oder uns etwas vorstellen, was es vorher noch nicht gab. So beschreibt die Bibel den Beginn des Universums. Es existierte nichts, und dann war etwas da.

Zwischen diesen beiden Zuständen gibt es keinen wirklichen Zusammenhang – dem Zustand des Nichts und dem Zustand des Etwas. Es gibt keine rationale Erklärung dafür, wie dieses Wunder geschehen kann, dass aus Nichts ein Etwas wird. Wie kann ein Nichts zu einem Etwas werden? Wenn man nach Wundern im Leben suchen möchte und Schwierigkeiten dabei hat zu glauben, dass sie tatsächlich geschehen, dann braucht man nicht weiter zu schauen als auf unsere ureigene Existenz. Sie war und ist ein stetig andauernder Schöpfungsakt – etwas, das aus nichts hervorgeht. Das ist vielleicht der Grund dafür, dass die Torah nicht mit den Worten beginnt: ‚Im Anfang von allem, erschuf Gott (…)‘, sondern nur feststellt, ‚Im Anfang erschuf Gott (…)‘. Da gab es einfach nichts auf der anderen Seite dieses Anfangs und das ist der Schöpfungsakt in all seiner ganzen Herrlichkeit.

Das nächste Wort in diesem Vers ist *Gott*. In der Torah gibt es verschiedene hebräische Namen für Gott. Der in der Schöpfungsgeschichte (das erste Kapitel von Genesis) ausschließlich verwendete Name ist *Elohim*. Dieser Name deutet auf das Erscheinungsbild Gottes als göttliche Macht, für die selbst die Erschaffung des Universums die selbstverständlichste Handlung ist. Es ist jedoch nicht der gebräuchlichste Name für Gott in der Torah, diese Ehre kommt dem aus vier hebräischen Buchstaben bestehenden Namen zu, den unmittelbar auszusprechen, die jüdische Tradition verbietet. Juden ersetzen diesen Titel/Namen mit *Adonai* (‚mein Herr‘), wenn er in einem Gebet oder einer Torahlesung vorkommt. Bei allen anderen Gelegenheiten bedient man sich des Ausdrucks *Haschem* (‚der Name‘). Die Kombination der Namen kommt manchem verwirrend vor, Juden aber waren immer der Überzeugung, dass sie nichts anderes sind, als verschiedene Erscheinungsbilder für das eine göttliche Wesen, üblicherweise genannt Gott. Derselbe Gott, der das Bild des Schöpfers trägt, besitzt gleichzeitig das persönlichere Erscheinungsbild eines Herrn. Glaube an einen Gott, Monotheismus, ist die bezeichnende Charakteristik des Judentums. Gott hat viele Namen und viele Erscheinungsbilder, aber nur eine Wesenheit.

Die letzten Worte des Verses beziehen sich auf das Ergebnis der Schöpfung. Die Torah beschreibt die Nebenprodukte als die ‚Himmel und

Erde'. Heutzutage mag das wie ein begrenzter Raum erscheinen für das, was wir heute als das unendliche Universum mit all der Komplexität dessen, was es beinhaltet, kennen. Die Torah aber wurde für alle Generationen geschrieben. Als sie zuerst offenbart wurde, war dies das Ausmaß der menschlichen Vorstellung des Universums – es bestand aus den Himmeln und der Erde. Die Himmel umfassten die Sonne, den Mond und die Sterne und die Erde war der Schauplatz des Lebens. Wir mögen heute viel mehr wissen über die Weite des Universums als die Menschen vor Tausenden von Jahren, aber sowohl damals wie heute war/ist sie der Schauplatz des Lebens. Was für eine passende Beschreibung des ersten Schöpfungsaktes. Dieser einfache und tiefgründige Vers birgt die Quelle unseres Seins und die Saat des Lebens.

Was tat Gott als nächstes? Gab es für Gott, nach diesem ersten Augenblick der Schöpfung, noch irgendeine Rolle zu spielen? Viele Menschen behaupten heute, selbst unter jenen, die immer noch die Notwendigkeit eines Schöpfers akzeptieren, dass Gott seit dem allerersten Anfang keine Rolle gespielt hat. Die Schöpfungsgeschichte endet aber nicht mit diesem kurzen, überaus bedeutungsvollen Vers. Der folgende Vers führt uns direkt zur nächsten Station: „Und die Erde war wüst und leer, und Finsternis war über der Tiefe; und der Geist Gottes schwebte über den Wassern. Und Gott sprach: ‚Es werde Licht!' und es ward Licht."

Wüst und leer, Dunkelheit, der Geist Gottes, Licht – wieso war dies das nächste Stadium nach dem anfänglichen Schöpfungsakt? Es scheint, als sei die Schöpfung kein Schauspiel mit einem Akt. Es ist nicht ein Urknall, der irgendwie alles ins Dasein katapultiert und allem erlaubt, lustig seinen Weg zu gehen, wobei dieses alles dann noch vielleicht ein paar festgelegten physikalischen Gesetzen folgt, die alle zukünftigen Bedingungen steuern. Laut der Bibel hört die Schöpfung nie auf, der versteckten oder offenbarten Hand Gottes zu bedürfen. Mit dieser einfachen Beschreibung sagt die Bibel uns, dass die Schöpfung kein unmittelbarer Augenblick, sondern ein unaufhörlicher Prozess ist. Gott verschwand nicht nach dem Augenblick der Schöpfung – Gott schwebte in der Dunkelheit, bis die Zeit für die nächste Gabe Seiner göttlichen Macht gekommen war. „Es werde Licht."

Wenn alles dunkel und wüst ist, dann schwebt Gottes Geist über der Leere und wartet darauf, Licht zu bringen. Das traf auf die anfänglichen Stadien der Schöpfung zu und ist bis heute so geblieben. Wir mögen vielleicht nicht unbedingt Gottes Geist erkennen, wie er in und um unser Leben schwebt, das heißt aber nicht, dass er nicht da ist. Licht kommt zu uns auf vielerlei Arten. Nur eine Art davon sind etwa die elektromagnetischen Wellen. Sie ermöglichen uns zu sehen. Licht mag dem bloßen Auge unsichtbar sein oder zu blendend, als dass man direkt hineinschauen könnte. Es mag auch in mehr spiritueller Gestalt kommen, die mit keinerlei physikalischen Hilfsmitteln wahrgenommen werden kann, aber dennoch ist es genauso real, wie sein elektromagnetischer Cousin.

Gibt es nach der Schöpfung irgendeine angemessenere Rolle für Gott, den Schöpfer, als der Offenbarer des Lichtes zu sein? Vielleicht hat diese Rolle nicht ganz das Geheimnisvolle des ‚Etwas aus Nichts‘, aber ganz gewiss ist sie genauso wesentlich für unser Leben. Die ursprüngliche Schöpfung mag alles ins Dasein gebracht haben, aber das Dasein kann sehr trostlos und leer sein ohne Gott. Licht in die Welt zu bringen ist genauso göttlich, wie die Welt ins Dasein zu rufen. Gott konnte diese eine Rolle nicht ohne die andere spielen.

Vielleicht ist es angemessen, dass die Menschen – die letzte Stufe der biblischen Schöpfungsgeschichte – auch die einzigen Geschöpfe nach ‚dem Ebenbild Gottes‘ sind. Wir teilen deshalb, vielleicht in einzigartiger Weise, diese beiden göttlichen Rollen. Wir erschaffen in unserem begrenzten Rahmen. Wir erschaffen vielleicht kein Universum, aber wir spielen eine bedeutende Rolle in der Erschaffung unserer eigenen Welt. Wir stehen auch vor der ständigen Herausforderung, Licht in dunkle, verlassene und leere Gebiete unserer Welt zu bringen. Wir stehen diesen Momenten jederzeit gegenüber und fühlen uns oft hilflos und hoffnungslos, wenn wir ihre Tiefe spüren. Aber wir wissen, dass hinter allem, ganz gleich wie leer das Leben manchmal auch erscheinen mag, ein unerschöpfliches Angebot an Licht auf unsere Entdeckung wartet. Dieses Licht wurde im Anfang von Gott offenbart und wir dürfen daran teilhaben, seine Gegenwart in unsere Welt zu bringen. „Es werde Licht.“

PARASHAT
NOAH

In The Beginning
Genesis 6,9-11,32

נח

NOAH

TORAH LESSON BY
RABBI GEDALIA MEYER

DER BAU EINES TURMES MIT HEBRÄISCH

EIN ERSTAUNLICHER GRUND, warum Juden und Nichtjuden Hebräisch lernen sollten, kommt in diesem Wochenabschnitt der Torah über den Turm zu Babel zum Vorschein.

„Und die ganze Erde hatte eine Sprache und einerlei Vorhaben. Und sie sprachen: Wohlan, bauen wir uns eine Stadt und einen Turm, dessen Spitze an den Himmel reiche, und machen wir uns einen Namen."

ויהי כל הארץ שפה אחת ודברים אחדים
ויאמרו הבה נבנה לנו עיר ומגדל וראשו בשמים ונעשה לנו שם
בראשית יא: א,ד

Gleich nach der berühmten Erzählung über die Sintflut in Genesis 11, lesen wir von der geheimnisvollen Geschichte über den Turm zu Babel. Die Bewohner Babels bauen mit vereinten Kräften einen beeindruckenden Turm, aber sie erregen damit den Zorn Gottes und werden schwer dafür bestraft. Was unklar bleibt, ist, was so schlimm an dem Turm zu Babel war? Die Menschen sprachen eine Sprache und hatten sich zu einem gemeinsamen Vorhaben zusammengetan: Sie wollten eine Stadt und einen Turm bauen – ein scheinbar positives, konstruktives Unterfangen, das sich gut anhört. Die Kommentatoren, allerdings, sagen, dass der folgende Satz – „Wir wollen uns einen Namen machen" – ihr Verlangen zeigt, der Menschheit ein Denkmal zu bauen, um auf eine ins Auge fallende Weise die Errungenschaften der Menschheit darzustellen, ohne den Schöpfer über ihnen anzuerkennen. Jüdische Kommentatoren gehen sogar noch einen Schritt weiter und sagen, die Menschen wollten entweder einen Turm bauen, um den Himmel abzustützen und um damit eine zweite Flut zu verhindern oder um gegen Gott zu streiten. Das falsch gesetzte Ziel dabei war, dass sich die Menschen gegen Gott vereinen wollten. Die Strafe für die Sünde der Rebellion gegen Gott und die Missachtung Gottes als Schöpfer war, dass sie über die Erde verstreut wurden und ihre Sprache verwirrt wurde, sodass sie sich nicht mehr untereinander verständigen konnten.

Die faszinierende Geschichte vom Turmbau zu Babel ist ein Musterbeispiel für den Verlauf der jüdischen Geschichte. Auch König Salomo baute einen Tempel in Jerusalem, einen Bau von unglaublicher Pracht. – Rabbi Yaakov Medan weist darauf hin, dass König Salomo „nicht mit der Absicht baute, Gott bewahre, ihn als Basislager zu benutzen, um Krieg gegen Gott zu führen; im Gegenteil, er baute ein Haus, damit Gott darin wohnen konnte. Die Steine des Baus reichten nicht an den Himmel, aber sicher die dahinterstehende Absicht und der Zweck." – Viel später jedoch, als das jüdische Volk in die Irre geht und sündigt, straft Gott es mit der Zerstörung des Tempels und mit einer Zerstreuung in alle Himmelsrichtungen.

Rabbi Shlomo Riskin vom Zentrum für jüdisch-christliche Verständigung und Zusammenarbeit erklärt, dass „anders als die Menschen vom Turm zu Babel, die Israeliten als Nation mit einer heiligen Sprache und einem universalen Ideal vereint bleiben werden, trotz ihrer weiten Verstreuung." Trotz ihrer Zerstreuung bis an die vier Enden der Erde, wird Gott Sein Volk letztendlich wieder in Sein Land zurückführen, wie es in Deuteronomium heißt: „Wenn deine Vertriebenen am Ende des Himmels wären, so wird der HERR, dein Gott, von dort dich sammeln und von dort dich holen; und der HERR, dein Gott, wird dich in das Land bringen, das deine Väter besessen haben, und du wirst es besitzen." (Deut.30,4,5)

Es gibt noch eine letzte Lehre, die den Bericht über den Turm zu Babel mit der Rückkehr des Volkes Israel in das Land Israel verbindet. Diese finden wir im Hebräischen, der Sprache Israels. Wir wissen, dass jedes Wort der Bibel unbegrenzte Bedeutung hat; jedoch kann das wahrhaft Wesentliche in der Torah nur mit dem Verständnis des biblischen Hebräisch voll und ganz gewürdigt werden. Schaut man sich die hebräischen Wörter, die zur Einführung der Geschichte des Turmbaus benutzt werden, genauer an, erkennt man etwas Unglaubliches.

Kapitel 11, Vers 1 sagt, dass „die ganze Erde eine Sprache und einerlei Vorhaben hatte." Das hebräische Wort für „Sprache, Lippe" שפה (sa-FA), ist ein Schlüsselwort, wie ein Hyperlink, welches einen scharfsinnigen Bibelstudenten an eine andere, spätere Stelle in der Torah erinnert, an der „sa-FA" benutzt wird. In Zephanja 3,9 beschreibt der Prophet, wie alle Nationen der Welt am Ende der Zeiten eine „sprachliche Reinheit" haben werden: „Denn dann werde ich die Lippe der Völker in eine reine wandeln, damit sie alle den Namen des HERRN anrufen und ihm einmütig dienen."

In der jüdischen Tradition hat es immer geheißen, dass die „reine Sprache" (sa-FA beru-RA), die Zephanja verspricht, die hebräische Sprache ist.

Der letztendliche Zweck der Rückkehr des Volkes der Juden in ihr Land ist es, Gott zu dienen, die Sünde von Babel zu korrigieren und die eine „Sprache der Reinheit" (Hebräisch) zu sprechen. In jenen Tagen der Erlösung werden nicht allein die Juden, sondern alle Menschen auf der Welt die hebräische Sprache erlernen. Während des letzten Jahrhunderts hat das jüdische Volk Hebräisch, lange als eine tote Sprache betrachtet, wunderbarerweise wiederbelebt. Die berühmte Fußgängerzone in Jerusalem Ben-Yehuda Straße ist nach dem Vater des modernen Hebräisch, benannt – Eliezer Ben-Yehuda (1858-1922).

Darüber hinaus, Wunder über Wunder, gibt es heute ein starkes und zunehmendes christliches Interesse daran, Hebräisch zu lernen. Viele Nichtjuden fühlen sich in der Hoffnung, neue Einblicke in ihren Glauben zu gewinnen, zur ursprünglichen Sprache unserer gemeinsamen Bibel hingezogen. Vielleicht ist das wachsende Interesse christlicher Zionisten am Hebräischen die nächste Stufe zur Zeit der Erlösung, die von Zephanja beschrieben wird. Anders als zur Zeit der Generation zu Babel, vereinen sich die Nationen heute, um Gott mit einer „Sprache der Reinheit" zu dienen. Möge sich mit der noch nie dagewesenen Versöhnung von Juden und Christen unser Gemeinschaftssinn nicht auf die Verherrlichung des Menschen richten, sondern auf das gemeinsame Studieren der hebräischen Sprache, um einen großen Turm zu bauen für den Einen Wahren Gott Israels.

PARASCHAT
LECH LECHA

Ziehe aus, für dich selbst

Genesis 12,1-17,27

LECH LECHA

TORAHLEKTION VON

RABBI TULY WEISZ

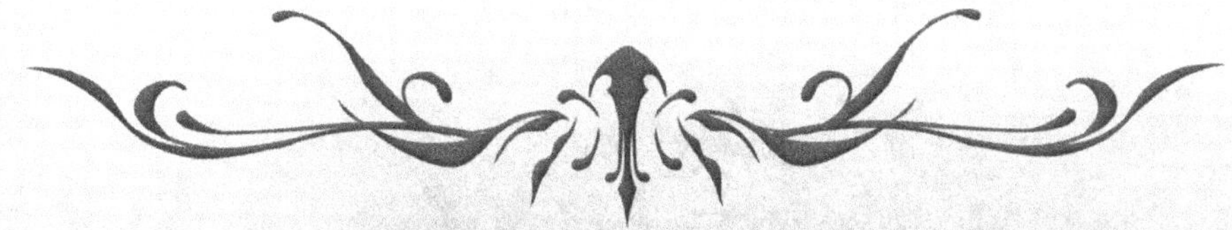

Was Bewegt Christen, Die Israel Unterstützen, Wirklich?

ALS EIN ORTHODOXER Rabbiner, ursprünglich aus dem amerikanischen mittleren Westen, habe ich selten christliche Fundamentalisten aus dem Bibelgürtel[2] treffen können. Jedoch traf ich vor genau zwei Jahren in Atlanta zufällig einmal auf eine ältere christliche Dame, deren Worte mir heute noch deutlich in den Ohren klingen. Die gebrechliche, aber resolute Dame hatte einen dicken Gipsverband an ihrem Arm und ich sagte ihr, ich hoffte, dass sie sich bald wieder besser fühle und dass Gott sie segnen möge. Ohne zu zögern antwortete sie: „Ich bin schon gesegnet. Gott segnet mich, weil ich Israel segne."

Die Kirche, an der ich sie traf, auf einer befahrenen Straße in Atlanta, zeigte nicht nur stolz acht riesige Israelflaggen auf dem vorderen Rasenstück, sondern auch ein breites Banner, das den Tausenden von Autos, die täglich vorbeisausten, die Botschaft verkündete: „Ich werde die segnen, die dich segnen." (Gen.12,3) Viele evangelikale, christliche Zionisten betrachten Genesis 12,3 als ihr Hauptmantra und vielen Juden ist es bekannt als der Beginn des Thoraabschnittes dieser Woche.

Gottes berühmte erste Worte an Abraham geben ihm den Auftrag, das Versprochene Land aufzusuchen, und fahren mit dem Angebot der göttlichen Garantie fort „Ich will segnen, die dich segnen und die verfluchen, die dir fluchen." (Vers 3)

Millionen Christen nehmen diese Worte ernst und *wörtlich. Sie tun alles ihnen Mögliche, um den Staat Israel und das jüdische Volk zu „segnen", um dafür göttliche Belohnung und Wohltat aus Seinem Segen zu ernten. In seinem Buch, In Defense of Israel,* hat Pastor John Hagee, Gründer von *Christians United for Israel,* ein Kapitel mit dem Titel „Unsere Schuld gegenüber den Juden". Hagee verweist auf Genesis 12,3, als das Geheimnis hinter jüdischem Erfolg und Wohlstand. „Ausgehend von der Bevölkerungszahl der Juden im Verhältnis zur Weltbevölkerung ist es überraschend, dass wir *überhaupt über*

---

2 Ein Gebiet in den USA, in dem der evangelikale Protestantismus vorherrschend ist.

die Juden mehr erfahren als nur eine kurze Erwähnung im Geografieunterricht einer höheren Schule."

Hagee fährt mit einem in diesem Zusammenhang noch bedeutenderen Hinweis auf die diesjährige (2013) Verkündung der Nobelpreisträger fort. Er weist darauf hin, dass vier der sechs Empfänger Juden sind. Er schreibt: „Schon in der gesamten Geschichte standen die Juden weltweit im Zentrum der kreativen, wissenschaftlichen und kulturellen Errungenschaften. Sie sind überproportional unter den Nobelpreisträgern vertreten, auf dem Gebiet der Medizin sind sie überrepräsentiert und ihre Beiträge auf wissenschaftlichem Gebiet sind erstaunlich."

In der gesamten Geschichte ist Genesis 12,3 eines jener göttlichen Naturgesetze gewesen. Juden haben das immer verstanden, aber nun sprechen christliche Prediger darüber, wie Länder, die Juden willkommen geheißen haben, mit materiellem Reichtum und Erfolg gesegnet wurden. Doch sobald diese Länder sich von den Juden abwenden und ihnen mit Diskriminierung und Verfolgung begegnen, sind ihre Tage gezählt. Gottes Segnungen wandeln sich unweigerlich in Flüche und diese Nationen werden auf die eine oder andere Weise von der Weltenbühne gefegt und werden nur zu einer weiteren Randnotiz der Geschichte.

Einige Juden wissen nichts mit der christlichen Unterstützung für Israel anzufangen und reagieren häufig mit tiefer Skepsis, wenn nicht sogar offener Feindseligkeit. „Was führen sie wirklich im Schilde?" fragen sie. „Was bewegt sie tatsächlich?" wollen sie wissen. Meine kurze Unterhaltung mit dieser alten Dame zeigte mir deutlich, dass ihr Ziel schlicht und einfach ist, sich Gottes Segen zu verdienen. Sicher, für viele Juden ist es schwer zu glauben, dass, nach all den Jahrhunderten der von Kirchen gegen unser Volk angezettelten „Flüche", plötzlich Millionen von Christen so daran interessiert sind, eine Quelle des Segens zu sein. Aber sie sind es tatsächlich.

Das Versprechen an Abrahm schließt: „und in dir sollen gesegnet werden alle Geschlechter der Erde!" Solange haben wir auf diese Zeiten gewartet. Heute, wo Millionen von Christen weltweit sich bemühen, Genesis 12,3 in die Tat umzusetzen und das jüdische Volk zu segnen, sollte unsere Antwort nicht Zynismus, sondern Ehrfurcht und Dankbarkeit sein.

TORAHLEKTION VON
RABBI CHAIM RICHMAN

Das Geheimnis, wie man den Eingang zum Paradies findet

Und der HERR erschien ihm bei den Terebinthen Mamres; und er saß
an dem Eingang des Zeltes bei der Hitze des Tages. (Genesis 18,1)

UNSERE PARASCHAT BEGINNT damit, dass G-tt vor Abraham erscheint, als er am Eingang seines Zeltes sitzt. Unsere Weisen sagen, dass dies am dritten Tage nach seiner Beschneidung geschah und G-tt selbst kam, um die Mitzvah, einen Kranken zu besuchen, Selbst zu erfüllen. Der dritte Tag nach der Operation ist der schmerzhafteste für jeden und dabei dürfen wir nicht vergessen, dass Abraham neunundneunzig Jahre alt war.

Der Heilige, gepriesen sei Er, und unser Vater Abraham unterhalten sich; worüber wird nicht berichtet. Dann geschieht das aller Erstaunlichste: Abraham schaut auf und sieht drei Männer, gewöhnliche Reisende – soweit er weiß, sogar Götzendiener. Er springt eilig auf, um ihnen etwas von seiner berühmten Gastfreundlichkeit zuteilwerden zu lassen. Damit lässt er sozusagen G-tt im Stich, lässt die Unterhaltung in der Schwebe und beendet abrupt, was auch immer zwischen ihnen gerade vorgeht. Weiter erfahren wir nichts mehr. Hier gibt es eine Welt, eine unausgesprochene Welt, die sich zwischen Vers eins und zwei abspielt.

Wie jeder weiß, fühlte Abrahm sich besonders dem Gebot der Gastfreundschaft verpflichtet. Tatsächlich war er die Personifizierung von *Chessed* (Freundlichkeit), so sehr sogar, dass sein Name gleichbedeutend ist mit dieser Eigenschaft. So schlug er sein Zelt an einer Wegkreuzung auf und ließ es nach allen vier Seiten offen, sodass er Reisenden aus allen Richtungen Essen, Getränk und Unterkunft anbieten konnte. G-tt aber wollte nicht, dass Abraham an diesem Tage belästigt wurde, er sollte sich von der Beschneidung erholen und nicht jedem Reisenden und Rucksacktouristen aufwarten. Da Er die Natur Seines Freundes nur zu gut kannte, änderte G-tt auf wunderbare Weise die natürlichen Gegebenheiten – Er ließ es an diesem Tag außergewöhnlich heiß sein, sodass sich niemand auf die Straße begeben würde[3]. Aber G-tt sah, dass Abrahams Schmerz darüber, dass er nicht in der Lage war, Gäste zu bewirten, größer war als seine Wundschmerzen nach der Operation. Deshalb sah sich der Schöpfer des Universums genötigt, nachdem Er bereits einmal die Natur verändert hatte, um es außergewöhnlich heiß werden zu lassen, sie ein weiteres Mal zu verändern. So ließ er drei Engel in Gestalt von Männern erscheinen – nur damit Abraham Empfänger für seine Freundlichkeit fand.

Abrahm verlässt G-tt, um seine Gäste zu bedienen – welche er zweifellos als von G-tt gesandt ansieht. Er bemüht sich, ihnen ein Festmahl aufzutischen und trägt seiner Frau Sarah auf ‚Beeile dich und mache Teig und backe drei Kuchen,‘ *während er selbst (in seinem Zustand) dem Vieh nachläuft.*

Unsere Weisen fahren fort, uns eine bemerkenswerte Überlieferung zu erzählen: Eines der Kälber lief in eine Höhle und Abraham lief hinterher, um es zu fangen. Diese Höhle, so stellte sich heraus, war keine andere als *Ma'arat HaMachpela,* die berühmte Doppelgruft von Hebron, die Grabstätte der Patriarchen. Auf diese Weise entdeckte Abraham sie – als er hinter einem Kälbchen herlief, um es für seine drei Besucher als Festmahl zu bereiten!

Laut dem heiligen Zohar [4]ist *Ma'arat HaMachpela* der ‚Eingang zum *Gan Eden*‘ (Garten Eden). Ob dies nun wörtlich zu nehmen ist oder nicht, eins ist sicher: Als Abraham die Gruft betrat, sah er Adam und Eva dort ruhen und er wusste sehr wohl, um wen es sich handelte. Er war überwältigt von einem ungeheuren, brennenden Verlangen nach diesem Ort – und von dem Moment an verlangte er danach und wünschte, diesen heiligen Ort zu seiner Grabstätte zu machen. Er war einfach überwältigt von dem Gefühl der reinen Heiligkeit und der göttlichen Bestimmung dieses Ortes. Später war es ein Leichtes, sie von Ephron zu kaufen, der nichts Besonderes oder Wünschenswertes daran erkannte. Er konnte es einfach nicht erkennen. Aber der Eingang zum Garten Eden ist eben nichts Physisches, das mit dem bloßen Auge sichtbar ist, es ist eine spirituelle Begrifflichkeit.

Abraham wollte dort begraben werden, weil er Teil des Erbes von *Adam HaRischon* (der erste Mensch) sein wollte, der, wie er selbst, eine enge und

---

3 Die Worte von Gen. 18,1 werden gewöhnlich übersetzt als ‚er saß (...) in der Hitze des Tages‘, das Hebräische sagt eigentlich ‚wie bei der Hitze des Tages‘, womit angedeutet wird, dass die Hitze nicht normal war, sondern etwas besonders für diese Gelegenheit Geschaffenes war.
4 Der Zohar ist eine Sammlung von Kommentaren zur Torah, diejenigen zu leiten, die im Torahstudium bereits hohe spirituelle Grade bis zur Wurzel (Ursprung) ihrer Seele erreicht haben.

persönliche Beziehung zum Schöpfer hatte. Mehr noch, Abraham war die direkte Fortsetzung von Adams Erbe; Abraham war Adams Garant dafür, dass die gesamte Menschheit erfahren würde, dass es nur einen G-tt gibt. Bis Abraham auftrat, suchten die Generationen nicht nach G-tt – sie liefen vor Ihm davon.

Abraham entdeckte diesen heiligen Ort, den Eingang zum Garten Eden, der die Grabstätte der Patriarchen werden sollte, ganz zufällig – während er einem Kälbchen nachlief, das er schlachten wollte, um es als Mahl zuzubereiten für ein paar Fremde.

Lieber Leser, öffne Dein Herz, denn unsere Weisen berichten uns hier über zwei der tiefsten Geheimnisse in der Welt.

Was ist eine wahre religiöse Erfahrung?

Es ist leicht so zu tun, als sei man ‚heilig‘, aber was heißt es überhaupt, heilig zu sein? Jemand kann sich zurücklehnen und mit den Augen rollen und alle möglichen, lächerlichen Bemerkungen von sich geben, während er behauptet, er habe ‚Visionen‘ oder ‚prophetische Eingebungen‘.

Am Beginn der Paraschat hatte Abraham tatsächlich eine Begegnung mit G-tt von Angesicht zu Angesicht. Er hatte eine persönliche Unterhaltung mit Ihm. Als er aber, so wie er es wahrnahm, drei normale Männer sah, selbst wenn es nur bescheidene Götzenanbeter waren – entschloss er sich geschwind, seine persönliche Zusammenkunft mit G-tt Selbst zu beenden und stattdessen diesen Fremden einen Dienst der Freundlichkeit zu leisten. Dies ist das wahrhaft religiöse Erlebnis; *Imitatio Dei*, handeln wie G-tt, nicht nur über Ihn reden, oder sogar *mit* Ihm! Alles dreht sich ums Handeln und Tun – das ist die Grundlage unserer heiligen Torah und aller Gebote. Es ist als ob Abraham zu G-tt spräche: „Entschuldige, aber ich habe gerade keine Zeit für Dich – ich muss deinem Beispiel folgen." Und genau nach diesem Maßstab werden wir in dieser Welt beurteilt – nur nach unserem Handeln.

Er verlässt die Unterhaltung mit G-tt und während er nun einem Kälbchen hinterherläuft, stolpert er über den Eingang zum Paradies! Unsere Weisen erteilen uns hier eine erstaunliche Lehre: Der Weg zum Paradies ist gepflastert mit Taten der Nächstenliebe. Abraham wollte nur eine gute Tat tun, ein einfaches Kälbchen fangen und es für ein Mahl zubereiten.

Etwas für einen anderen zu tun ist die Art, wie man den Eingang zum *Gan Eden* findet und auch, wie man hineinkommt. Handeln, das war alles, worum es Abraham ging. Während einige vielleicht sagen könnten, der Weg zum Paradies ist gepflastert mit guten Vorsätzen, lehrt Abraham uns, dass er gepflastert ist mit guten Taten.

חיי שרה

CHAYEI SARAH

TORAHLEKTION VON

RABBI CHANAN MORRISON

DAS BEWAHREN DES KINDES IN UNS

DIE TORAH ZÄHLT die Jahre des langen Lebens Sarahs: „Und das Leben Sarahs war hundert Jahre und zwanzig Jahre und sieben Jahre; das waren die Lebensjahre Sarahs." (Gen.23,1). Mit Blick auf die Ausdrucksweise des Verses kommentieren unsere Weisen, dass Sarah alle Jahre ihres ganzen Lebens hindurch – ob nun im Alter von sieben, von zwanzig oder von einhundert Jahren – immer dieselbe Güte, dieselbe Reinheit und dieselbe jugendliche Unschuld bewahrte.

Trotz der langen Zeit ihrer Unfruchtbarkeit, obwohl sie zweimal entführt wurde, als sie ihren Mann Abraham auf seinen vielen Reisen begleitete, wurde sie weder hart noch zynisch. Ihr Sohn wurde Isaak genannt – יצחק, „er wird lachen" – wegen Abrahams Verwunderung und Sarahs erstauntem Lachen. „Gott hat mir ein Lachen bereitet; jeder, der es hört, wird mit mir lachen" (Gen. 21,6).

ERZIEHUNG

Aus Sarahs Beispiel der Reinheit und des Glaubens können wir eine wichtige Lehre für die Erziehung lernen.

Die Zukunft unserer Nation hängt davon ab, wie wir die nächste Generation erziehen. Wie sollten wir den Weinberg des Hauses Israel pflegen, sodass die jungen Weinstöcke gedeihen und wachsen, ihre Wurzeln fest im Untergrund ankern und wohlschmeckende Früchte hervorbringen können? Wie können wir sicherstellen, dass sich unsere Kinder zu richtigen Erwachsenen entwickeln, ihre Werte fest in ihrem Erbe verwurzelt sind und sie ein Leben führen „das Gott und Menschen wohlgefällt"?

Wir müssen darauf achten, dass wir die sklavische Nachahmung der Erziehungsmethoden anderer Völker vermeiden. Unser Erziehungsansatz muss der besonderen Natur und dem einzigartigen Charakter unserer Nation entsprechen.

ZWEI SICHTWEISEN DER KINDHEIT

Die Frage nach der Erziehung dreht sich um die noch grundlegendere Frage: Was ist Kindheit? Ist sie nur eine Vorbereitungsphase für das Erwachsensein oder hat sie einen besonderen, nur ihr eigenen Wert?

Wenn das Leben sich allein um Arbeit und Verdienen des Lebensunterhaltes dreht, dann ist ein Kind nicht mehr als ein Klumpen Ton, der zu einem funktionierenden Werkzeug innerhalb der arbeitenden Bevölkerung geformt werden muss. Kindheit ist dann nicht anderes als die Vorbereitung auf das Erwachsensein, wenn man zu einem produktiven Mitglied der Gesellschaft wird, ein Zahnrädchen im Räderwerk der Wirtschaft des Volkes.

Es gibt aber eine andere Sicht auf das Leben, eine idealistische Sichtweise, die Reinheit und Unschuld als Qualität wertschätzt. Eine solche Sichtweise betrachtet die Kindheit als einen Lebensabschnitt mit einem eigenen Wert. Die Weisen erkannten den besonderen Beitrag der Kinder für die Welt. „Die Welt besteht nur wegen des Atmens der Schulkinder", denn ihre Torah wird in Reinheit gelernt, rein von jeder Sünde (Shabbat 119b).

Wenn Kinder richtig erzogen werden, können wir in ihren unverdorbenen Seelen ein reiches Maß an Heiligkeit und Reinheit entdecken. Das trifft aber nur zu, wenn die Anmut und Schönheit dieser zarten Blüten nicht von der geistraubenden Realität der Arbeitswelt und der zynischen Manipulation gieriger Unternehmen zerstört wird.

Die Kindheit ist gut und heilig, aber sie ist zu schwach und verletzlich, um den mächtigen Kräften der Gesellschaft zu widerstehen. Es ist unsere Aufgabe, die Einfachheit der Kindheit zu bewahren, damit unsere Kinder behütet heranreifen, ohne ihre angeborene Unschuld zu verlieren. Das wird ihnen erlauben, die fehlende physische Stärke und geistige Widerstandskraft zu erlangen, ohne dabei ihre unschuldige Ausgelassenheit der Jugend zu verlieren.

MEINE GESALBTEN

„,Tu den *meshichai*, Meinen Gesalbten kein Leid an' – das bezieht sich auf die Schulkinder" (Shabbat 119b). Warum werden Kinder „Gesalbte" genannt? Salbung ist nicht ein einmaliges Geschehen, sondern eine Einführungszeremonie, die die kommenden Jahre beeinflusst. So wird ein

König gesalbt und während seiner Regierungszeit ist er der *melech ha-mashiachk*, der gesalbte König.

Dasselbe trifft auf die Kindheit zu. Wenn sie nicht durch den Druck einer ausbeuterischen Gesellschaft entwertet wird, ist die Kindheit unsere Salbung, unsere Einweihung, auf dass wir ihre reinen Früchte unser Leben lang genießen können.

Das ist das bewundernswerte Beispiel, das Sarah uns bietet. Sie lebte ein Leben der Heiligkeit und des reinen Glaubens und erhielt sich durch all die vielen Wechselfälle ihres Lebens ihr kindliches Erstaunen und ihre Reinheit. „Alle ihre Lebensjahre waren gleich in Tugend (Rashi (1040 – 1105)).“

Nach *Sapphire from the Land of Israel*, S. 50-52. Adaptiert von *Ma'amerei HaRe'iyah* Bd. II, S. 230-231, aus einem Vortrag, den Rabbi Abraham Isaak Kook (1865-1935, der erste Oberrabbiner Israels, noch vor der Staatsgründung) im Jahre 1905 bei der Eröffnung einer Talmud-Torah-Schule in Rehovot hielt.

PARASCHAT
TOLEDOT

Die Generationen

Genesis 25,19-28,9

תולדת

TOLEDOT

TORAHLEKTION VON

RABBI DAVID AARON

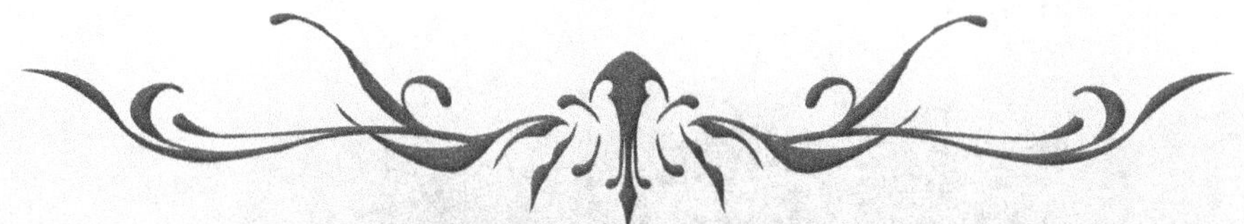

Verliebt sein, aber wie?

Die Balance finden zwischen selbstsicherem Auftreten und Demütiger Ergebenheit

Isaak und Rebekka hatten zwei Söhne: Esau und Jakob. Obwohl sie Zwillinge waren, waren sie alles andere als gleich. Schon während Rebekkas Schwangerschaft zeigte sich ihr unterschiedlicher Charakter. Sobald die schwangere Rebekka sich in der Nähe eines Hauses des Torahlernens oder des Gebetes aufhielt, bemühte Jakob sich, laut jüdischer Tradition, herauszukommen, während Esau eifrig bemüht war, herauszukommen, wenn sie an Götzentempeln vorüberging[5].

Bei seiner Geburt war Esau rötlich, haarig, wie ein Pelzmantel. Dies wird gewöhnlich als ein Zeichen gedeutet, dass er ein Blutvergießer sein würde[6]. Sie nannten ihn Esau, hebräisch für „fertig", was laut Rashi (1040-1105)[7] so war, „weil er vollständig entwickelt und mit seinem Haar ausgestattet war, wie einer der viele Jahre älter ist." Sein Zwillingsbruder kam dann hervor und seine Hand hielt Esaus Ferse. Isaak nannte den zweiten der Zwillinge Jakob. Während Esau physisch vollständig entwickelt geboren wurde, war Jakob unvollständig, denn es heißt, „Jakob wurde beschnitten geboren."[8] Die Jungen wuchsen heran und als sie dreizehn Jahre alt waren, zog Jakob seines Weges zu den Häusern des Lernens und Esau zog seines Weges zum Haus des Götzendienstes[9].

Esau war ein geschickter Jäger; ein Mann des Feldes. Er konnte Leute mit ihren eigenen Worten in die Falle locken, ganz so, wie er den Tieren, die er jagte, Fallen stellte. Der Midrasch sagt Folgendes über ihn:

R. Abbahu sagte, dass er ein Fallensteller war und ein Mann des Feldes, Fallen stellend [d.h. betrügend] zu Hause, Fallen stellend auf dem Felde. Er betrog daheim seinen Vater, indem er fragte: „Wie verzehnte ich Salz?" (Er

---

5 Genesis Rabbah 63,6
6 Rashi Genesis 25,25 und Genesis Rabbah 63,8
7 Rashi Genesis 25,26
8 Avos d'Rabbi Nasson 2
9 Genesis Rabbah 63,10

wollte so tun, als sei er bemüht, G-ttes Willen zu tun, obwohl er genau wusste, dass Salz nicht unter das Zehntengesetz fiel.)

Man sagte von ihm auch, dass er sich frei machte „frei wie ein Feld", was heißt, dass er sexuell freizügig lebte[10]. Deshalb war Esau ein Drahtzieher, Lügner und Betrüger – ganz und gar kein braver Junge. Ohne Hemmungen gab er sich seinen egoistischen Leidenschaften hin.

Jakob dagegen, war ein Mann, der in den Zelten saß, was gleichbedeutend damit ist, dass er sich ganz dem Studium des Wortes G-ttes widmete. Er war ein Gelehrter, dem G-ttesdienst zugeneigt, ehrlich, geradeaus und bereits mit dem Zeichen des Bundes mit G-tt geboren. Die Torah beschreibt ihn als einen „tam." Rashi erklärt, dass ein „tam" jemand ist, der weder „gewitzt noch betrügerisch" ist.

Isaak Sieht das Gute in Esau

Isaak wurde alt und sein Augenlicht wurde schwach. Er rief seinen älteren Sohn Esau und sprach: „Ich bin alt geworden, ich weiß nicht den Tag meines Todes. Und nun nimm dein Jagdgerät, deinen Köcher und deinen Bogen, und gehe hinaus aufs Feld und erjage mir ein Wildbret; und bereite mir ein schmackhaftes Gericht, wie ich es gern habe, und bringe es mir her, dass ich esse, damit meine Seele dich segne, ehe ich sterbe."[11]

Der Midrasch[12] kommentiert dazu:

„Schärfe deine Waffen, dass du mir nicht „nevelos" und „terefos" (ein Tier, geschlachtet mit einem stumpfen Messer, das nach jüdischem Gesetzt nicht gegessen werden darf) zu essen gibst. Wiederum, nimm deine eigenen Waffen, damit du mich nicht mit dem Ertrag von Raub und Gewalttat versorgst."

Wenn Isaak bei Esau solcher Art Fehlverhalten vermutete und seiner Verlässlichkeit misstraute, warum wollte er ihn dann segnen?

Isaak war offensichtlich nicht völlig blind für Esaus egoistische Neigungen. Er glaubte jedoch, dass Esau sein unglaubliches Selbstvertrauen und seine Stärke für den Dienst vor G-tt einsetzen könnte. Isaak hoffte, dass Esau seinen Egoismus für den Erhalt eines gesunden „Selbst" im G-ttesdienst wandeln könnte, anstatt sich von G-tt zu entfernen. Esau hatte großes Potenzial, das Beste aus seinem Leben zu machen: verliebt zu sein. Damit deutete Isaak ihm

---

10 Genesis Rabbah 63,10
11 Genesis 27,1-4
12 Genesis Rabbah 63,13

an, er solle seine Fähigkeiten nutzen und sie einsetzen, um Mitzvos (religiösen Pflichten) nachzukommen, in diesem Falle, seinen Vater zu ehren.

Der große Meister der Kabbalah[13], Rabbi Isaak Luria (1534-1572), der auch als der Ari zt'l bezeichnet wird, erklärt:

„Er war ein Jäger mit seinem Mund (Gen.25,28): Esaus heilige Funken entsprangen der Weisheit, dem Verständnis und dem Wissen aus seinem Munde und aus dieser Heiligkeit gingen in späterer Zeit Konvertiten hervor, die großartige Führer Israels waren, Shemayiah, Avtalion, Rebbe Meir und Rebbe Akiva."

Der Ari zt"l[14] führt weiter aus:

„Das ist der Grund, warum Isaak ihn liebte und hoffte, dass er vielleicht einmal dadurch gerechtfertigt werden würde."

Isaak sah, dass Esau unglaubliches Potenzial hatte, er sah in ihm die Funken von Rebbe Meir und Rebbe Akiva – den Meistern des Talmuds.

Der Talmud[15] lehrt, dass G-tt Seinen Bund mit Israel allein wegen der ,Mündlichen Tradition' schloss, was sich auf die Mischnah[16] , Talmud und Midrasch, bezieht. Erst durch die Teilnahme an talmudischen Debatten gelingt es dem Gelehrten auf einen Stand von Göttlichkeit zu gelangen.[17]

Diese (Talmud und Midrasch) und die Meinungen der disputierenden Weisen sind die lebendigen Worte Elohims [Götter].

Wenn Menschen diesen Stand göttlicher Bedeutung und eine solche Beziehung zu G-tt erreichen, dann erfüllen sie den letzten Zweck des Bundes – eine liebende Partnerschaft.

Der Torahgelehrte erklärt und teilt sein Wissen darüber, wie göttliche Entscheidungen mit Hilfe der Mündlichen Überlieferung getroffen werden können. Ihm ist die Verantwortung der Interpretation und Anwendung des offenbarten Wortes G-ttes anvertraut, so wie es in den fünf Büchern Moses verkörpert ist. In jeder Generation werden immer wieder neue Situationen aufkommen und maßgebliche, gesetzliche Entscheidungen verlangen, die

---

13 Likutei Torah, Ovadiah
Kabbalah – wird oft bezeichnet als die Seele der Torah und ist eine alte jüdische Tradition. Sie lehrt die tiefsten Einsichten in das Wesen G-ttes, in Sein Handeln an der Welt und in den Sinn und Zweck der Schöpfung.
14 Perei Eitz Chaim-Shaar 208,3
15 Talmud, Gittin 60b
16 Mischnah – der erste Teil des Talmuds; eine Sammlung früher mündlicher Interpretationen der Schriften, die um etwa 200 n.Chr. zusammengestellt wurden.
17 Talmud, Eruvim 30b

gemäß der Gesetze und Prinzipien getroffen und umgesetzt werden, so wie sie von Moses, dem Propheten, niedergeschrieben wurden. Diese Aufgabe verlangt großes Vertrauen und Mut. Jedoch verlangt sie auch große Hingabe, Ergebenheit und Dienstbereitschaft gegenüber G-tt. Ein Torahgelehrter muss einen ausgewogenen Sinn haben für Durchsetzungsvermögen, aber auch Bescheidenheit und Ergebenheit besitzen.

In der jüdischen Geschichte finden sich verschiedene Fälle, in denen die Weisen Mut und Entschlusskraft aufbringen mussten, ein Gesetz der Torah um G-ttes willen zu brechen, wie in den Psalmen geschrieben steht:

„Es ist Zeit für den HERRN zu handeln: sie haben dein Gesetz gebrochen."[18]

Rashi[19] erklärt: „Wenn die Zeit da ist, etwas für den Heiligen, gepriesen sei Er, zu tun, dann ist es erlaubt die Torah zu brechen." Deshalb liest und deutet Rashi den Vers so: „Brich das Gesetz Gottes, wenn es Zeit ist, etwas für Ihn zu tun."

Allein die Tatsache, dass die Mündliche Überlieferung niedergeschrieben wurde, ist an sich schon eine Übertretung des jüdischen Gesetzes, das besagt, dass die Mündliche Überlieferung auch mündlich bleiben und nicht aufgeschrieben werden soll.

Wir wissen, dass Rabbi Yochanan und Resh Lakish einen Teil der Mündlichen Tradition aus einem Schriftstück studierten. Ihr Verhalten wird damit gerechtfertigt, dass man das Gesetz um Gottes willen übertreten darf. Sie sagten: „Da es unmöglich ist (alles zu behalten), ist es an der Zeit, im Sinne G-ttes zu handeln."

Man bedenke auch, welchen Mutes es für einen Torahgelehrten bedarf, wenn er mit der Bewahrung der g-ttlichen Torah betraut ist und dann eines der Gesetze, G-tt zuliebe, bricht. Man stelle sich auch die große Ehrlichkeit, Aufrichtigkeit, G-ttesfurcht und Dienstbereitschaft für G-tt vor, die ein Weiser aufbringen muss, um sich sicher zu sein, dass dies eine Übertretung des Gesetzes G-ttes ist, wirklich einzig um G-ttes willen und ohne das geringste, eigensüchtige Motiv – auch nicht versteckt in den hintersten Winkeln des Unterbewusstseins. Ein Torahlehrer muss daher alle seine kreativen Kräfte zum Einsatz bringen, beherzt die Initiative ergreifen und sich durchsetzen, während er gleichzeitig im demütigen Dienst vor G-tt steht. Bei seiner Selbstaufgabe muss er dennoch durchsetzungsstark sein.

---

18 Ps. 119,126
19 Talmud Yoma 49a

Isaak hoffte, er könnte Esaus Selbstvertrauen und Kraft mit Demut und G-ttergebenheit ins Gleichgewicht bringen, was ihn zu einer großartigen Führungspersönlichkeit in der Welt und zu einem Vorbild wahrer Liebe und für eine wahre Beziehung zu G-tt gemacht hätte. Alles, was Esau brauchte, war die Ausgewogenheit Jakobs.

Das Ganze in Einem finden

Rebekka jedoch empfand, dass Esau weit von einer solchen Einstellung entfernt war. Sie sah, dass es weit realistischer war, einige von Esaus Eigenschaften in Jakob zu fördern – was Jakob brauchte, war mehr Durchsetzungskraft.

Sie sagte: „Und nun, mein Sohn, höre auf mich und folge meiner Anweisung. Gehe doch zu den Schafen und nimm zwei erstklassige Ziegenböcklein, und ich werde sie so zubereiten, wie dein Vater es mag; und du musst es deinem Vater bringen, damit er isst, er dich segnet bevor er stirbt."

„Mein Bruder Esau ist haarig," erwiderte Jakob, „ und ich habe eine glatte Haut."

Der Midrasch[20] macht hier eine seltsame Bemerkung zu diesem Dialog: Als Jakob Esau als haarig beschreibt, benutzt er einen hebräischen Ausdruck „isch sa'ir", was auch „dämonisch" bedeutet, wie in dem Vers aus Jesaja, „und Feldgeister (se'irim) tanzen dort."[21]

Wenn er sich selbst als glatt bezeichnet, benutzt er das Wort „chalak", mit der Bedeutung wie im Vers von Deuteronomium, „Denn des HERRN „chelek" (Teil) ist sein Volk,"[22] was andeutet, dass er ganz eins war mit G-tt, sozusagen ein Teil G-ttes.

Der Midrasch vergleicht Esau und Jakob mit zwei Männern, die beide an einem Dreschplatz standen, der eine mit einem dicken Haarschopf und der andere glatzköpfig. Als die Spreu dem ersten ins Haar flog, verfing sie sich darin. Als sie dem anderen auf den Kopf flog, wischte er sich mit der Hand über den Kopf und entfernte sie mit Leichtigkeit. In anderen Worten, Esaus wilde, dämonische Begierden machten ihn empfänglich dafür, sich mit der Spreu des Lebens zu beschmutzen, er konnte sich nicht leicht von seinen Fehltritten reinigen. Jakob dagegen war ein einfacher, aufrichtiger Mann und

---

20 Genesis Rabbah 65,15
21 Jes.13,21
22 Deut. 32,9

deshalb weniger dazu geneigt, in Probleme verwickelt zu werden und Fehler zu begehen, die nicht so leicht zu beheben waren.

Dieser Midrasch deutet wohl an, dass Jakob zögerte, Rebekkas Rat zu folgen, nicht allein aus Furcht, er könne von Isaak entdeckt werden, sondern auch weil er sah, dass diese Tat ihn auf Esaus Niveau herabstufte. Er wollte sich keine Eigenschaften zu eigen machen, die ihn für Sünde verletzbar machten oder seinen Stand der Reinheit gefährden würden. Er wollte nicht nachgeben und eine Haltung annehmen, die einen noch größeren Kampf mit der Neigung zum Bösen auslösen würde. Seine Einstellung war: Warum kompliziert, wenn es auch einfach geht?

Als Jakob seinen Vater in der Gestalt Esaus betrog, akzeptierte er damit den Kampf mit der Neigung zum Bösen, indem er eine Esau ähnliche Gesinnung annahm. Er erkannte, dass er für G-tt und eine echte Beziehung der Liebe dieses Risiko eingehen musste. Nur jemand, der sündigen und seinen persönlichen Drang überwinden kann, kann G-tt wirklich dienen. Nur einer, der eine Liebesbeziehung missachten kann, kann sie richtig erfüllen. Die Menschheit kann nur unter dem Risiko der Sünde die für den Bundesschluss notwendige Art Persönlichkeit entwickeln und die Erfahrung des Verliebtseins machen. Erst der Kampf mit der Neigung zum Bösen befähigt uns, in der Liebe zu „sein" – unser klares Gefühl unseres Selbst aufrecht zu erhalten, ohne uns in unserem Liebesdienst an G-tt zu verlieren.

PARASCHAT
VAYETZE

Und er ging hinaus

Genesis 28,10-32,3

ויצא

VAYETZE

TORAHLEKTION VON
RABBI YEHOSHUA FRIEDMAN

Verwandlung durch Torah

Paraschat Toledot, die vorausgehende Paraschat, beschreibt Ya'akov und Eisav, die beiden Zwillingssöhne Yitzhaks, auf die folgenden Weise:

Und die Knaben wuchsen heran. Und Esau wurde ein geschickter Jäger, ein Mann des Feldes; Ya'akov aber war ein ruhiger Mann (Isch tam), der in den Zelten wohnte. (Gen.25,27)

„Isch tam" könnte „ein einfacher Mann", „ein ganzer Mann", oder „ein ehrlicher Mann" bedeuten. Ist es, dass er nicht kann, nicht will oder dass er das Zelt nie zu verlassen braucht, um auf die Felder zu gehen? Sein Bruder Eisav ist ein geschickter Jäger und wird Fallensteller genannt, nicht nur für Tiere, sondern, wie die Weisen lehren, auch für Menschen. Eisav hält seinen Vater zum Narren, aber seiner Mutter oder seinem Bruder macht er nichts vor. Als die Zeit für Yitzhak kommt, seinen Sohn zu segnen und die Familientradition an seinen Erstgeborenen Eisav weiterzugeben, verschwören sich Rivka und Ya'akov, um die Weitergabe der Vorrangstellung an den ungeeigneten Bruder zu verhindern. Yitzhak scheint nicht zu wissen, dass Eisav sein Erstgeburtsrecht für eine Schüssel Linsensuppe an Ya'akov verkauft hat und damit den bleibenden spirituellen Wert für die momentane Befriedigung verkauft hat.

Rivka nimmt die Gefahr eines Fluches, der die Folge des Betruges an Yitzhak sein könnte, auf sich. Als Eisav bemerkt, dass er um den Erstlingssegen betrogen worden ist, gerät er in Zorn und schwört, seinen Bruder umzubringen. Die Mutter der beiden weiß jedoch, dass Eisav ein Mensch des Augenblicks ist und dass sein Zorn verfliegen wird. Doch in diesem Moment, ist es sehr gefährlich, sich in seiner Nähe zu aufzuhalten. So schafft sie Ya'akov unter dem Vorwand, eine Braut für ihn zu finden, aus dem Haus, denn sie weiß, dass Yitzhak unglücklich darüber ist, dass Eisav kanaanitische Frauen aus der Umgebung geheiratet hat. Ya'akov hat sich bisher nur reaktiv und eher passiv verhalten, indem er zuerst nur als Reaktion auf die Initiativen seines Bruders und dann auf die Initiative seiner Mutter handelt. So endet die Paraschat Toledot.

Vayetze greift die Geschichte mit Ya'akovs Reisen wieder auf. Die Weisen betonen, dass er sich auf seinem Weg nach Norden abends zum Schlafen hinlegt, was diese Stelle zu dem Ort macht, an dem er zum ersten Mal nach 14 Jahren wieder geschlafen hat. Der Midrasch, der in Rashis (1040-1105) Kommentar erwähnt wird, berichtet, dass er diese Jahre ohne Schlaf in Sems und Ebers Schule in fortwährendem Torahstudium verbrachte. So, wie viele Torahgelehrte es in den folgenden Jahrtausenden getan haben, erweitert auch Ya'akov seine zu Hause erworbene Ausbildung unter Anleitung von hervorragenden Gelehrten. Das ist genau das, was man von einem Mann, der in den Zelten bleibt, erwarten kann. Aber er entschließt sich, sich einer weiteren Herausforderung zu stellen. Er bereitet sich, wie er wohl weiß, auf ein hartes Leben im Kampf mit Feinden, die sich als Freunde verkleiden, vor. Er studiert Ethik mit Weltklasse Ethikern, um sich zu rüsten für den Umgang mit Weltklasse Lügnern und Betrügern.

Er ist auch Prophet und die g-ttliche Stimme spricht zu ihm. Er weiß, wohin er geht und was er dort zu tun hat. Dennoch aber brauchte er dieses Zwischenspiel, um sich weiter zu entwickeln. Er war kein Kind mehr, als er von zu Hause fortging, er war 63 Jahre alt. Man könnte es ausrechnen, aber am Ende der Paraschat Toledot gibt es einen Kommentar von Rashi, der sich mit den Zahlen befasst. Die Schlechten sind Sprinter, aber die Gerechten sind Langstreckenläufer (vgl. Ps. 37 und 92 u.a.). Ya'akovs Leben ist ein Marathon.

Nach dieser Nacht hat er es plötzlich eilig und seine Füße tragen ihn mit ungewöhnlicher Eile nordwärts. Als er in Haran ankommt, dem Wohnort der Familie seiner Mutter, macht er Halt. Ganz plötzlich tut dieser ansonsten so zurückhaltende Mann, der nach all den Jahren des Sitzens in Zelten physisch nicht besonders fit aussieht, etwas, das nicht zu ihm passt. Er beobachtet ein paar Hirten, die scheinbar an einer Quelle herumlungern. Sein moralischer Antrieb bewegt ihn, zu ihnen zu gehen. Er befragt sie, warum sie nicht ihrer Aufgabe nachgehen und ihre Zeit oder die ihres Arbeitgebers verschwenden? Sie erwidern ihm, dass erst noch alle Hirten kommen müssen, um die Quelle für das Tränken der Herden freizumachen. Normalerweise ist es die Gemeinschaftsaufgabe mehrerer Männer, den schweren Stein von der Wasserstelle zu bewegen. Ya'akov, ein kleiner Mann aus den Zelten, hört auf, die Männer zu belehren und wuchtet den Stein von der Quellöffnung herunter. Wie hat er das geschafft?

Und das ist noch nicht alles. Lavan, der Betrüger, betrügt ihn immer wieder und Ya'akov arbeitet unermüdlich und betet und kommt damit zurecht. Man stelle sich vor, sein Bruder Eisav hätte die eine Situation mit dem Tausch Leah statt Rahel erleben müssen – er hätte sein Schwert gezückt und eine shakespearehafte Tragödie mit einem Blutbad wäre die Folge gewesen. Das ist aber nicht das, was einem heiligen Volk den Bestand wahrt – Ya'akov weiß das. Er hat Jahre spiritueller Vorbereitung hinter sich gebracht und so hat er beides, Einsicht und Selbstbeherrschung, um auch das noch durchzustehen, und Haschem hilft ihm dabei.

Persönlichkeitsveränderung und Persönlichkeitsentwicklung sind möglich, aber sie erfordern lange und harte Arbeit, die mit G-ttes Hilfe intensiviert werden kann.

PARASCHAT

VAYISCHLACH

Und er sandte

GENESIS 32,4-36,43

וישלח

VAYISCHLACH

TORAHLEKTION VON

RABBI LEVI COOPER

Hier Sein und Sich Woanders Fühlen

RABBI AVRAHAM DOV VON OWRUCZ (1760-1840) war ein chassidischer Meister während der prägenden Jahre der chassidischen Bewegung. Im Jahre 1831 verließ er Europa, um nach Israel zu ziehen. Dort ließ er sich in Safed nieder. In Safed diente Rabbi Avraham Dov als Leiter der örtlichen chassidischen Gemeinde. Leider starb der chassidische Meister während einer Plage, die Safed in den späten 1840er Jahren traf. Etwa sieben Jahre später, im Jahre 1847, wurde eine Sammlung der chassidischen Lehren von Rabbi Avraham Dov unter dem Titel *Bat ʾAyin* in Jerusalem veröffentlicht. *Bat ʾAyin* heißt wörtlich übersetzt, „Tochter des Auges", was soviel heißt, wie ‚Geliebte' oder ‚Augenstern'.

Wenn man Rabbi Avraham Dovs Biografie kennt, wundert es nicht, dass wir in seinen Lehren eine Liebe zum Heiligen Land finden. Ein Beispiel der Gedanken des Rabbi Avraham Dovs über die Reise ins Heilige Land finden wir in seinen Kommentaren zu Jakobs Rückkehr ins Heilige Land nach den Jahren in Aram bei Laban.

Dem biblischen Bericht zufolge war ihm klar, dass das gefürchtete Wiedersehen mit seinem Bruder Esau ihn erwartete. Jakob sandte eine Vorhut zu Esau, die eine Botschaft der Beschwichtigung überbringen sollte, in der Hoffnung, allen Zorn, den Esau wegen der zurückliegenden Geschehnisse noch gegen ihn hegen mochte, zu besänftigen. (Gen. 32,3-5)

Das hebräische Wort für die Mitglieder dieser Vorhut ist mal'akhim – ein Begriff, der gewöhnlich mit Engel übersetzt wird, aber auch Botschafter bedeuten kann. Rashi (1040-1105), der große französische Kommentator, erklärt, dass Jakob in der Tat richtige Engel sandte. Woher hatte Jakob Engel übrig, die für seine Mission zur Verfügung standen?

Ein paar Verse vorher in der Geschichte weist die Bibel darauf hin, dass Jakob Engel Gottes traf (Gen. 32,1). Es gibt eine rabbinische Tradition, die zwischen Engeln unterscheidet. Danach gibt es Engel, die einen Menschen im Heiligen Land begleiten und Engel, die einen Menschen in der Diaspora begleiten. Auf Grundlage dieser Tradition legt Rashi die Erklärung nahe, dass Jakob, nachdem er Laban verlassen hatte, die Engel des Heiligen Landes traf.

Rabbi Avraham Dov von Owrucz notierte sich das Kommen und Gehen der Engel, die Jakob begleiteten und er kam zu dem Schluss, dass die Engel, die Jakob zu Esau sandte, die Engel der Diaspora waren. Da er nun seine Heilig-Land-Engel hatte, konnte er die Diaspora-Engel als Boten zu Esau entsenden, ohne alleine und ohne den Schutz der Boten Gottes zu bleiben.

Allerdings fragte sich Rabbi Avraham Dov: „Wieso konnte Jakob von Heilig-Land-Engeln begleitet werden, wenn er dort noch nicht angekommen war?" Diese Frage hatte schon Nahmanides (1194-1270) beschäftigt, dem klar war, wie weit Jakob noch vom Heiligen Land entfernt war. Nahmanides verwarf deshalb Rashis Gedanken, die Heilig-Land Engel hätten Jakob begleitet.

Rabbi Avraham Dov verwarf Rashis Erklärung nicht, behielt aber auch Nahmanides Einwand im Sinn, als er erklärte, da Jakob bereits auf dem Weg zum Heiligen Lande war, ihn diese Engel bereits begleiteten.

Diese Erklärung erinnert an eine Geschichte über Rabbi Avraham Dov aus der Zeit, bevor er Osteuropa verließ, um ins Land Israel zu gehen.

Rabbi Avraham Dov besuchte einst Rabbi Aharon von Zhitomir (1816), der zu dieser Zeit krank war. Doch er war hocherfreut seinen Kollegen zu treffen.

„Damit es mir wieder besser geht, muss ich Wasser aus dem Lande Israel trinken," erklärte der bettlägerige Rabbi Aharon von Zhitomir.

Rabbi Aharon wandte sich dann an Rabbi Avraham Dov: „Du hast doch vor ins Land Israel zu reisen und mental bist du doch schon da. Wo die Gedanken eines Menschen sind, da ist dieser Mensch in Wahrheit auch. Also, bitte, nimm etwas Wasser in den Mund und spucke es in eine Tasse. Das Wasser wird wie Wasser aus dem Lande Israel sein! Ich werde es trinken und werde mich besser fühlen."

Laut dieser Geschichte, war Rabbi Avraham Dov überrascht, denn er hatte bisher niemandem von seinem Vorhaben, ins Heilige Land zu ziehen, erzählt.

Diese Geschichte mag vielleicht für einen modernen, wissenschaftlich orientierten Menschen etwas schwierig zu verstehen, oder vielleicht sollten wir sagen, schwierig zu schlucken sein. Trotz der bizarren Beschreibung weist die Geschichte auf einen faszinierenden Gedanken hin: Die Kraft eines konzentrierten Sinnes bestimmt den mentalen Standort einer Person.

Jakob hatte seinen Kurs schon auf das Heilige Land eingestellt und deshalb befand er sich bereits in Begleitung der Heilig-Land-Engel. Rabbi Avraham Dov hatte die Entscheidung schon getroffen, ins Land Israel zu ziehen und für „spiritualmedizinische" Zwecke war er deshalb bereits dort.

Natürlich ist das Potenzial für ein „Hier sein und sich woanders fühlen" ein doppelschneidiges Schwert: Ganz so, wie jemand physisch im Exil ist, aber seelisch an einem heiligen Ort; so kann jemand auch an einem heiligen Ort sein, seelisch aber sehr weit weg sein. Mit dieser mächtigen Kraft im Sinne, scheint die Wahl des Aufenthaltsortes hauptsächlich in der Hand des Einzelnen zu liegen.

PARASCHAT
VAYESCHEV

Und er ließ sich nieder

GENESIS 37,1-40,23

וישב

VAYESCHEV

TORAHLEKTION VON
RABBI DAVID AARON

WARUM IST DAS LEBEN SO SCHWIERIG?

FRIEDEN SCHLIESSEN MIT UNSEREM KAMPF

IN DIESEM WOCHENABSCHNITT bittet Jakob um Frieden und Entspannung, aber G-tt hat einen anderen Plan.

„Und Jakob ließ sich in dem Lande nieder, in dem sein Vater gewohnt hatte, im Lande Kanaan." - (Gen.37,1)

Der wichtigste Kommentator, Rashi (1040-1105), erklärt:

Jakob wollte sich in Ruhe niederlassen, doch dann traf ihn der Leidensweg mit seinem Sohn Josef (Verkauf in die Sklaverei). Die Gerechten wollen in Frieden leben, aber G-tt sagt: ‚Ist das, was in der Kommenden Welt für sie bereitet ist (Belohnung), nicht genug, dass sie auch noch in dieser Welt nach Ruhe suchen müssen!'

WARUM IST DAS LEBEN SO SCHWER?

Manche Menschen wenden sich G-tt und der Religion in der Hoffnung zu, dort Zuflucht vor all den Turbulenzen des Lebens zu finden, vor inneren Konflikten und seelischem Aufruhr. Sie wollen sofortigen inneren Frieden, spirituelle Zufriedenheit und Ruhe für ihre geplagten Seelen.

Nach der Kabbalah[23] ist dies nicht der Zweck des Lebens auf Erden, tatsächlich ist das genaue Gegenteil der Fall. Wir sind mitten in die stürmische See des täglichen Lebens geworfen worden. Wir sind mit den Problemen von innen und außen konfrontiert und haben den Auftrag, Probleme und uns selbst in Ordnung zu bringen. Die Aufgabenstellung des Lebens besteht genau darin, die Schwierigkeiten des Lebens anzugehen und an den Herausforderungen zu wachsen.

Warum erschuf G-tt eine solch unperfekte Welt, angefüllt mit so unperfekten Menschen?

---

23 Kabbalah – oft bezeichnet als die „Seele" der Torah – ist eine alte jüd. Tradition, die die tiefsten Einblicke in das Wesen G-ttes lehrt, in Seine Interaktion mit der Welt und den Zweck der Schöpfung.

Der allererste Vers in Genesis sagt uns: „Im Anfang schuf G-tt Himmel und Erde und die Erde war in einem Zustand des Chaos." Das klingt ganz danach, als hätte G-tt eine ziemlich lausige Arbeit abgeliefert. Kaum hat Er die Welt erschaffen, ist sie auch schon in einem chaotischen Zustand.

Die Wahrheit aber ist, dass G-tt ein perfektes Werk vollbracht hat. Was an dieser Welt perfekt ist, ist das Chaos. Es ist der perfekte Ort zum Wachsen, der perfekte Ort für Herausforderungen, die perfekte Kulisse für Triumph. Es ist die perfekte Bühne für ein spannendes Drama über persönliche Entwicklung.

Die Welt sollte schwierig sein und Dein Leben sollte ein Kampf sein – ein Kampf erfüllt von Abenteuer, Herausforderungen und Sieg. Das ist Dein g-ttlicher Auftrag, wenn Du bereit bist, ihn anzunehmen. Und wenn Du bereit bist, ihn anzunehmen, dann wirst Du auch die Kraft zum Erfolg haben.

BIST DU BEREIT DEINE ROLLE ZU SPIELEN?

Im Buch Genesis stellt die Torah eine seltsame Behauptung auf. Sie sagt, dass G-tt uns in Seinem Bilde erschuf. Was soll das heißen? G-tt schuf Dich und mich in Seinem Bilde, genau wie der Schriftsteller seine Charaktere in seinem Bilde erschafft. Jede Person in der Geschichte stellt einen anderen Aspekt des Autors dar. Sogar die Interaktionen zwischen den Personen sind in gewisser Weise eine Entfaltung der Wirklichkeit des Autors.

Jede gute Geschichte beinhaltet aber auch ihre Schwierigkeiten und Problemcharaktere, die für die ganze Spannung sorgen. Sie spielen nämlich eine wichtige Rolle, denn sie bringen das innere Selbst aller anderen Charaktere zum Vorschein. Das ist ein wichtiger Faktor. Die Schwierigkeiten helfen den Charakteren in der Geschichte ihr tiefstes inneres Selbst zu zeigen, sich ihren Schwierigkeiten zu stellen und außergewöhnlichen Mut zu beweisen, unglaubliche Tapferkeit und neues Engagement.

Der Talmud bezeichnet die bösen Mächte im Universum als die Hefe im Teig. Hefe besteht aus mikroskopischen Pilzorganismen. Wer will schon Pilzorganismen essen? Aber es ist die Hefe im Brotteig, die als Katalysator dient und den Teig gehen lässt. Ebenso wurde das Böse in der Welt geschaffen, um als Katalysator für Wachstum und Bereicherung der Persönlichkeit anderer zu wirken. Auch das Böse hilft dem Autor innerhalb des Zusammenhangs der gesamten Geschichte.

Der Zohar, das klassische Werk der Kabbalah, beschreibt die Macht des

Bösen in der Welt metaphorisch mit einer Prostituierten, die vom König engagiert wurde, seinen Sohn, den Prinzen, zu verführen. Natürlich wünscht der König ihr keinen Erfolg. Er möchte dem Prinzen aber eine Gelegenheit bieten, seine eigene, königliche Integrität zu beweisen, indem er dieser großen Versuchung widersteht und so handelt, wie es für seinen Adelsstand angemessen ist. Bis zu dieser Prüfung war der königliche Status des Sohnes nur ein ererbter Titel und ein Kleiderschrank voller königlicher Kleider – nicht aber der echte Ausdruck seiner selbst, erworben durch die Kraft seiner eigenen Wahl und seiner entschlossenen Bemühungen.

Der Gegenspieler in einer jeden Geschichte bietet den anderen Charakteren eigentlich erst die Gelegenheit, die bedeutenden Entscheidungen zu treffen, die ihre großartige Güte ausmachen. Er dient damit dem besten Interesse der anderen Charaktere und natürlich auch des Autors (von dem die ganze Geschichte überhaupt erzählt).

In Wahrheit dient jeder Charakter dem Autor. Jedoch dienen manche Charaktere dem Autor direkt als unmittelbarer Ausdruck seiner selbst in der von ihm erschaffenen Welt. Andere dienen dem Autor auf indirekte Weise, indem sie für andere Beteiligte Situationen schaffen, ihm wieder auf direkte Weise zu dienen.

Das ist das Wesen aller Entscheidungen, die von jedem der Charaktere getroffen werden. Dienen oder nicht dienen, ist hier nicht die Frage und dazu gibt es keine Wahl. Jeder Charakter dient dem Autor. Die Wahl besteht für Dich nur darin, wie – direkt, als Held oder Heldin, oder indirekt als Bösewicht.

Welchen Unterschied macht es dann, ob Du direkt oder indirekt dienst? Für den Autor bedeutet es nichts – seine Geschichte wird geschrieben. Aber ganz sicher bedeutet es etwas für Dich, den Charakter. Deine Entscheidungen bestimmen nicht nur den Ausgang Deiner letzten Szene, sondern auch die Qualität deiner Existenz während der gesamten Geschichte.

Wie wir alle wissen, am Ende gewinnen die Guten. Stimmt, sie verlieren vielleicht so manche Schlacht im Laufe der Geschichte, aber den Krieg gewinnen sie immer. Auch, wenn sie scheinbar verlieren, sind sie oft gerade dabei zu gewinnen, denn in jedem Moment ihres Kampfes erreichen sie eine Veränderung ihrer Persönlichkeit und erfreuen sich eines tiefen Gefühls der Identifikation mit dem Autor.

Der Talmud lehrt, dass die Schechinah – die g-ttliche Gegenwart, die weibliche Manifestation G-ttes – das Verlangen hat, in der Welt zu leben. Aber wie? Durch Dich und mich, wenn wir uns dazu entscheiden, den Geboten zu folgen und G-tt, dem Autor, auf direkte Weise zu dienen. Das ist beim Bösewicht nicht der Fall. Er steuert nicht nur auf das schlimmste Ende zu, sondern auch seine Reise, die Qualität seines täglichen Lebens entbehrt jeglicher g-ttlicher Erfüllung, die ein Leben in dieser unperfekten Welt bietet.

Der Bösewicht muss am Ende seine Rechnung zahlen. Er mag denken, er sei der Gewinner, aber all seine scheinbaren Erfolge bereiten ihn auf seinen letztendlichen Untergang vor. Schlimmer noch als die ihn im letzten Auftritt erwartende große Strafe ist der Schmerz, den er täglich in seiner existenziellen Unsicherheit erleidet. Er ist nicht bemüht, zu wachsen, das Böse zu überwinden und das Gute zu wählen. Er ist nicht daran interessiert, seine Unzulänglichkeiten als Ausgangspunkt für sein Bemühen zu nutzen, vollkommener zu werden und dabei G-tt zu dienen und Sein Beauftragter zu sein.

Deshalb versagt der Bösewicht sich selbst die größte Freude von allen – ein Leben erfüllt von g-ttlicher Gegenwart zu leben. Seine Seele ist ihrer g-ttlichen Quelle entfremdet, und seine innere Welt hat keine Verbindung mit G-ttes absoluter Realität und entbehrt daher eines jeden dauerhaften Wertes oder Sinnes.

In der Welt im Allgemeinen mag er viel Geld besitzen, in einer großartigen Villa wohnen, er mag die teuerste Kleidung und die letzte Mode tragen und alle seine sexuellen Fantasien ausleben. Seine innere Welt aber ist die Hölle und in der Tat schafft er sich seine eigene Hölle.

„Die Gesetzlosen sind wie das unruhige Meer, das nicht ruhig sein kann, und seine Wasser wühlen Schlamm und Kot auf. ‚Es gibt keinen Frieden‘ spricht G-tt zu den Bösen." (Jes. 57,20-21)

Oft, wenn Leute die Bibel in die Hand nehmen und darüber lesen, G-tt zu dienen, verlieren sie das Interesse und denken: „Warum sollte ich G-tt *dienen* wollen? *Dienstbar* sein?" Es klingt so erniedrigend. Bist Du aber ein Charakter in der Geschichte, wie könntest Du dann nicht dem Autor dienen wollen? Das ist es, was Du bist und es ist die größte Ehre in der Welt.

Was bedeutet es, dem Autor direkt zu dienen? Es bedeutet, dass ich ein Werkzeug des Autors bin, sich in der Geschichte auszudrücken. Ich kann es gar nicht erwarten, dem Autor zu dienen, denn je mehr ich dem Autor diene, desto mehr durchdringt die Gegenwart des Autors mein ganzes Wesen, desto mehr entdecke ich, dass ich tatsächlich ein Funke des Autors bin. Es geht nicht um Gehorsam, sondern um Selbstdarstellung. Es geht darum, wer Du bist, warum Du bist, wer G-tt ist und warum Er erschafft.

Wenn Du diese Metapher von ‚Autor und Charakter' für Dich selbst erkennst, beginnst Du das Leben von einer anderen Seite zu sehen. Du kannst Dir selbst sagen: „Ich möchte wirklich einem höheren Zweck dienen. Ich möchte wirklich in den größeren Zusammenhang der Geschichte passen. Ich möchte G-tt, dem Autor, direkt dienen und meine Rolle so gut wie möglich spielen. Alle Probleme in meinem Leben sind in Wirklichkeit nur Gelegenheiten noch besser zu werden.

Aus *The Secret Life of God* von Rabbi David Aaron, © 2005 von Rabbi David Aaron, Nachdruck in Absprache mit Shambhala Publications, Inc., www.shambhala.com.

PARASCHAT
MIKETZ

Am Ende von

Genesis 41,1-44,17

מקץ

MIKETZ

TORAHLEKTION VON
RABBI ZELIG PLISKIN

WENN DU DICH ÜBER DAS FREUST, WAS DU HAST, WIRST DU FREI SEIN VOM NEID AUF DAS, WAS EIN ANDERER HAT.

והנה מן- היאר, עלת שבע פרות, יפות מראה, ובריאת בשר; ותרעינה, באחו.

IN PHARAOS PROPHETISCHEM Traum:

> „Und siehe, aus dem Strome stiegen sieben Kühe herauf, die gut aussahen und gut im Fleisch standen und sie grasten auf der Weide." - (Gen.41,2)

Rashi (1040-1105) kommentiert dazu, dass ihr gutes Aussehen ein Zeichen für die Jahre der Fülle war, denn in solchen Zeiten ist es so, dass die Menschen einander wohlwollend betrachten und keiner den anderen beneidet.

Der Gedanke, den Rashi hier ausdrückt, ist wichtig für das Glücklichsein im Leben. Wenn Du zulässt, dass das, was ein anderer hat, Dir Deine Fröhlichkeit raubt, dann wirst Du häufig leiden. Wenn Du aber lernst, das in vollem Maße wertzuschätzen, was Du hast, dann wirst du selbst so von guten Gefühlen erfüllt sein, dass Dich das nicht stören wird, was jemand anderes hat. Je mehr Du Dich auf das Gute in Deinem Leben konzentrierst, desto weniger wird es Dir bedeuten, wenn jemand anderes mehr hat als Du. Wenn Du die Eigenschaft beherrschst, Dich über das zu freuen, was Du hast, ist Dein ganzes Leben ein Leben in Fülle.

Rabbi Yechezkail Levenstein bemerkte einmal, dass ein *Chasan* (Bräutigam) betrübt war, weil er nur eine einfache Armbanduhr bekommen hatte, anstatt einer goldenen, wie viele andere sie bekamen. Rabbi Levenstein ging zu ihm und tauschte seine eigene goldene Uhr gegen die einfache. Als er nach Hause kam, erklärte er: „Abgesehen von der Farbe gibt es bei den Uhren keinen praktischen Unterschied. Beide zeigen die Zeit mit der gleichen Genauigkeit an. Warum sollte jemand unnötig leiden, wenn ich ihm aushelfen kann?" (Mofes Hador, S.17)

Gib niemals auf, denn die Befreiung aus Schwierigkeiten kann jederzeit kommen.

וישלח פרעה ויקרא את - יוסף, ויריצהו מן- הבור; ויגלח ויחלף שמלתיו, ויבא אל- פרעה.

Nachdem der Pharao gehört hatte, dass Josef Träume deuten konnte:

> „Da sandte der Pharao hin und ließ Joseph rufen; und eilig liefen sie mit ihm aus dem Kerker." (Genesis 41,14)

Der Chofetz Chayim bemerkt, dass, als die Zeit für Josefs Befreiung aus dem Gefängnis gekommen war, es keinen langwierigen Entlassungsprozess mehr gab, sondern er mit größter Eile hinausbefördert wurde. Auf diese Weise führt der Allmächtige die Erlösung herbei. Wenn der Zeitpunkt gekommen ist, wird nicht eine Sekunde verschenkt. Ebenso wird es auch mit der endgültigen Erlösung sein, sagt der Chofetz Chayim. Sobald der rechte Zeitpunkt gekommen ist, werden wir augenblicklich aus unserem Exil entlassen werden. (Chofetz Chayim al Hatorah, S.49)

Sei Dir dessen bewusst, dass sich in jeder schwierigen Lebenssituation das ganze Bild auf einen Schlag ändern kann. Für Josef gab es keinen Entlassungstermin, mit dem er rechnen konnte, denn seine Gefangenschaft hing nicht von den Launen seiner sterblichen Kerkermeister ab. Vielmehr hatte der Allmächtige eine Zeit für seine Gefangenschaft bestimmt. Sobald der festgesetzte Zeitpunkt erreicht war, wurde er sogleich aus seiner Misere befreit. Dieses Bewusstsein kann Dir in schwierigen Zeiten Mut und Trost spenden. Selbst in den Situationen, in denen Du selbst nichts zur Verbesserung der Lage beitragen und Du für die Zukunft auch keinen Ausweg erkennen kannst, kann Deine Erlösung nichts desto trotz im nächsten Augenblick geschehen.

Suche auch nach Kleinen Tugenden in anderen.

ויאמר פרעה אל- יוסף, אחרי הודיע אלקים אותך את- כל- זאת, אין- נבון וחכם, כמוך.

Dem Pharao gefiel Josefs Traumdeutung und er machte ihn zum Hauptverantwortlichen des Wirtschaftslebens in Ägypten:

> „Und der Pharao sprach zu Joseph: Nachdem Gott dich dies alles hat wissen lassen, gibt es keinen, der so verständig und weise ist, wie du."
> (Genesis 41,39)

Wie konnte der Pharao Josef nur in einem solchen Maße vertrauen, dass er ihn zum Hauptverantwortlichen für die Vorbereitungen machte, die Ägypten vor der Knappheit der bevorstehenden Hungersnot retten sollten? Es stimmt, Josef war weise und verständig, aber wie konnte der Pharao jemandem Vertrauen schenken, der gerade erst aus dem Gefängnis entlassen und davor ein Sklave gewesen war?

Rabbi Chaim Shmuelevitz, der verstorbene Rosh Hayeshiva von Mir, antwortete darauf, dass der Pharao Josefs äußerste Ehrlichkeit in seiner Äußerung erkannte, die er vor der Deutung des Traumes machte. Josef begann damit, dass er sagte, er selbst habe keine Macht, Träume zu deuten und es voll und ganz eine Gabe des Allmächtigen sei. Josef wollte sich dies auch nicht für einen Moment als Verdienst anschreiben lassen. Diese vollkommene Ehrlichkeit, selbst in einem unbedeutenden Punkt, zeigte, dass man Josef vollkommen vertrauen konnte.

Man beachte, was hier geschah: Der Pharao sah einen kleinen positiven Punkt in Josefs Charakter und zog daraus einen Schluss auf das Gute im Großen und Ganzen. Das sollte für uns ein Vorbild sein für die Bewertung anderer. Suche ständig nach kleinen Stärken und guten Eigenschaften in anderen und gib ihnen positives Feedback. Das kann anderen helfen, ein positives Selbstbild zu entwickeln. Je mehr ein Mensch seine eigenen positiven Eigenschaften wahrnimmt, desto bereitwilliger wird er seine Stärken für weiteres Wachstum einsetzen.

Leider gibt es Menschen, die dazu neigen, kleine Fehler und Schwächen bei anderen zu sehen und ihnen dann ständig vorzuhalten, sie hätten größere Charakterprobleme. Auch wenn es wichtig ist, anderen zu helfen, ihre Fehler und Schwächen zu überwinden, muss für die meisten Menschen die Betonung auf ihren Stärken liegen. Ist jemand arrogant, ist das nicht der richtige Ansatz. Aber bei jemandem mit geringem Selbstwertgefühl ist vor allem der positive Ansatz wichtig und ausschlaggebend.

Es gibt Berater, die Experten darin sind, das Verhalten von Leuten als problematisch zu bezeichnen. Kommt zum Beispiel jemand zu spät, sagen sie, er zeige passiv-aggressives Verhalten. Ist jemand genau pünktlich, so nennen sie das eine Zwangstörung. Ist jemand vor der Zeit, sagen sie, er fürchte Missbilligung und er sei zu sehr besorgt darum, was andere von ihm hielten. Aber diese Situationen können auch aus einem völlig anderen Blickwinkel betrachtet werden: Kommt jemand zu spät, kann es daran liegen, dass er ohne sein Verschulden aufgehalten wurde. Ist er pünktlich, so zeigt das, dass er ordentlich ist und ein gutes Zeitmanagement hat. Wenn er zu früh ist, zeigt das, dass er anderen keine Ungelegenheiten bereiten will dadurch, dass er sie warten lässt.

Entscheidet man sich auf die positiven Aspekte dessen zu konzentrieren, was Menschen tun, sieht man sie in einem positiven Licht. Auf diese Art wird man zu einer Quelle der Ermutigung für andere. Sieht sich jemand in positivem Licht, wird er die Kraft aufbringen, konstruktiv mit seinen Fehlern umzugehen.

DIE LEUTE RESPEKTIEREN JEMANDEN, DER DEN MUT HAT ZUZUGEBEN, DASS ER EINEN FEHLER GEMACHT HAT.

ויאמרו איש אל- אחיו, אבל אשמים אנחנו על- אחינו, אשר ראינו צרת נפשו בהתחננו אלינו, ולא שמענו; על- כן באה אלינו, הצרה הזאת.

> „Und sie sagten zueinander, der eine zu seinem Bruder: Wir sind schuldig wegen unseres Bruders. Wir sahen das Leiden seiner Seele, als er uns anflehte und wir hörten nicht auf ihn. Deshalb hat uns dieses Unglück befallen." (Genesis 42,21)

Rabbi Dovid von Zeviltov kommentierte: Wenn jemand etwas falsch gemacht hat und erkennt, dass er falsch gehandelt hat, wird ihm vergeben. Tut aber jemand etwas Falsches und streitet es ab, dann gibt es für ihn keine Versöhnung. Als Josefs Brüder zunächst behaupteten, sie seien unschuldig, reagierte Josef mit dem Vorwurf, sie seien Spione. Als sie aber zugaben, dass sie sich schuldig gemacht hätten, hatte Josef Mitleid mit ihnen und weinte. (Zitiert in Otzer Chayim)

Viele Menschen leugnen ihre Fehler und Dinge, die sie falsch gemacht haben, weil sie fälschlicherweise glauben, andere respektierten sie deswegen umso mehr. Tatsächlich aber bewundern die Menschen jemanden mit seiner Ehrlichkeit und seinem Mut, seine Fehler einzugestehen. Man muss schon mutig sein, um sagen zu können: „Ja, ich hatte Unrecht." Diese Art von Integrität wird nicht allein Deine positive Eigenschaft der Ehrlichkeit aufbauen, sondern Dir auch den Respekt der anderen einbringen. Entschuldigst Du Dich bei jemandem, weil Du ihm Unrecht getan hast, wird er positiver von Dir denken, als wenn Du alles abstreitest. Dieses Bewusstsein wird es Dir leichter machen, andere um Entschuldigung zu bitten.

GEDULD WIRD DICH DAVON ABHALTEN, EINE SITUATION VORSCHNELL ALS NEGATIV ZU WERTEN.

ויאמר, ישראל, למה הרעתם, לי— להגיד לאיש, העוד לכם אח.

„Und Israel sagte: „Warum habt ihr mir Übles angetan, indem ihr diesem Mann erzählt habt, dass ihr noch einen Bruder habt?" (Genesis 43,6)

Der Midrasch (*Braishis Rabbah* 91,13) rügt Yaakov, weil er in der Situation etwas Schlechtes sieht. Der Allmächtige sprach: „Ich habe mich dafür eingesetzt, dass sein Sohn in Ägypten Herrscher wird und er sagt, ‚Warum hast du mir Übel angetan.'"

Es gibt viele Geschehnisse im Leben eines jeden, die zuerst, wenn sie geschehen, negativ erscheinen. Sähe der Betreffende aber das ganze Bild der Folgen dieses Geschehnisses, könnte er leicht erkennen, wie der Allmächtige sie als Hinführung zu etwas Gutem geplant hat. Was man braucht, ist Geduld. Wenn etwas scheinbar gegen Deine Interessen geschieht, frage Dich selbst, „Wie kann ich sicher sein, dass das am Ende wirklich böse endet?" Die Antwort darauf ist: Du kannst es nicht. Es ist immer voreilig, nicht wirklich tragische Lebenssituationen als schlecht zu bewerten. Wir müssen Ereignissen gegenüber eine abwartende Haltung einnehmen. Das bewahrt uns vor zu viel unnötigem Leid im Leben.

Um sich diese Haltung anzueignen, hilft es, wenn Du Dir eine Liste von Ereignissen Deines Lebens anlegst, die zuerst negativ aussahen und die sich dann später als positiv herausstellten.

Wann immer Du Verbesserungen an Deinen Charaktereigenschaften feststellst, freue Dich. Diese Freude wird Dich motivieren, Dich weiter zu verbessern. Sei Dir dessen bewusst, was negative Eigenschaften Dir in der Vergangenheit gebracht haben und sei dankbar, sie überwunden zu haben.

92

Das Bewusstsein, dass Du schon Erfolg dabei gehabt hast, wird Dich motivieren, an der Verbesserung anderer Fehler zu arbeiten.

Aus *Growth through Torah* von Rabbi Zelig Pliskin

VAYIGASCH

Und er näherte sich

Genesis 41,18-47,27

וַיִּגַּשׁ

VAYIGASCH

TORAHLEKTION VON

RABBI MOSHE LICHTMAN

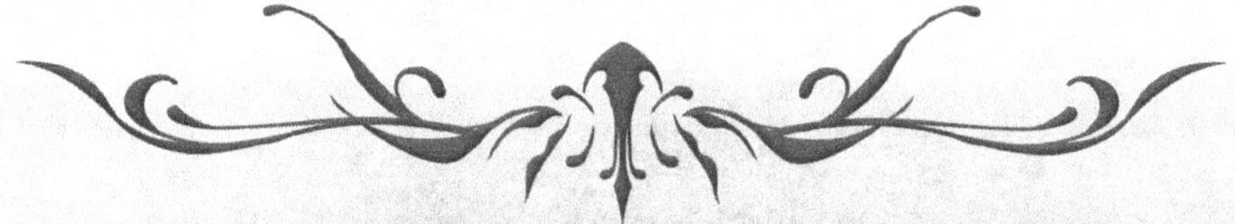

Yeridah um der Aliyah willen[24]

DIE PARASCHAT IN dieser Woche markiert den Beginn der *galut Mizrayim* (das ägyptische Exil). Auch wenn die Sklaverei erst in der Paraschat *Schemot* beginnt, waren Ya'akov und seine Kinder in dieser Paraschat gezwungen, ihre Heimat zu verlassen und auf fremdem Boden zu siedeln. In dem Wissen, dass das Exil lange dauern würde, taten die Oberhäupter der Kinder Israels (Ya'akov und Josef) ihr Bestes, um die gerade aufkeimende Nation auf das Jahrhunderte dauernde Exil vorzubereiten, das vor ihnen lag.

Erstens, als Josef sich seinen Brüdern zu erkennen gab, sagte er: „Beeilt euch und **geht hinauf** (עלי) zu meinem Vater und sagt ihm, ‚So sagt Josef, dein Sohn, Gott hat mich über ganz Ägypten gesetzt; komm herab (רדד) zu mir und zögere nicht'" (Genesis 45,9). Rashi (1040-1105) kommentiert: „Geht hinauf (עלי) zu meinem Vater – **das Land Israel ist höher als alle anderen Länder.**" Warum sah Rashi es als angebracht an, das an dieser Stelle zu betonen? Die Verben עלי (hinaufgehen) und רדד (herabkommen) sind schon viele Male vorher im Zusammenhang mit dem Land Israel benutzt worden. Allein in den ersten siebzehn Versen dieser Paraschat benutzt Yehudah sie sechsmal! Dennoch ist es hier das erste Mal, dass Rashi es kommentiert.

Ich glaube, Josef wollte seinen Brüdern in Bezug auf ihr bevorstehendes Exil eine wichtige Lehre erteilen. Die meisten Kommentatoren (wenn nicht alle) erklären, dass wenn unsere Weisen sagen, das Land Israel sei höher als alle anderen Länder, dann ist das nicht physisch gemeint. Immerhin liegen viele Länder auf größeren Höhen als Israel. Sie wollen vielmehr damit ausdrücken, dass Israel auf einer höheren spirituellen Ebene liegt. Josef wollte seiner Familie die richtige Einstellung vermitteln, als sie nach Ägypten kamen. Im Grunde sagte er ihnen: „Ich weiß, was ihr denkt. Ihr denkt, dass dieses Exil doch nicht so schlimm sein wird. Ägypten ist ein schönes Land; hier gibt es reichlich zu essen; unser Bruder ist zweiter Mann im Staate; usw. Schlagt euch diese Haltung aus dem Kopf! Ganz gleich, wie angenehm *galut* (Exil)

---

24 Yerida („Abstieg") ist der hebräische Ausdruck für die Auswanderung der Israeliten aus dem Staat Israel. Yerida ist das Gegenteil von Aliyah („Aufstieg"), was die Immigration nach Israel bezeichnet.

auch sein mag, es ist immer noch eine *yeridah* (ein Abstieg). Ich lebe jetzt seit zweiundzwanzig Jahren hier und ich habe immer noch nicht aus meinem Bewusstsein verloren, dass Israel über allen anderen Ländern steht." Darum erwähnt Rashi diese Aussage unserer Weisen zu diesem Vers, weil es hier das erste Mal ist, dass es auch Teil der Botschaft der Torah ist.

Zweitens, bevor Ya'akov das Heilige Land verließ, erschien ihm HaSchem und sprach, *Fürchte dich nicht, nach Ägypten hinabzugehen; denn ich werde dich dort zu einer großen Nation machen* (Genesis 46,3). Rashi erklärt, warum Gott es für notwendig hielt, Ya'akov zu ermutigen: **„Weil [Ya'akov] betrübt war, weil er das Land verlassen musste."** *Pirkei DeRebbe Eliezer* (39) führt weiter aus:

> Ya'akov hörte, dass Josef lebte und dachte sich: „Wie kann ich das Land meiner Väter verlassen – das Land in dem ich geboren wurde, das Land, in dem Gottes Gegenwart zu finden ist – und in das Land der Kinder Hams ziehen, in ein Land, dessen Bewohner keine Himmelsfurcht kennen?"

Das ist erstaunlich! Zweiundzwanzig Jahre war Ya'akov im Glauben, sein geliebter Sohn sei tot und jetzt bekommt er die Gelegenheit ihn zu sehen und alles, was er tun kann, ist, sich darüber Sorgen zu machen, dass er das Land verlassen muss! Vielleicht wollte auch er seiner Familie eine wichtige Lehre über das Exil erteilen. Es war nicht zu leugnen, dass die Israeliten zu diesem Zeitpunkt ins Exil gehen mussten. Dennoch wollte Ya'akov zeigen, wie sich ein Israelit fühlen sollte, wenn er gezwungen ist, das Heilige Land zu verlassen. Er sollte sich fürchten und sich im Klaren darüber sein, dass er die Gegenwart Gottes verlässt und ein „gottloses" Territorium betritt. Vor diesem Hintergrund wird er sicherlich vermeiden, es sich in seiner neuen Umgebung allzu bequem zu machen.

Zwei Verse später heißt es in der Torah, *Jakob machte sich von Beerseba auf, und die Söhne Israels trugen Jakob, ihren Vater, und ihre Kinder und ihre Frauen in den Wagen, die der Pharao gesandt hatte...* (Genesis 46,5). *Itturei*[25] Torah zitiert einen schönen Gedanken zu diesem Vers, der mit dem obigen in Verbindung steht. In *Paraschat Vayetze* heißt es (Genesis 29,1), *und Ya'akov erhob seine Füße,* wozu Rashi kommentiert: „Sobald er die gute Nachricht hörte, dass Gott ihm Seinen Schutz zusagte, trug sein Herz seine Füße und

---

25 Itturei Torah – ein Kommentar zum wöchentlichen Torahabschnitt von Aharon-Ya'akov Greenberg.

er konnte ohne Schwierigkeiten gehen." Die Frage drängt sich auf: In unserer *Paraschat* erhielt Ya'akov ebenfalls gute Nachricht – sein lange verlorener Sohn lebte! Warum gibt es dann hier keinerlei Hinweis auf eine Leichtfüßigkeit? Im Gegenteil, Ya'akov musste in einem Wagen transportiert werden! Die Antwort: In unserem Vers zog Ya'akov nach Ägypten hinab, in ein langes, furchtbares Exil. Er fürchtete sich so vor diesem Weg, dass er seine Füße kaum vom Boden heben konnte und getragen werden musste. Wenn nur seine Nachkommen das Exil so sähen, wie er es sah!

Ya'akov tat noch etwas, um seine Abneigung gegen fremde Länder zum Ausdruck zu bringen. Er nahm nur solche Besitztümer mit, die er im Lande Kanaan (Vers 6) erworben hatte und gab alles, was er in Labans Haus erworben hatte an Esau für seinen Anteil an *Me'arat HaMachpeilah*[26] (s. Rashi, ibid.). So sprach Ya'akov: „Besitztümer von **Chutz-LaAretz** stellen für mich keinen Wert dar." Bevor Ya'akov Avinu[27] ins Exil hinabzog, bemühte er sich, seinen Nachkommen dies Bewusstsein tief ins Herz zu pflanzen, dass alle Aspekte des Landes Israel – selbst alltägliche, materielle Besitztümer – eine ihnen eigene Heiligkeit besitzen.

Wir nähern uns heute zügig dem Ende des letzten Exils, darum sollten wir uns diese Lehren zu Herzen nehmen und HaSchem zeigen, dass wir wirklich Sein Besonderes Land zu schätzen wissen. Besser spät, als nie!

Von *Eretz Yisrael in the Parashah* von Rabbi Moshe Lichtman.

---

26 Me'arat HaMachpeilah – die Höhle von Machpelah, die Grabstätte der Patriarchen
27 Ya'akov Avinu – Ya'akov unser Vater

PARASCHAT
VAYECHI

Und er lebte

Genesis 47,28-50-26

וירחי

VAYECHI

TORAHLEKTION VON

RABBI CHANAN MORRISON

Offenbarung des Endes der Tage

„Und Jakob rief seine Söhne. Er sprach: ‚Versammelt euch, und ich will
euch sagen, was am Ende der Tage geschehen wird.‘" (Gen. 49:1)

Tatsächlich hat Jakob seinen Söhnen nie offenbart, wann die endgültige Erlösung stattfinden würde. Laut Midrasch wurde Jakob dieses
Geheimnis – der Zeitpunkt der Erlösung – vorenthalten. Zur Erklärung
dessen, was sich zwischen Jakob und seinen Söhnen an seinem Sterbebett
abspielte, benutzt der Midrasch das folgende Gleichnis.

Das Gleichnis vom ergebenen Diener

„Dies entspricht dem Falle eines ergebenen Dieners, den der König mit all
seinem Besitz betraute. Als der Diener erkannte, dass sein Ende nahte, versammelte er seine Söhne um sich, um sie freizulassen und ihnen mitzuteilen, wo
sich das für sie bestimmte Testament und ihre Freilassungsurkunde befänden.

Der König jedoch entdeckte [diesen Plan] und stellte sich ans Kopfende des
Sterbebettes seines Dieners. Als der Diener den König bemerkte, zog er es vor,
seinen Söhnen nichts zu sagen. Er fing an, seine Söhne eindringlich zu bitten:
‚Bitte, bleibt Diener des Königs! Ehrt ihn so, wie ich ihn alle Tage meines
Lebens geehrt habe.‘

Genauso versammelte Jakob seine Söhne, um ihnen das Ende der Tage
zu offenbaren. Aber der Heilige, offenbarte Sich Jakob und sprach: ‚Du hast
deine Söhne einbestellt, aber nicht mich? … Als Jakob Gott sah, begann er,
seine Söhne inständig zu bitten, ‚Bitte, ehret den Heiligen ganz so, wie meine
Väter und ich Ihn geehrt haben.‘

Der Heilige teilte [Jakob] dann mit: ‚Gottes Ehre ist es, eine Sache zu verbergen.‘ (Spr. 25,2) Diese Eigenschaft steht dir nicht zu." (*Midrasch Tanchuma
VaYechi 8*)

Dieser Midrasch lässt mehrere Fragen aufkommen. Warum wollte Jakob
seinen Söhnen offenbaren, wann das letzte Exil enden würde? Warum wurde
er daran gehindert? Außerdem gibt es Unterschiede zwischen dem Gleichnis
und dem Bezugstext. Es war Gott, der Jakob das Ende der Tage verheimlichte;

demnach hätte es in der Geschichte der König sein müssen, der die Urkunde vor seinem Diener verbarg und nicht der Diener, der sie vor seinen Söhnen verborgen hatte. Weiterhin wollte der Diener, dass seine Söhne frei seien – hätte Jakob gewollt, dass seine Söhne das Joch des Himmels abgelegt hätten? Und warum tadelte Gott Jakob dafür, dass er Ihn nicht gerufen hatte?

DER GRUND FÜR DAS LANGE EXIL

Wir müssen zuerst untersuchen, warum das Exil so lange dauerte. Es steht geschrieben, dass das Volk Israel „zweifach für alle seine Sünden gestraft wurde." (Jes. 40,2) Wie konnte Gott, der mitfühlende Vater, das Volk Israel härter strafen, als sie es verdient hatten?

Der Schlüssel zum Verständnis dazu liegt in diesem Vers:

> „Nur euch habe ich von allen Familien der Erde anerkannt; darum werde ich alle eure Missetaten an euch heimsuchen." (Amos 3,2)

Wäre das Volk Israel wie alle anderen Völker, dann hätte die Zerstörung des Tempels genügt, um für ihre Sünden Versöhnung zu erwirken. Jedoch ist das Volk Israel dazu bestimmt, eine wahre, innige, dauerhaft in ihrem Herzen gefestigte Liebe zu Gott zu erlangen, wie in der Formulierung „Nur euch habe ich anerkannt," angedeutet ist. Das weist auf eine einzigartige Beziehung zwischen Gott und dem Volk Israel hin. Um diese Ebene einer makellosen, unaufhörlichen Liebe zu erreichen, müssen sie eine intensive Reinigung durchlaufen und es müssen alle moralischen und spirituellen Makel ausgemerzt werden. Würden sie nicht korrigiert, könnten solche schlummernden Makel wieder erwachen und in zukünftigen Generationen moralische Rückfälle auslösen.

Aus diesem Grund, so schreiben die Weisen, sündigte das Volk Israel doppelt, wurde doppelt bestraft und wird doppelt getröstet werden (*Pesikta deRav Kahana, Nachamu*). Ihre Sünde war zweifach: neben der Schwere ihrer Sünde selbst, führte es auch zu ihrer Entfremdung von Gott. Sie wurden auch zweifach bestraft: Sie sollten von ihrer Sünde gereinigt und ihre Herzen für die Liebe zu Gott geläutert werden. Auch werden sie zweifach getröstet werden: Ihre Übertretungen werden ihnen nicht nur vergeben werden, sie werden sich damit auch eine besondere Nähe zu Gott erwerben.

DAS ENDE DER TAGE BERECHNEN

Der zweite Punkt, der einer Klärung bedarf, ist: Ist es möglich zu wissen, wann das Ende der Tage kommen wird? Die Weisen deuten den Vers „Ein Tag der Vergeltung ist in meinem Herzen" (Jes. 63,4) folgendermaßen: „Meinem Herzen habe ich es offengelegt, aber nicht meinen Gliedern" (Sanhedrin 97a). Der Ausdruck „Meine Glieder" ist eine Metapher für die Engel. Wie konnte Jakob dann Zugang haben zu Informationen, die sogar Engeln verborgen waren?

Theoretisch wären wir in der Lage, auszurechnen, wann das Ende der Tage eintreten wird, wenn wir wüssten, welche spirituelle Ebene das Volk Israel erreichen müsste, welche Fehler

zukünftige Generationen begehen werden und wieviel Zeit nötig wäre, diese Fehler zu korrigieren. Aber selbst diese umfassende Rechnung ist nicht vollständig. Vielleicht will Gott nicht so lange warten, bis dass das Volk Israel aufgrund seines eigenen Verdienstes der Erlösung würdig ist? Vielleicht will Gott nicht so lange warten, bis ihre Sünden durch das Exil völlig gesühnt sind, sondern will das Ende beschleunigen und Israel erheben noch bevor das Volk sich selbst auf die Erlösung vorbereitet hat?

Tatsächlich kommen diese Überlegungen Daniels Deutung von König Nebukadnezars Traum nahe, einem Traum über die Vorhersage „wie das Ende der Tage sein werde". In dem Traum sah Nebukadnezar wie „ein Stein, nicht durch [menschliche] Hände losgelöst, das Standbild traf." (Daniel 2,34) Dieses große Standbild, bestehend aus vier verschiedenen Metallen, symbolisierte die vier großen Weltreiche – allgemein gedeutet als Babylon, Persien, Griechenland und Rom – und die entsprechenden Exile des Volkes Israel. Der Stein, das göttliche Instrument für die Zerstörung der Statue und die Beendigung des Exils, wurde „losgerissen ohne menschliche Hände," was darauf hindeutet, dass die endgültige Erlösung nicht allein durch das Bemühen des Volkes Israel erreicht wird. Gott möchte, dass Israel auf die Rechtfertigung seiner Sünden und moralischen Unzulänglichkeiten hinarbeitet; letztendlich aber wird ihm ewige und spirituelle Größe von Gott Selbst verliehen werden. (S. *Zohar, Pekudei* 240)

Spirituelles Wachstum gegen Unterwerfung

Die Gerechten, die vor Gott wandeln, versuchen immer, ihre spirituelle Vervollkommnung selbst zu erreichen, ohne den Himmel damit ‚zu belasten‘ und göttliche Hilfe zu erwarten. Jakob wollte, dass seine Familie das Endziel einer beständigen Liebe zu Gott durch ihre eigenen Anstrengungen erreichte. Damit, dass er ihnen das Ende der Tage offenbarte, wollte Jakob ihnen das Ziel vorgeben, nach dem sie streben sollten, so dass sie diese Ebene durch ihr eigenes Handeln erreichen konnten.

Gott aber hatte andere Pläne. Die Menschheit hatte den freien Willen bekommen, damit sie nicht von *nehama dekisufa*, dem „Brot der Schande abhängig waren.“ Die Notwendigkeit, zu arbeiten und richtige Entscheidungen im Leben zu treffen, gibt uns die Befriedigung, unseren Lohn verdient zu haben. Vollkommenheit durch eigene Anstrengung zu erreichen, hat jedoch einen Nachteil. Während das Endziel ist, Liebe zu Gott zu erwerben, müssen wir Gott gegenüber auch ein gewisses Gefühl von Ehrfurcht und Unterwerfung empfinden. In der Tat verdienen wir nicht, trotz all unseres beachtlichen Potenziales, ‚Diener Gottes‘ zu heißen. Der Midrasch lehrt, dass Gott den Berg Sinai wie einen Eimer über die Israeliten hielt und sie zwang, die Torah anzunehmen (Shabbat 88a). Das zeigt, dass das Volk Israel seine Unterordnung unter Gott anerkennen muss.

Auf ähnliche Weise wird Gott am Ende der Tage nicht warten, bis sich das Volk Israel vervollkommnet hat, denn dann hätten sie nur das Verdienst ihrer Liebe zu Gott, ihnen fehlte aber die notwendige Ehrfurcht und Dienstbarkeit vor Ihm. Gott wird das Volk Israel erlösen, bevor es dafür bereit ist; die Erlösung wird kommen wie „ein Stein, nicht losgelöst von [unserer eigenen] Hand.“ Es ist unmöglich die Stunde der Erlösung zu errechnen, denn sie wird nicht kommen, wenn das Volk Israel dafür bereit ist, sondern wenn Gott es für den rechten Zeitpunkt hält. So deutet die Prophezeiung Jesajas an, dass der Zeitpunkt nur „Meinem Herzen“ offenbart ist – d. h., dass nur Gott es weiß.

Erklärung des Gleichnisses

Jetzt verstehen wir vielleicht das Gleichnis. Der Diener des Königs wollte seine Söhne aus der Dienstbarkeit des Königs befreien, so dass sie dem König aus reiner Liebe dienen könnten. Als der König aber über ihm (am Kopfende seines Bettes) stand, erkannte der Diener, dass die Majestät des Königs so groß war, dass es in der Tat die höchste erreichbare Stufe ist, Diener des Königs zu sein. Deshalb tadelte Gott Jakob, als er seine Söhne ohne Ihn um sich versammelte. Gott stellte ihm die Frage: Willst du, dass die Erlösung nur durch deine eigenen Anstrengungen erreicht wird? Willst du, dass sie ausschließlich auf der Eigenschaft der Liebe zu Gott gründet?

Vollkommene Befolgung von Gottes Willen, konnte jedoch nur erfolgen, nachdem die Torah am Sinai gegeben worden war. Deshalb schließt der Midrasch mit der Antwort Gottes an Jakob: „Das ist nicht deine Angelegenheit." Wahre Dienstbarkeit vor Gott wird erst nach der Offenbarung der Torah und ihrer Gesetze möglich.

Als der treue Diener den König in all seiner Majestät über sich stehen sah, sah er von seinem ursprünglichen Vorhaben ab, seine Söhne zu befreien. In gleicher Weise erkannte Jakob Gottes unendlich erhabene Natur, als Gott Sich ihm offenbarte. Er sah ein, dass das wahre Ziel auch am Ende der Tage jenes ist, Liebe mit Ehrfurcht und Unterwerfung zu vereinen. Deshalb ließ Jakob von seinem Plan ab, die Stufe der reinen Liebe zu Gott, die das Volk Israel am Ende der Tage erreichen muss, vorzeitig zu offenbaren. Statt dessen ermahnte Jakob seine Söhne, Gott zu ehren und Ihn zu fürchten, ganz so, wie er und seine Väter es getan hatten.

Aus *Sapphire from the Land of Israel*. Adaptiert von *Midbar Shur*, S. 273-280.

EXODUS ✦ SHEMOT

PARASCHAT
SCHEMOT

Namen

Exodus 1,1-6,1

שמות

SCHEMOT

TORAHLEKTION VON
RABBI TULY WEISZ

DIE ALLERERSTEN GERECHTEN HEIDEN

ICH WEISS NOCH, WIE WIR, beim Erscheinen von Steven Spielbergs Holocaustfilm, Schindlers Liste, mit meiner gesamten High School ins Kino gingen, um den Film zu sehen. Der monumentale Film brachte den Holocaust durch die heroische Geschichte über Oskar Schindler auf die Vorderseite der amerikanischen Kultur. Ein nichtjüdischer, deutscher Geschäftsmann rettete mehr als eintausend Juden das Leben.

Nach der Definition des Yad Vaschem Holocaust Museums gab es *während des Holocausts*, außer Schindler, noch beinahe 25.000 „Gerechte unter den Nationen". Das sind Menschen, die ihr Leben riskierten, um Juden zu retten. Sicherlich gab es viele Heiden, die sich dem Naziregime widersetzten, aber nur jemandem, der bereit war, das höchste Opfer zu bringen, steht der Ehrentitel „Gerechter" zu. Der Torahabschnitt dieser Woche berichtet vom ersten Beispiel zweier Frauen, die wahrhaft Gerechte unter den Nationen waren.

In dieser Woche beginnen die Juden, das Buch Exodus zu lesen. Es erzählt uns die Geschichte eines neuen Pharaos, der die Regierung übernimmt und sich nicht mehr an die großen Leistungen erinnert, die Josef zur Rettung Ägyptens während der verheerenden Hungersnot erbracht hat. Hier sehen wir, wie sich ein Muster entwickelt, das im Verlauf der Geschichte nur allzu bekannt ist, es ist der Präzedenzfall für Antisemitismus. Die Juden werden in einem Land willkommen geheißen und leisten einen großen Beitrag während sie dort sind, aber letztendlich werden sie im Stich gelassen. Die Gastnationen wenden sich gegen ihre jüdischen Einwohner, benutzen sie als Sündenböcke und werden furchtsam und misstrauisch bezüglich ihrer Loyalität.

Und der Pharao sprach zu seinem Volk: „Seht, das Volk der Kinder Israel zu viele und zu mächtig für uns. Kommt, lasst uns weise mit ihnen verfahren und sie aus dem Lande schaffen, damit sie sich nicht vermehren und es dazu kommt, dass sie, wenn es für uns zum Kriege kommt, sich mit unseren Feinden verbünden und gegen uns kämpfen." (Exodus 1,9,10)

Der Pharao beginnt damit, dem Volk Israel das Leben zur Hölle zu machen. Er richtet eine staatlich geförderte Grausamkeit ein, die Hitler als Handbuch hätte dienen können. Doch mitten in dieser Chaos verbreitenden Wendung des Geschehens und der sich abwärts drehenden Spirale des Hasses, tauchen zwei Heldinnen auf:

„Und der König von Ägypten sprach zu den hebräischen Hebammen, von denen die erste Schiphra und die zweite Pua hieß. Er sagte: Wenn ihr die Hebräerinnen bei der Geburt entbindet und ihr sie auf dem Geburtsstuhl sehet: wenn es ein Sohn ist, so tötet ihn, und wenn es eine Tochter ist, so mag sie leben. Aber die Hebammen fürchteten Gott und taten nicht, wie der König von Ägypten zu ihnen gesagt hatte, und sie ließen die Jungen am Leben." (Exodus 1,15-17)

Die Identität der beiden „hebräischen Hebammen" (*meyaldot haivriyot*) ist bei den rabbinischen Kommentatoren umstritten. Viele Weise haben die wörtliche Bedeutung angenommen, dass sie jüdische Frauen waren. Andere Kommentatoren, einschließlich Abrabanel (1437-1508), argumentieren, die Geschichte mache mehr Sinn, wenn wir über ägyptische Hebammen sprächen. Denn, warum sollte der Pharao hebräische Frauen seine schmutzige Arbeit machen lassen? Darüber hinaus heißt es, dass die Gottesfurcht der Hebammen ihr Handeln bestimmte. Interessanterweise benutzt die Bibel den Begriff „Gottesfurcht" oft, wenn sie das Verhalten außergewöhnlicher Heiden beschreibt.

Laut dieser Interpretationen wird absichtlich die zweideutige Bezeichnung *meyaldot haivriot* oder „hebräische Hebammen" benutzt, die tatsächlich bedeutet „Hebammen für die hebräischen Frauen." Schifra und Pua waren Ägypterinnen. Als solche waren sie die ersten Menschen in der Geschichte, die ihr Leben aufs Spiel setzten, um einen Juden zu retten und unglaublicherweise bezeichnet die Bibel die zwei nichtjüdischen Frauen als Hebräerinnen.

In unserer gesamten Geschichte hat das jüdische Volk Verfolgung erlitten, angefangen mit dem Pharao bis auf den heutigen Tag. 3.500 Jahre nach Pharao und 70 Jahre nach Hitler bedrohen skrupellose Diktatoren Israel immer noch mit Vernichtung. Sicher gibt es viele gute Menschen überall auf der Erde, die dem Iran entgegenstehen. Wo aber sind die gerechten Heiden, die bereit sind, mit dem jüdischen Volk ihr Gewicht in die Wagschale zu werfen?

Bevor ich nach Israel zog, besuchte ich eine Konferenz der „*Christians*

United for Israel" in Washington DC und ich erinnere mich daran, wie Pastor John Hagee genau dieses Thema ansprach:

„Ich stehe hier, während Israel umgeben und gehetzt, boykottiert und bedroht wird. Ich stehe hier mit einer starken Botschaft der Solidarität mit euch, meine jüdischen Geschwister, dem Augenstern Gottes. An diesem schwierigen Zeitpunkt in unserer Geschichte erlaubt mir, etwas direkt aus meinem Herzen Kommendes zu sagen. Bitte nehmt zur Kenntnis, dass, was ich sage, ein Empfinden von Millionen von Christen in ganz Amerika und in der ganzen Welt ist. Heute, in der Welt der Freiheit, ist die stolzeste Aussage über sich: ‚Ani Yisraeli – Ich bin ein Israeli.‘ Wenn eine Linie gezogen werden soll, dann soll sie um uns beide herum gezogen werden – Christen und Juden, Amerikaner und Israelis."

In einer der ergreifendsten Szenen in *Schindlers Liste* geben Oskar Schindlers Arbeiter ihm einen Ring mit der Gravur eines Zitats aus dem Talmud „Wer ein Leben rettet, rettet die ganze Welt." Schindler rettete nicht tausend Leben, er rettete tausend „ganze Welten." Dadurch, dass sie das Leben des kleinen Moses retteten, schufen Schifra und Pua den Präzedenzfall, der uns an die Notwendigkeit von mehr ‚Gerechten unter den Nationen‘ erinnert. Gott sei Dank, gibt es in der heutigen Welt Millionen von Christen, nicht nur einzelne Individuen hier und da, die bereit sind, mit der Nation Israel ihr Gewicht in die Wagschale zu werfen.

PARASCHAT
VA'EIRA

Und ich erschien

Exodus 6,2-9,35

ואֵרָא

VA'EIRA

TORAHLEKTION VON

RABBI SCHLOMO RISKIN

WAS IST EIN ANGEMESSENES ERBE FÜR MEINE KINDER UND ENKELKINDER?

„Und ich bringe euch dann in das Land, bezüglich dessen Ich meine Hand zum Schwur erhob, es Abraham, Isaak und Jakob zu geben und Ich werde es euch geben zum Erbbesitz (morascha), Ich bin der HERR." Exodus 6,8

JEDER ELTERNTEIL WÜRDE seinen Kindern und Enkelkindern gerne ein Erbe hinterlassen; einige arbeiten sogar ihr ganzes Leben dafür und versagen sich selbst Ferien und kleine Annehmlichkeiten, nur um ein gewisses Vermögen als Erbe anzuhäufen. Andere wiederum leben in Enttäuschung und Frustration, weil sie fürchten, nicht das nötige Kleingeld zu haben, um ein ansehnliches „Testament und Erbe" zu hinterlassen. Was sagt unsere Torah über ein angemessenes Vermächtnis für zukünftige Generationen?

Die Bibel verwendet zwei verwandte Worte, die sich auf ‚Vermächtnis' beziehen: *Morasha* und *yeruscha*. *Morascha* wird gewöhnlich mit „Erbe" wiedergegeben – es erscheint zum ersten Mal im Torahabschnitt *Va'eira* und bezieht sich auf das Land Israel und dann nur noch einmal, in Bezug auf die Torah selbst. „Ein Gesetz hat uns Mose geboten, ein Erbe (morascha) der Versammlung Jakobs." (Deut. 33,4). *Yeruscha* wird übersetzt im Sinne von Nachlass und ist die häufig auftretende Form für alles, außer Torah und Israel. Interessant ist, festzustellen, dass in Wörterbüchern die Wörter „Erbe" und „Nachlass" praktisch synonym gebraucht werden. Die vornehmliche Definition für Erbe ist „Eigentum, das geerbt ist oder geerbt werden kann." Das biblische Hebräisch ist jedoch präzise und genau. Der Gebrauch unterschiedlicher Wörter weist auch deutlich auf einen Bedeutungsunterschied hin. Der unterschiedliche Zusammenhang, in dem die Wörter „*morascha*" und „*yeruscha*" erscheinen, kann sehr aufschlussreich sein in Bezug auf die unterschiedlichen Vermächtnisse – ja sogar auf unterschiedliche Beziehungen zwischen Eltern und Kindern, unterschiedliche Prioritäten, die von Generation zu Generation weitergegeben werden – die diese Erbschaften ausmachen. Wir wollen einmal vier verschiedene Bedeutungsunterschiede zwischen *yeruscha* und *morascha*, Nachlass und Erbe, untersuchen, was Eltern als eine wichtige Anleitung dienen sollte, ihre Vermächtnisse an ihre Kinder zu bestimmen.

Erstens, der Jerusalemer Talmud spricht von *yeruscha* als etwas, das einem leicht zufällt. Jemand stirbt, hinterlässt einen Nachlass und der Erbe muss nichts weiter tun, als das Geschenk annehmen. Aber die einfache Anwesenheit ist nicht genug, wenn es um *morascha* geht. Das vorgestellte *Mem* in diesem Wort, so deutet es der Jerusalemer Talmud, ist ein grammatisches Zeichen der Intensität, der *Pi'el*form in der hebräischen Grammatik. Damit jemand in den Besitz einer *morascha* gelangen kann, muss er dafür arbeiten. Einen Nachlass erhält man von der vorhergehenden Generation, ohne besonderen eigenen Einsatz. Ein Erbe (*morascha*) verlangt Deine aktive Beteiligung und Mitwirkung. Eine *yeruscha* ist ein Scheck, den der Vater Dir hinterlassen hat; eine *morascha* ist ein Unternehmen, das Deine Eltern begonnen haben und in welches Du aber noch Blut, Schweiß und Tränen investieren musst.

Das wird sicherlich erklären, warum *morascha* nur im Zusammenhang mit der Torah und dem Land Israel benutzt wird. Die Weisen bemerken dazu, dass es drei Geschenke gibt, die Gott seinem Volk Israel machte und welche nur durch Hingabe und Leiden erworben werden können: „Die Torah, das Land Israel und die Kommende Welt.[28]" Wir lesen daraus, dass weder die Torah noch das Land Israel mit Leichtigkeit oder Passivität erworben werden können. Der Babylonische Talmud bestätigt unsere Auslegung des vorigen Zitats aus dem Jerusalemer Talmud und lehrt ausdrücklich „die Torah ist kein Nachlass (*yeruscha*)," der dem Kind eines Torahgelehrten automatisch zufällt. Jede Errungenschaft in Bezug auf die Torah hängt vom Einsatz des Betreffenden ab. Ein Torahstudent muss bereit sein, Entbehrungen hinzunehmen. Maimonides schreibt, dass man auf dem Weg zum Erlernen der Torah bereit sein muss, nur von Brot und Wasser zu leben und sich nur einen kurzen Schlummer auf hartem Boden statt in einem bequemen Bett zu erlauben.[29] Tatsächlich kann sich niemand die Krone der Torah verdienen, es sei denn mit der Bereitschaft, in dem Streben nach Torahkenntnis das eigene Verlangen nach materiellen Schmeicheleien zu zerstören (ibid. 12). Ebenso kann das Land Israel nicht ohne Opfer und Leid erworben werden. Der äußerste Test im Leben Abrahams und die Quelle des jüdischen Anspruchs auf Jerusalem war das Binden Isaaks auf dem Berg Moriah. Die Botschaft, die die Bibel hier

---

28 Berakhot 5a
29 Gesetze des Torahstudiums 3,6

übermittelt, ist, dass wir das Heilige Land nur erlangen können, wenn wir bereit sind, das Leben unserer Kinder Gefahren auszusetzen. Nichts ist im heutigen Israel offensichtlicher. Ein Erbbesitz muss hart verdient werden, und unser nationaler Erbbesitz sind Torah und Israel.

Die zweite Unterscheidung zwischen diesen Begriffen ist nicht, wie die Schenkung erworben wird, sondern wie sie aufgelöst werden darf oder muss. Selbst der größte, geerbte Geldbetrag (yeruscha) kann verschwendet werden oder auf rechtmäßige Weise aufgebraucht werden. Im Gegensatz dazu muss aber *morascha* intakt und unversehrt an die nächste Generation weitergegeben werden. Seine grammatische Form ist *hif'il*, und sie bedeutet wörtlich „einem anderen etwas aushändigen." Silber ist ein Nachlass und kann investiert, verliehen oder eingeschmolzen werden oder ganz nach Belieben des Erben verwendet werden. Silberne Sabbatkerzenleuchter sind ein Erbbesitz, der dazu gedacht ist, von den Eltern auf das Kind weitergegeben und von Generation zu Generation benutzt zu werden.

Drittens, man muss den physischen und gegenständlichen Nachlass in seinem Besitz haben, damit man ihn an seinen Erben weitergeben kann; das ist mit einem Erbe, oder *morascha*, nicht notwendigerweise der Fall. Jüdische Eltern hinterließen ihren Kindern die Ideale der Torah und Israel seit viertausend Jahren als Vermächtnis, sogar als sie weit vom Versprochenen Land entfernt im Exil lebten und Armut und Unterdrückung es ihnen unmöglich machte, Torahgelehrte zu sein. Jüdische Mütter in Polen und Marokko sangen ihre Kinder in den Schlaf mit Liedern über die Schönheit des Landes Israel und der überragenden Wichtigkeit der Torahkenntnis und sangen „Torah ist die beste Handelsware" und Jerusalem die schönste Stadt. Paradoxerweise kann man eine *morascha*, ein Erbe, selbst dann weitergeben, wenn man es selbst nicht besitzt!

Und zuletzt, *yeruscha* ist ein gegenständliches Objekt, wohingegen *morascha* eine abstrakte Idee oder ein Ideal sein kann. Es gibt ein bezauberndes Jiddisches Folklorelied, in dem der Sänger „klagt", dass, während die Eltern seiner reichen Freunde ihnen Autos schenkten, seine Eltern ihm nur gute Wünsche mitgeben konnten: „Geh mit Gott." Während die Eltern seiner Freunde ihnen Bares gaben, gaben seine Eltern ihm Sprüche: „Sai a mentsch – sei ein guter Mensch." Jedoch, während die Autos und das Bargeld schnell dahinschwanden, blieben die Worte – und wurden an die nächste Generation weitergegeben.

114

Die Wahrheit ist, dass ein Nachlass im Vergleich zu einem Erbe verblasst. Die wahre Frage muss lauten: Wirst Du nur einen vorübergehenden Nachlass an Deine Kinder weitergeben oder wirst Du das Verdienst erwerben, ihnen ein ewiges Erbe zu vermachen?

Aus *Torah Lights: Vayikra* von Rabbi Shlomo Riskin; mit Erlaubnis von Maggid Books, eine Abteilung von Koren Publishers Jerusalem.

Das Licht aus Zion

PARASCHAT
BO

Geh hinein!

EẌODUS 10,1-13,16

בא

BO

TORAHLEKTION VON

RABBI GEDALIA MEYER

Der Auszug

Und ich werde in dieser Nacht durch das Land Ägypten gehen und Ich werde alle Erstgeborenen schlagen im Lande Ägypten, sowohl Mensch als auch Tier, und Ich werde Gericht ausüben an ganz Ägypten, Ich bin Haschem. Und das Blut soll für euch ein Zeichen sein an euren Häusern, in denen ihr seid; und Ich werde das Blut sehen und an euch vorübergehen; und es wird keine Plage der Vernichtung auf euch sein, wenn Ich im Land Ägypten zuschlage." (Exodus 12,12-13)

Wo ordnen wir den Exodus in der Weltgeschichte ein? Ist es ein Mythos oder Fakt? Vollzog er sich zu dem Zeitpunkt, an dem Ort und in der Weise, wie in der Bibel beschrieben? Oder gingen die Einzelheiten im Nebel der biblischen Überlieferung verloren, die mehr Betonung auf Wunder und die Hand Gottes legt, als auf belanglose Details, wie und wann die Dinge geschahen? Waren diese Israeliten die tatsächlichen Vorfahren der Juden oder waren sie irgendeine alte Stammesgruppe, der sich die Juden irgendwie angehängt haben, um ihre eigene ansonsten bedeutungslose Geschichte zu glorifizieren?

Dies sind Fragen, die so lange debattiert werden, wie Menschen sich für die Bibel interessieren. Die letzten Jahrhunderte haben eine dramatische Abnahme des Interesses an der Bibel gezeigt, sowohl bei Juden als auch bei Nichtjuden. Die Bibel scheint für den modernen Verstand nicht mehr so relevant zu sein. Sie ist zu veraltet, zu religiös, zu biblisch für moderne Befindlichkeiten. Man kann aber die ganze Kraft dieser dramatischen Zeit des Auszugs nicht leugnen – sie dauerte in ihrer entscheidenden Phase nicht länger als ein Jahr und dennoch liegt ihr Schatten noch 3.000 Jahre danach über der Menschheit.

Die Überlieferung lässt den Exodus vor etwa 3.300 Jahren im nördlichen Ägypten stattfinden, hauptsächlich in der Gegend des Nildeltas. Die Entwicklung bis zum Exodus dauerte etwa 200 Jahre, begann aber tatsächlich mindestens 400 Jahre vor diesem Ereignis. Abraham, der patriarchalische Vorfahr der Israeliten, erfuhr durch eine Prophezeiung, dass seine Nachkommen in einem Land, das nicht ihr eigenes war, unterdrückt werden würden, doch er erhielt auch das Versprechen, dass sie letztendlich erlöst und ins Versprochene Land Israel zurückgebracht würden.

Die erste Phase dieser Prophetie erfüllte sich, als die Nachkommen Abrahams, die wegen einer Hungersnot ausgewandert waren und jetzt in Ägypten wohnten, vom Pharao versklavt wurden. Dieser hatte bewusst den großen Nutzen, den diese Einwanderer dem Land gebracht hatten, „vergessen." Die jüdische Überlieferung besagt, dass die Zeit der Unterdrückung etwas über 200 Jahre dauerte. Sie endete erst, als Moses vor Ort die Führung übernahm und er war dabei eher ein widerwilliger Prophet/Anführer des Ereignisses, das zum ersten berichteten Massenaufstand von Sklaven in der Menschheitsgeschichte wurde.

Soweit hätte alles nach Drehbuch geschehen können. Einzelheiten, wie Bevölkerungszahl und die genaue historische Einordnung des ganzen Geschehens sind etwas skizzenhaft, aber alles in allem hätte es mehr oder weniger so, wie beschrieben, ablaufen *können. Nur,* in dem Moment, wo Gott ins Spiel kommt, zieht man die Augenbrauen hoch. Aber Gott kommt in der gesamten Geschichte von vorne bis hinten vor. Gott aus der Geschichte zu nehmen, ist wie die Luft aus einem Raum zu entfernen; alles Leben geht verloren.

Moses erfuhr von seiner Mission während seiner prophetischen Begegnung mit Gott am ‚Brennenden Dornbusch'. Dort erfuhr er, dass es seine Aufgabe sei, das Volk Gottes aus der Sklaverei zu befreien und in das Land seiner Vorfahren zu führen. Während des gesamten folgenden Jahres etwa warnte er den Pharao wiederholt, entweder die Israeliten freizulassen oder ansonsten die sich steigernden tödlichen Folgen einer Reihe natürlicher/übernatürlicher Plagen zu erleiden. Die berühmten Zehn Plagen endeten schließlich mit einem Crescendo – der Plage der Tötung der Erstgeborenen – eine nach Naturgesetzen offensichtliche Unmöglichkeit. Diese Plage sollte in der ‚Nacht des Vorübergangs' geschehen, des Feiertages, den die Juden seit dieser Zeit als den Geburtstag ihrer Nation feiern.

Unter anderem wird der Großteil der Gesetze und Bräuche zum Passah in dieser Paraschat beschrieben. Das hebräische Wort für Vorübergang (Passah) ist *Pesach*, ein Wort, das dreimal in dieser Paraschat als Verb vorkommt. Es kommt auch mehrmals als Nomen vor und bezieht sich auf das Mahl, für das die Israeliten an diesem Abend ein Lamm zubereiten sollten. Das Wort ist auf verschiedene Weisen übersetzt worden, doch Vorübergang (Passah) ist als Begriff geblieben. Es feiert nicht den Tod der Erstgeborenen der Ägypter, wie man vielleicht versucht sein könnte zu glauben. Vielmehr feiert es die häufig übersehene Tatsache, dass Gott während der Plage an den Häusern der Israeliten vorüberging. Diese Plage war ein Akt der Zerstörung, des Todes. Plagen haben die Menschheit seit undenklichen Zeiten heimgesucht, aber diese war anders. Eine besondere Gruppe Menschen wurde verschont, eine Gruppe, die für ein einzigartiges Schicksal ausersehen war.

Nie zuvor war so etwas geschehen und es würde auch nie wieder geschehen. Plagen wie Wirbelstürme, Erdbeben und Hungersnöte treffen alle ohne Unterschied. Aber diese Plage war anders. Nach der Bibel war sie nur aus einem Grunde anders – weil Gott den Lauf der Vernichtung abwendete. Die Plage selbst mag vielleicht eine völlig normale Bakterien- oder Virusinfektion gewesen sein, aber die Immunität, die den Israeliten gewährt wurde, war alles andere als normal.

Der erste, oben zitierte Vers beschreibt die Plage selbst, als sie ihre zerstörerische Macht gegen Ägypten entfesselte. Der zweite Vers beschreibt die den Israeliten gewährte Immunität. Diese Immunität, so scheint es, war der Tatsache geschuldet, dass Gott das Blut an den Häusern der Israeliten sehen und dann an diesen vorübergehen würde. Dieses Blut war, wie wir aus anderen Versen der Paraschat entnehmen, das Blut des Passahlammes, das an die Türpfosten des Hauses gesprengt werden sollte. Was hat die Israeliten vor der Plage bewahrt? Es war die simple Tatsache, dass sie das Gebot, das Passahmahl zu halten, befolgten, während die Ereignisse draußen ihren Lauf nahmen. Die erste Feier des Passahfestes fand in Ägypten gleichzeitig mit der Plage statt. Sie gedachten genau der Geschichte, die sie selber gerade durchlebten.

Passah handelt nicht von einer Plage. Es handelt nicht von Blut und Tod und Zerstörung. Das sind natürliche Geschehen, die jederzeit und allerorten vorkommen und weder eines Gedenkens bedürfen noch eines Gedenkens wert sind. Passah handelt von einem versteckten Wunder, das sich mitten in einer Plage ereignete. Es handelt davon, dass Gott in den natürlichen Lauf der Dinge eingriff und etwas geschehen ließ, was nicht auf natürliche Weise erklärbar ist. Das ist eigentlich das, wofür das ganze Geschehen des Exodus steht. Es war nicht nur eine Sklavenrebellion des Altertums, die zufällig aufgrund einer Reihe günstiger natürlicher Ereignisse erfolgreich verlief. Eigentlich hätte sie nicht wirklich erfolgreich sein dürfen – aber sie war es trotzdem!

Interessanterweise beginnt das erste der Zehn Gebote mit der Aussage: ‚Ich bin Haschem, dein Gott, der dich aus dem Land Ägypten und aus dem Haus der Sklaverei geführt hat.' Man hätte vielleicht erwarten können, dass dieses Gebot ein anderes von Gottes verschiedenen Werken – die Schöpfung des Universums – betont hätte. Ist die Schöpfung nicht übernatürlicher, wunderbarer und einer Verbindung mit Gott würdiger? Auch wenn es gute Argumente für diese Aussage gibt, so gibt es doch auch ein Gegenargument, das genauso stark ist. Die Erschaffung des Universums geschah, als keine Zeugen zugegen waren. Wir sehen nur das fertige Ergebnis und nehmen es als gegeben hin. Der Exodus war jedoch ein Erlebnis von sehr realen und sehr lebendigen menschlichen Wesen, die Zeugen dieser Ereignisse waren und selbst daran teilgenommen haben. Die Ereignisse des Exodus zeigen etwas sehr Wichtiges über Gott, was selbst die Schöpfung nicht kann. Die Geschehnisse zeigen, dass Gott in unserem Leben immer noch eine Rolle einnimmt, wenn wir unseren Teil so spielen, dass wir es geschehen lassen.

PARASCHAT
BESCHALACH

Als er ziehen ließ

Exodus 13,17-17,16

בשלח

BESCHALACH

TORAHLEKTION VON

RABBI CHAIM RICHMAN

Die Teilung des Meeres und die Auferstehung der Toten

EIN WESENTLICHER BESTANDTEIL der Paraschat Beschalach ist der berühmte ‚Lobgesang des Moses', der von Moses und den Kindern Israels während des Wunders der Teilung des Meeres gesungen wurde (Exodus 15). Dieses bahnbrechende Ereignis war der Höhepunkt des Auszugs aus Ägypten und eine nie da gewesene prophetische Erfahrung für ganz Israel. Ganz Israel war in der Lage, die grenzenlose Liebe und Macht des Heiligen, gepriesen sei Er, direkt zu erleben, was mit den Worten belegt wird, „Und Israel sah die große Tat, die Haschem den Ägyptern angetan hatte; und das Volk hatte Ehrfurcht vor Haschem, und sie glaubten an Haschem und an Moses, Seinen Knecht" (Exodus 14,31). Dies war nicht nur eine Sache von außerordentlich klarer Erkenntnis, es war eine Erfahrung am eigenen Leibe. Ganz Israel erfuhr aus erster Hand, dass G-tt die einzige Realität ist. Dieses Ereignis war so überirdisch, dass unsere Weisen sagen, dass selbst der aller einfachste Mensch eine größere Offenbarung bei der Teilung des Meeres erfuhr, als der Prophet Hesekiel.

Was genau sahen sie, was so inspirierend war? Unsere Weisen lehren, dass die gesamte Nation die ganze Nacht lang über den Meeresgrund zog. Jeder Stamm auf seinem eigenen Weg, durch Wände aus Wasser voneinander getrennt, wobei sie einander jedoch sehen konnten. Mütter gaben ihren Kindern zu essen, indem sie einfach ihren Arm ausstreckten und in die neben ihnen aufgetürmten Wasser griffen und Früchte für ihre Kinder zum Essen herausholten. Dieses Ereignis war so *übervoll mit Wundern, dass es* nicht überrascht, wenn unsere Weisen berichten, dass jeder den Lobgesang des Moses sang – sogar die ungeborenen Kinder im Leibe ihrer Mutter.

Kurz, die allgemeine Auffassung ist, dass das große überwältigende Gefühl der Freude, die Israel empfand, aus der Erfahrung entsprang, dass G-ttes starke Hand über ihnen war. Während sie das Meer durchquerten, wurden sie Zeugen weiterer großer Wunder. Auf einer tieferen Ebene jedoch ist die

Symbolik in dem Lied recht geheimnisvoll und seine Strophen sind voller Bezüge und Anspielungen auf kosmische Themen.

In einer der berühmtesten Lektionen des Talmuds, die sich auf diese versteckten Hinweise beziehen, sagen unsere Weisen, dass eben dieser Lobgesang des Moses der „Hauptbeweis aus der Torah" für die Auferstehung ist. Denn in der Tat ist der Glaube an die letztendliche und endgültige Auferstehung der Toten – eines der dreizehn Glaubensprinzipien des Maimonides – ein grundlegendes Prinzip unseres Glaubens. Sie wird, um es mit den Worten Maimonides zu sagen, geschehen „zu der Zeit, zu der G-tt es will." Sie wird allerdings nicht ausdrücklich in der Torah erwähnt[30].

Wie kann dann der Lobgesang des Moses als Beweis für die Auferstehung dienen? Obwohl Exodus 15,1 ausnahmslos übersetzt wird „Dann sangen Moses und die Kinder Israels dieses Lied," bedeutet der hebräische Text eigentlich „Dann werden Moses und die Kinder Israels dieses Lied singen" – denn das Wort ‚yashir' ist Zukunft. Die Bedeutung ist klar: Nicht ‚dann sangen sie' sondern ‚dann', mit zukünftiger Bedeutung, werden es Moses und genau diese Generation der Kinder Israels sein, die dieses Lied noch einmal singen werden … zur Zeit der endgültigen Auferstehung.

Im Gebetbuch Israels sowie im jüdischen Gesetzeskodex wird betont, dass „wer immer das Loblied des Moses täglich mit tiefer Hingabe und Konzentriertheit und vor allem mit großer Freude aufsagt, der wird das Verdienst erwerben, es auch in der Kommenden Welt aufzusagen.

Wenn man die zentrale Rolle bedenkt, die der Auszug aus Ägypten und die Teilung des Meeres in der Gedankenwelt der Torah einnimmt, warum ist dann das Aufsagen des Lobliedes des Moses von solch übergroßer Bedeutung, dass eine derartige Zusage gemacht wird? Warum ist das Aufsagen in der rechten Weise so machtvoll, dass es dafür garantiert, dass man die Gelegenheit bekommt, es für alle Ewigkeit zu wiederholen? Warum soll jemand in unserer Generation, der das Lied voller Freude spricht, damit belohnt werden, dass er es auch in der Zukunft sprechen darf? Ist das nur eine Bestätigung des Gedankens des Talmuds, der dieses Ereignis mit der endgültigen Auferstehung in Verbindung bringt?

Könnte es sein, dass dieses Ereignis – bei allem Verständnis für dessen

---

30 Dies ist an und für sich schon ein Geheimnis, über das die großen Kabbalisten wie Arizal schreiben: Warum ist diese wichtige Grundlage des Torahglaubens in der Torah versteckt und nicht ausdrücklich erwähnt? Das ist eine Lehre ganz besonderer Wichtigkeit, aber wir werden sie für einen andern Zeitpunkt aufheben.

Größe, bei allem intellektuellem Erfassen und bei aller Vorstellung der Tragweite dieser prophetischen Erfahrung Israels – tatsächlich noch weit größere Bedeutung hatte, als wir uns vorstellen können? Dass wir noch nicht einmal begonnen haben, die große Lehre, die der Lobgesang des Moses uns tatsächlich lehrt, zu begreifen?

Der heilige Arizal (1534-1572) lehrt uns eine tiefe Wahrheit: In Wirklichkeit sind die Begleitumstände des Lobgesanges von Moses und Israel am Meer und die Einzelheiten in Bezug auf dieses Ereignis gar nicht das, was die meisten Menschen darunter verstehen. Alle sind weit davon entfernt.

Dieser große Torahlehrer erklärt, dass der wahre Grund für Moses und Israels Freude bei der Teilung des Meeres der war, dass sie die ungeheure, wahre Macht G-ttes erkannten und in diesem Moment innerlich, auf der tiefsten Ebene der Realität mit der vollkommenen Gewissheit und Klarheit einer prophetischen Vision erkannten, dass es eines Tages wirklich eine Auferstehung von den Toten geben wird. Dies war für sie kein Glaube – es war Wissen. Wie Rabbi Abraham Kook schreibt, ist diese Erkenntnis die wahre Quelle der Freude für die Gerechten aller Generationen.

Deshalb öffne Dein Herz, lieber Leser, damit Du verstehst, was dies auch für Dich bedeutet.

Als die Männer, Frauen und Kinder Israels dieses Lied sangen, war es nicht bloß eine Reaktion auf die großartige, prophetische Offenbarung von G-ttes Liebe und Macht, die sie erlebten – so groß diese Offenbarung auch war. Was wirklich geschah, war, dass sie in der Tiefe ihrer Seelen erkannten, dass alles, was sie sahen, was sie verstehen und an fassbarem und übernatürlichem Wissen in Worten ausdrücken konnten … nur ein Mikrokosmos, eine Vorbereitung, eine Übung und ein Vorläufer für die Zeit war, in der es wirklich in Fülle gesungen werden wird – zur Zeit der Auferstehung. Die Freude, die sie empfanden, als sie am Meer G-ttes Hand über sich sahen, rührte daher, dass sie erkannten: Wenn Er dieses Eine tun kann, dann wird Er ganz sicher auch das Andere tun.

Die Worte des Liedes sind in der Tat allegorisch; das, was die *Sänger* wirklich besingen wollten, war gar nicht dieses Ereignis! Die Teilung des Meeres war nur der Auslöser, der die Kinder Israels in einen anderen, höheren Bewusstseinszustand führte. Denn jeder Satz dieses Lobliedes, der augenscheinlich von dieser wunderbaren Teilung spricht, ist tatsächlich nur eine Anspielung auf das großartige und herrliche zukünftige Geschehen, wenn

G-ttes Liebe und Macht in unermesslicher Weise offenbar werden – bei der Auferstehung. Zusammenfassend können wir sagen, der Gesang handelt nicht von diesem momentanen Ereignis; er handelt von der Zukunft.

Das ist das Geheimnis hinter der Aussage des Talmuds, dass diese Verse als Beweis für die Auferstehung dienen. Allgemein glaubt man, das Lied werde bei der Auferstehung von ganz Israel gesungen, weil es auch bei der Teilung des Meeres gesungen wurde, aber das Gegenteil ist wahr. Am Meer wurde es nur in begrenztem Rahmen gesungen. Das Volk erkannte, dass eines Tages der größte Moment von allen über uns kommen wird und sie erlebten einen erschaudernden Schmerz, einen vergänglichen, momentanen Blick darauf, wie groß die Freude in dem Moment sein wird, wenn sich die Vorhänge der Illusion teilen werden. Wir werden erkennen, dass das Leben ewig ist, ganz so, wie G-ttes Liebe ewig ist und dass das, was wir für Wahrheit gehalten haben, tatsächlich Illusion war.

Die wahre Lehre aus dem Lobgesang des Mose ist: Das Beste kommt noch.

PARASCHAT
YITRO

Jethro

Exodus 18,1-20,23

יתרו

JETHRO

TORAHLEKTION VON

RABBI TULY WEISZ

Ist es koscher, wenn Christen die Torah lehren?

ALS MEIN GUTER Freund, Pastor Keith Johnson zu mir kam, um mir seine Videolektionen über die Zehn Gebote für meine Webseite *Israel365* anzubieten, war mein erster Gedanke, „Christen lehren Torah? Das ist nicht koscher!"

Bei den Unterschieden zwischen Judentum und Christentum, wie könnte ein jüdischer Rabbi die Torahlehren eines Pastors gutheißen??

Dann fiel mir die Ironie des Ganzen auf: Die Zehn Gebote kommen in dem ‚Yitro' (Jethro) genannten Wochenabschnitt der Torah vor. Jethro war nicht nur ein Nichtjude, sondern auch ein götzendienerischer, midianitischer Priester. Wie kann es sein, dass Jethro die Ehre zukommt, in Verbindung gebracht zu werden mit einem so zentralen Punkt der Torah, wie den Zehn Geboten?

Der berühmte Rabbi Chaim ibn Attar (1696-1743) der in Marokko geboren wurde, aber Aliyah nach Israel machte (er immigrierte) und auf dem Ölberg in Jerusalem begraben ist, hatte eine wichtige Antwort auf diese empfindliche Frage anzubieten.

In seinen Kommentaren zu Exodus 18.21 schrieb Attar: „Es scheint mir, als lehre Gott die Kinder Israels der damaligen Generation und aller Generationen, dass es bei den Nationen der Welt Riesen der Weisheit und des Verständnisses gibt." Er führt aus, dass Gott Israel nicht wegen seines Verstandes oder seiner Einsicht dazu erwählte, die Torah zu empfangen, denn das jüdische Volk hat keinen Alleinanspruch auf Weisheit.

Die „Aseret Hadibrot" (Zehn Gebote auf Hebräisch) sind das gemeinsame Erbe der Juden und der bibelgläubigen Nichtjuden, „in der damaligen Generation sowie in jeder Generation." So sehr sogar, dass die Zehn Gebote bis auf den heutigen Tag das bedeutendste Symbol unserer jüdisch-christlichen Werte sind, die etwa in den Vereinigten Staaten stolz in Gerichtssälen und öffentlichen Gebäuden zur Schau gestellt werden.

Dass Juden und Nichtjuden bei der Verbreitung des Wortes Gottes zusammenarbeiten, mag neu und sogar ein wenig widersprüchlich erscheinen, aber laut Talmud ist es die Erfüllung einer Prophezeiung Jesajas.

Das Traktat Bava Batra[31] enthält eine Geschichte über den König Herodes, der die führenden Rabbiner seiner Generation grausam ermordet. Der brutale Monarch lässt einen Rabbiner am Leben, freundet sich mit ihm an und dieser wird schließlich der vertraute Ratgeber des Königs. Laut Talmud bereut Herodes seine mörderischen Taten und bittet den Rabbiner um Vergebung.

„Was kann ich nur tun?" fragt Herodes seinen jüdischen Freund aufrichtig.

„Die Torah wird mit Licht verglichen," antwortet der Rabbi, „und durch den Mord an so vielen Torahlehrern hast du das Licht Gottes in der Welt gelöscht. Deshalb musst du, um Vergebung zu erlangen, durch den Wiederaufbau des jüdischen Tempels, der mit Licht in Verbindung gebracht wird, mehr Licht in die Welt bringen."

Jesaja 2,2 beschreibt, wie die Nationen zum Berg des HERRN in Jerusalem kommen, auf dem der Tempel stand. Der Prophet schreibt: „Alle Nationen werden zu ihm hingezogen werden *(venaharu)*." Indem Jesaja das ungewöhnliche Wort *venaharu* benutzt, welches dem Wort für Licht, *ohr*, gleicht, spielt er auf die Zukunft an, wenn die Nationen der Welt, die jahrelang versuchten, das Licht der Welt zu löschen, letztendlich Vergebung suchen und sich dazu verpflichten werden, das Licht wieder zu entzünden.

Aufgrund dieses Gespräches machte der nichtjüdische König sich daran, den Zweiten Tempel in solch majestätischer Pracht wieder aufzubauen, dass sein Name für immer mit dem Haus Gottes, dem Beit Hamikdasch, in Verbindung gebracht wird.

Vielleicht waren Jesajas Worte nicht nur für Herodes bestimmt, sondern für seine Generation und alle Generationen von Juden und Nichtjuden.

Wir sehen mit unseren eigenen Augen, dass „alle Nationen hingezogen werden" nach Jerusalem. Viele Christen sind bemüht, für die Sünden, die der christliche Antisemitismus in der gesamten Geschichte gegen das jüdische Volk begangen hat, Sühne zu leisten und das Licht wieder zu entzünden, indem sie Israel unterstützen, das jüdische Volk und die Torah, wie Pastor Keith Johnson.

Deshalb sagte ich zu Pastor Johnson, dass es mir eine Freude und Pflicht sei, seine Lehren über die Zehn Gebote zu verbreiten. Das tue ich nicht, weil

---

31 Bava Batra ist das dritte von vier Traktaten im Talmud in der Ordnung Nezikin; es behandelt die Verantwortlichkeit und die Rechte des Besitzers eines Eigentums.

ich mit allem übereinstimme, was mein lieber Freund, Pastor Keith, denkt oder sagt; immerhin bestehen entscheidende Unterschiede zwischen dem, was Juden und Christen glauben.

Ich wollte aber ein Zeichen meiner Wertschätzung und Bewunderung für sein Tun setzen. Ich betrachte die Bemühungen der christlichen Zionisten als eine wunderbare Erfüllung von Jesaja 2,2, wo die Nationen der Welt nach Jerusalem strömen werden, um das Licht der Welt neu zu entzünden. Ich bin der Überzeugung, dass es keinen besseren Zeitpunkt geben kann, sich auf diese große spirituelle Einheit einzulassen, als während der Woche, in der wir den Torahabschnitt von Jethro lesen und die Zehn Gebote für uns annehmen.

MISCHPATIM

Gesetze

Exodus 21,1-24,18

משפטים

MISCHPATIM

TORAHLEKTION VON

RABBI CHANAN MORRISON

Auge um Auge

Azars Frage

WÄHREND DER JAHRE, in denen Rav Kook (1865-1945) als Oberrabiner von Jaffa Dienst tat, freundete er sich mit vielen der hebräischen Schriftsteller und Intellektuellen dieser Zeit an. Sein erster Kontakt in diesem Kreis war der „Älteste" der hebräischen Schriftsteller, Alexander Ziskind Rabinowitz (1854-1945), besser bekannt mit der Abkürzung seines Namens „Azar". Azar war einer der Anführer der Po'alei Tzion, einer anti-religiösen, marxistischen Partei; mit den Jahren aber entwickelte Azar starke Bindungen zum traditionellen Judentum. Er traf sich viele Male mit Rav Kook und sie wurden enge Freunde.

Azar fragte Rav Kook einmal: Wieso können die Weisen den Vers „Auge um Auge" (Ex.21,24) so interpretieren, als ginge es um finanziellen Schadensersatz? Widerspricht diese Erklärung nicht dem *Peschat,* der einfachen Bedeutung des Verses?

Der Talmud (*Baba Kamma* 84a) führt eine Reihe Beweise dafür an, dass der Ausdruck „Auge um Auge" nicht wörtlich genommen werden kann. Wie könnte zum Beispiel der Gerechtigkeit Genüge getan werden, wenn jemand, der einem anderen das Auge ausgestochen hat, selbst blind ist? Oder was wäre, wenn einer der beiden vor dem Vorfall nur ein funktionierendes Auge hätte? Es ist deutlich, dass es viele Fälle gibt, in denen eine solche Strafe ebenfalls nicht angemessen wäre.

Was Azar störte, war der offensichtliche Widerspruch zwischen der einfachen Aussage des Verses und seiner talmudischen Auslegung. Wenn „Auge für Auge" tatsächlich eine finanzielle Entschädigung bedeutet, warum sagt die Torah es dann nicht unmissverständlich?

DIE PARABEL

Rav Kook antwortete mit einer Parabel. Die Kabbalisten[32], so erklärte er, verglichen die Geschriebene Torah mit dem Vater und die Mündliche Torah mit der Mutter. Wenn Eltern feststellen, dass ihr Sohn einen schwerwiegenden Fehltritt begangen hat, wie reagieren sie dann?

Der Vater erhebt sofort seine Hand, um seinen Sohn zu strafen. Die Mutter aber voller Mitgefühl, eilt, um ihn davon abzuhalten. „Bitte, nicht im Ärger!" sagt sie und überzeugt den Vater, eine leichtere Strafe zu erteilen.

Ein Zuschauer könnte daraus schließen, dass das ganze Drama überflüssig sei. Am Ende hat der Junge keine körperliche Strafe erhalten. Warum also so eine Show veranstalten?

In der Tat, die Szene hat dem fehlgeleiteten Sohn eine wichtige erzieherische Lehre erteilt. Auch wenn er nur leicht zurechtgewiesen wurde, wurde dem Sohn zu verstehen gegeben, dass seine Handlungen eine viel schwerwiegendere Strafe verdient hätten.

EINE ANGEMESSENE STRAFE

Diese Lektion ist dann wichtig, wenn jemand einen andern verletzt. Der Missetäter muss die Schwere seiner Taten verstehen. In der Praxis zahlt er nur einen finanziellen Ausgleich, wie das Mündliche Gesetz es bestimmt. Er sollte aber nicht das Gefühl haben, dass er den zugefügten Schaden allein mit Geld begleichen könne. Wie Maimonides (1135 – 1204) erklärte, ist es nicht die Absicht der Torah, dass das Gericht ihn tatsächlich in gleicher Weise verletzen sollte, so wie er seinen Nächsten verletzt hat, sondern anzudeuten „dass *es angemessen ist*, ihm das Glied zu amputieren oder ihn zu verletzen, gerade so, wie er es dem anderen Verletzten angetan hat" (*Mishneh Torah*, Gesetze zu Personenschäden 1:3).

Maimonides führte diesen Gedanken, dass die finanzielle Ersatzleistung allein nicht für den physischen Schaden sühnen kann, in Kapitel 5 weiter aus:

> „Eine Körperverletzung ist nicht vergleichbar mit dem Zufügen eines finanziellen Schadens. Jemand, der einen finanziellen Schaden verursacht hat, ist sofort entlastet, wenn er den Schaden bezahlt hat. Hat aber

---

32 Kabbalist – ein in der Kabbalah Ausgebildeter – (oft bezeichnet als die „Seele" der Torah, ist die Kabbalah eine alte jüdische Überlieferung, die die tiefsten Einsichten in das Wesen G-ttes, Seine Interaktion mit der Welt und den Zweck der Schöpfung lehrt).

jemand seinen Nächsten verletzt, auch wenn er alle fünf Kategorien der finanziellen Erstattung geleistet hat – selbst wenn er Gott alle Widder von Nevayot opferte [siehe Jesaja 60,7] – ist er nicht entlastet, bis dass er den Verletzten um Vergebung gebeten hat und dieser der Vergebung zugestimmt hat." (Personenschäden, 5,9)

Später kommentierte Azar:

Nur Rav Kook hätte eine solche Erklärung geben und rechtliche Zusammenhänge im jüdischen Gesetz mithilfe kabbalistischer Metaphern klarstellen können. Denn einmal hörte ich ihn sagen, dass die Grenzen zwischen *Nigleh* und *Nistar*, den exoterischen und esoterischen Bereichen der Torah, nicht ganz so starr sind. Für manche ist das Torahstudium mithilfe Rashis Kommentar ein esoterisches Studium; während für andere selbst ein Kapitel in dem kabbalistischen Werk von *Eitz Chayim* noch zum offenbarten Teil der Torah gehört.

Aus *Sapphire from the Land of Israel*, Seiten 151-153. Überarbeitet von *Malachim Kivnei Adam* von Simcha Raz, Seiten 351, 360

PARASCHAT
TERUMAH

OPFER

Exodus 25,1-27,19

תרומה

TERUMAH

TORAHLEKTION VON
RABBI CHAIM RICHMAN

Kann der Mensch spirituelle Realität schaffen, die über den physischen Raum hinausgeht?

DIE BUNDESLADE IST das Herzstück und der Kern des Heiligen Tempels. G-tt befahl Israel sie zu bauen, damit sie als Behältnis für die Gesetzestafeln, die Moses vom Berg Sinai herabbringen würde, dienen konnte. Daher bezeichnet die Torah sie auch als die ‚Lade des Zeugnisses‘ – die Tafeln sind nämlich das Zeugnis des Bundes zwischen dem Heiligen, gepriesen sei Er, und Israel; ein Zeugnis eines unverbrüchlichen Bandes der Liebe zwischen ihnen.

Hier, zwischen den beiden goldenen Cherubim auf dem Deckel der Lade, ist die Wohnstätte der *Schechina,* der göttlichen Gegenwart. Auch heute noch wendet ganz Israel in aller Welt während des Gebets sein Angesicht in die Richtung der *Schechina.* An ihrem Platz im innersten und allerheiligsten Raum des Tempels, dem Allerheiligsten, ist die Lade vor allen verborgen – wie der Baum des Lebens im Garten Eden. Das Allerheiligste ist so heilig, dass nur der Hohepriester es betreten darf und das auch nur einmal im Jahr. Dies geschieht an Yom Kippur, dem ehrfurchtgebietenden Versöhnungstag. Tatsächlich lehren unsere Weisen die mystische Vorstellung, dass der biblische Garten Eden ein sehr großes Gebiet umfasste. Das Zentrum des Garten Edens aber liegt im Lande Israel und das Herz des Gartens ist der Tempelberg in Jerusalem. Der Opferaltar ist der Standort des Baumes der Erkenntnis und das Herz der Herzen ist der Standort des Allerheiligsten, welches die Stelle ist, wo der Baum des Lebens stand.

Mit den Gesetzestafeln in ihrem Inneren und den Cherubim stellt die Lade eine Fortsetzung der Offenbarung vom Berg Sinai dar. Die Lade ist das Geheimnis des Tempels überhaupt: Ein Portal, ein Treffpunkt des Menschen mit dem Göttlichen. Hier war es, wo Moses stand, zwischen den beiden Tragestangen der Lade, um die Stimme der *Schechina* zu hören. Die Lade heißt auf Hebräisch *aron,* abgeleitet von dem Wort *or,* Licht. Das Licht, das am ersten Schöpfungstag offenbart und dann für die zukünftige, gerechtfertigte Welt verwahrt wurde, ist in der Lade verborgen. Das ist die einfache Bedeutung des Wortes *aron* – sie ist ein Behältnis des Lichts.

Die Lade ist die Ausnahme zu jeder Regel. Sie ist das erste Gefäß, das zu machen befohlen wurde und das einzige Gefäß, bei dessen Anordnung G-tt die Mehrzahl benutzte: „*Sie* sollen eine Lade aus Akazienholz machen ...“ (Exodus 25,10). Außerdem: Die anderen Gefäße werden benutzt, um verschiede Tätigkeiten beim G-ttesdienst zu verrichten: Entweder täglich (wie das Entzünden der Menorah, und die Weihrauchopfer auf dem Goldenen Altar) oder wöchentlich (das Auslegen der Brotlaibe auf dem Tisch der Schaubrote). Die Lade hingegen wird für keinerlei Dienst gebraucht. Nur der Hohepriester betritt einmal im Jahr am Versöhnungstag das Allerheiligste, um Blut zu sprenkeln und auch das geschieht nur in der Nähe der Lade.

Die anderen Gefäße im Heiligtum werden alle längsseitig im Heiligtum platziert; nur die Lade muss quer gestellt werden. Das musste so sein, damit die beiden Tragstangen bis an den Vorhang reichten und ihn leicht berührten. In diesem Kontext gibt es noch ein besonderes Gebot, *nämlich* diese Stangen nie von der Lade zu entfernen, nicht einmal im heiligen Tempel, obwohl sie nicht mehr gebraucht wurden. Das sollte so sein, damit die überstehenden Stangen die Vorhänge leicht berührten und so andeutungsweise vom Heiligtum aus zu sehen waren.

Zahlreiche ‚übernatürliche‘ Ereignisse, die die Lade umgeben, werden in der Bibel berichtet, so zum Beispiel die Plagen, als die Lade von den Philistern geraubt wurde[33] und der Tod des Usah[34], als die Lade nach Jerusalem gebracht wurde.

Eine erstaunliche Überlieferung bezeugt, dass die Lade ‚keinen physischen Raum einnahm‘. Das heißt, ihre Ausmaße hätten nicht in das Allerheiligste gepasst! Die Lade offenbarte eine Eigenschaft, die über Zeit und Raum hinausging; sie ging über das Räumliche hinaus. Die Vorstellung des Transzendenten, des Losgelöst-Seins von Begrenzungen des Raumes wurde ebenso im heiligen Tempel mit den Worten der Mischnah[35] bezeugt „sie standen dicht gedrängt, aber warfen sich der Länge nach zu Boden; eines von zehn Wundern, die sich im Zweiten Tempel ereigneten“ (Chapters of the Fathers, 5,5). Dies bezieht sich auf die Zeit, als das Volk Israel sich im Hof des Heiligen Tempels versammelte; sie standen dicht an dicht in einer Menschenmenge, mit kaum genügend Raum zum Stehen. Doch wenn der Moment kam, wo sich jeder der Länge nach auf dem Boden werfen musste, wenn sie hörten, wie der Hohepriester

---

33 1.Samuel Kap. 5 u. 6
34 1.Chronik Kap. 13
35 Mischnah – der erste Teil des Talmud; eine Sammlung früher mündlicher Interpretationen der Schriften, die um AD 200 zusammengestellt wurde.

den Ehrfurcht gebietenden, unaussprechlichen Namen G-ttes verkündete, dann war reichlich Raum für einen jeden, diesen Akt der Anbetung zu vollziehen, ohne dass der eine den andern dabei störte!

Darüber hinaus heißt es, die Lade ‚trug ihre Träger'. Das bedeutet, dass obwohl sie sehr schwer war, da sie die Gesetzestafeln enthielt, brauchte sie nicht nur nicht getragen werden, sie hob und trug auch die, die sie trugen.

Das größte Wunder, in diesem Zusammenhang jedoch, hat auch wieder mit den Tragestangen der Lade zu tun. Als Josua das Volk auf die Durchquerung des Jordans vorbereitete, um das Land zu betreten, sprach er zu den Kindern Israels, ‚*Kommt her*, und hört die Worte des HERRN eures G-ttes. *Durch dies* werdet ihr erkennen, dass der lebendige G-tt mitten unter euch ist (…)' (siehe Josua 3,9-10).

Rashi (1040-1105) erklärt die Bedeutung der Worte ‚kommt her', mit einem Zitat aus dem Midrasch: „(…) er versammelte alle zwischen den beiden Tragestangen der Lade, und dies ist ein weiteres Beispiel für das Prinzip ‚ein Wenig, das eine Menge aufnimmt' (d.h. eine Transzendenz des Raumes)."

Verstehen wir wirklich, was wir hier lesen? „Kommt her," sagte Josua und er versammelte die ganze Nation Israel zwischen den beiden Tragestangen der Lade! Er sagte ihnen: „*Hierdurch* werdet ihr erfahren, dass der lebendige G-tt mitten unter euch ist (…)." Die Tatsache, dass der Raum zwischen den beiden Stangen euch alle aufnehmen kann, zeigt euch, dass die *Schechina* des Heiligen, gepriesen sei Er, unter euch ist. Das ist die Offenbarung der Göttlichkeit, die die Grenzen des Realen übersteigt; das tiefste Wesen der Lade übersteigt die Grenzen des Natürlichen. So wird durch die Lade ein kleiner Blick in die wahre Natur der Realität hier in dieser Welt offenbart.

Als Israel auf der Schwelle des Eingangs zum Land stand, erhob Josua sie auf diese Stufe der Erkenntnis. Diese *übernatürliche Realität* war täglich im Tempel erfahrbar. In der gleichen Weise, wie die Lade im Allerheiligsten keinen Raum einnahm, ‚trug die Lade ihre Träger' und so ‚standen sie dicht gedrängt, verneigten sich aber mit reichlich Raum um sich'. Auf diese Weise machte Josua auch die spirituelle Wurzel, den Wirbel der Dimension der Heiligkeit zwischen den Stangen der Lade, erfahrbar. Die übernatürliche Realität, die später durch das tägliche Leben im Tempel erfahrbar werden würde, war zwischen den Tragestangen verborgen.

Wir wollen aber nicht das Erstaunlichste von allem übersehen; die Kinder Israels bauten die Lade aus einfachen Mitteln, die sie unter den widrigen

Umständen der Wüste aus Ägypten mitgebracht hatten. Die Kinder Israels bauten dieses Tragegerät, dieses Behältnis des göttlichen Lichtes, die Wohnstätte der Göttlichen Gegenwart in dieser Welt, deren zwei Tragestangen die gesamte Nation Israel fassen konnten. Männer, Frauen und Kinder fanden zwischen den Stangen Platz und sie waren nicht von übernatürlichen Menschen hergestellt worden. Die Lade wurde von g-ttesfürchtigen Menschen geschaffen, die bemüht waren, den Willen des Schöpfers zu ehren und zu erfüllen. Das ist die Grundlage unserer Beziehung zu dem Allmächtigen: Wir erfüllen G-ttes Befehl. Der Mensch kann Seinen Willen durch einfachen Gehorsam in die Tat umsetzen. Der Bau der Lade – das Herzstück des Tempels und der Ruheort der *Schechina,* von wo aus der Schöpfer seine liebende Gegenwart offenbart – war der Hand Israels überlassen, damit es in dieser Welt eine Offenbarung der G-ttlichkeit geben könnte. Dies ist die Schönheit, die Herausforderung und das Privileg, ein Mensch in dieser Welt zu sein: Diese Welt zu heiligen und zu erheben und sie in einen Ort für die göttliche Gegenwart zu verwandeln.

PARASCHAT
TETZAVEH

Du sollst befehlen

Exodus 27,20-30,10

תצוה

TETZAVEH

TORAHLEKTION VON

RABBI SHLOMO RISKIN

Wenn Abwesenheit ein Beweis für Liebe ist

Und du sollst den Kindern Israels befehlen … Und du sollst deinen
Bruder Aaron bringen und seine Söhne mit ihm … Und du sollst
sprechen zu allen, die weisen Herzens sind. (Exodus 27,20 - 28,3)

Oft ist das, was Du wirklich besitzt, das, was Du weggibs; was Du aus
tiefstem Grunde sagst, ist das, was Du nicht sagst, wenn Du kluger-
weise entscheidest, nichts zu erwidern und die dominierendste Gegenwart wird am stärksten empfunden, wenn diese Gegenwart nicht anwesend
ist. Ein Beispiel für das dritte Phänomen findet sich in der Torahlesung Tetzaveh, der einzige Wochenabschnitt im Buche Exodus, in dem der Name
Moses kein einziges Mal erscheint. Warum nicht?

Die Antwort des Midrasch deutet an, dass Moses seine eigene Abwesenheit
veranlasst hat. Als die Israeliten mit der Anbetung des goldenen Kalbes sün-
digten, weniger als sechs Wochen nach der göttlichen Offenbarung am Sinai,
erreicht Gottes Zorn (sozusagen) seine Bruchgrenze und Gott macht Moses
folgendes Angebot:

> „Und jetzt lass mich allein, denn mein Zorn soll entbrennen und ich will
> sie vernichten und aus dir will ich eine große Nation machen." (Exodus
> 32,10)

Gott schlägt vor, Israel, das Seines Wohlwollens nicht mehr würdig ist, von
den Seiten der Geschichte zu tilgen und mit einer neuen Nation zu beginnen,
einem neuen Zweig, aus den Lenden des Moses selbst.

Andere an seiner Stelle hätten möglicherweise das Angebot Gottes
angenommen, aber Moses lehnt es ab, seine eigene Herrlichkeit auf Kosten
der Nation zu vergrößern. Der Höhepunkt seiner brillanten Argumentation
ist ein emotionales Ultimatum: Gott muss dem Volk vergeben.

> … Wenn nicht [sagt Moses] dann, bitte, tilge mich aus Deinem Buch, das
> Du geschrieben hast. Exodus 32,32

Gott antwortet auf Moses Bitten. Aber Ausdruck seiner Identifikation mit dem Volk, seine Bereitschaft, selbst ausgelöscht zu werden, wenn nur die Nation dafür bestehen bleiben darf, ist durch die Tatsache verewigt, dass in einem Wochenabschnitt der Torah, *Tetzaveh*, der Name des Meisterpropheten ‚in der Handlung fehlt.‘

Aber auch auf einer noch tieferen Ebene gibt es einen weiteren Hinweis auf die Tatsache, dass das „Auslöschen" des Namens des Moses ausgerechnet in *Tetzaveh* vorkommt. Schon ein kurzer Blick offenbart, dass unser Wochenabschnitt fast ausschließlich der Priesterschaft gewidmet ist. Kapitel 28 und 29 beschäftigen sich ausführlich mit den Kleidern, die die Priester und insbesondere der Hohepriester tragen müssen, so wie auch mit den Opfern, die gebracht werden sollen, um „die Priester zu heiligen." In der Tat, *Tetzaveh* wird oft die *parashat ha-kohanim* genannt, die Paraschat der Priester.

Ohne einen Tempel ist die Rolle des Priesters in der Öffentlichkeit sehr begrenzt. Ein Bereich jedoch, in dem seine Anwesenheit immer noch zu spüren ist (besonders hier in Israel und unter den Sephradim selbst in der Diaspora), ist der tägliche, priesterliche Segen während der Wiederholung der morgendlichen Amida[36]. Am Ende des Segens für den Frieden stehen die Priester, begleitet von den Leviten, vor der Gemeinde und erflehen den biblischen Segen: „Möge Gott dich segnen und dich erhalten ..." (Num.6,24). Bevor sie diese Worte anstimmen, rezitieren sie den folgenden Segen:

> „Gepriesen bist du HERR, unser Gott, König des Weltalls, der du uns gesegnet hast mit der Heiligkeit Aarons und uns geboten hast, Sein Volk zu segnen mit Liebe." Aus dem Siddur."[37]

Die Schlussworte im Segen – „mit Liebe" – lassen gewisse Fragen aufkommen, denn *kohanim*, oder Nachkommen des Hohepriesters Aaron sind ziemlich eigentümliche Menschen. Einige sind so süß wie Kirschsirup auf einem Eis im Juli und andere sind so kühl wie Eiswürfel aus Alaska, aber die meisten ändern sich entsprechend ihrer Laune beim Aufwachen – wie können wir den Liebesquotienten messen, den ein Herr Cohen[38] empfindet, wenn er

---

36 Die Amidah ist das zentrale Gebet aller vier Gebetes: Schachrit (Morgen), Mincha (Nachmittag), Maariv (Abend) und Mussaf (Zusatz).
37 Siddur – das jüdische Gebetbuch
38 Herr Cohen – der Kohen – der Priester

für den Segen die *bimah*[39] emporsteigt? Wie können wir gesetzlich das Gefühl der Liebe festlegen, das der Priester anscheinend zu empfinden hat?

Die erste Antwort ergibt sich aus dem besonderen Wesen der Priesterschaft, darin, wie die Bibel die Mittel für den Lebensunterhalt der Priesterklasse gesetzlich festgelegt hat. Oft sagt man, dass, wenn man einen typischen Unternehmer fragt, wie das Geschäft läuft und er sagt: „Prima", so bedeutet das, dass er gute Geschäfte macht und sein Konkurrent kurz vor der Pleite steht. Sagt er dagegen: „Gut", so bedeutet das, dass die Marktlage für alle gut ist; ihm geht es gut und seinem Konkurrenten auch. Sagt er, es gehe furchtbar, so bedeutet das, dass er kurz vor der Pleite steht, sein Konkurrent aber eine Menge Geld verdient. Gore Vidal (1925-2012) wurde einmal von Hilma Wolitzer (1930-) in der *New York Times für seine treffende Beobachtung* zitiert: „Wann immer ein Freund ein wenig Erfolg hat, stirbt etwas in mir."

Hier kommt der *Kohen* ins Spiel. Wenn es jemanden gibt, der mit Herrn Vidal uneins ist, so wäre es ein Mitglied der Priesterklasse, der im Tempel diente. Ein Kohen erhielt keinen Anteil am Land, den er hätte beackern oder auf dem er ein Geschäft hätte aufbauen können. Stattdessen bestritt er seinen Lebensunterhalt von den Zehntabgaben der Israeliten: 1/40, 1/50, 1/60 ihres Ertrags, abhängig von der Großzügigkeit des einzelnen Spenders. Da der Zehnte ein Prozentanteil der Ernte war, ging es dem *Kohen* umso besser, je besser es dem Bauern ging. Um das Vidal-Zitat passend zu machen, würde ein *Kohen* erklären: „Wann immer ein Bauer etwas Erfolg hat [und ganz sicher, wenn er viel Erfolg hat], dann lebt etwas in mir auf." Daher konnte, aufgrund des besonderen Wesens der durch die Bibel festgesetzten ökonomischen Struktur, der *Kohen*-Priester den Segen für Wohlstand und Wohlergehen der Gemeinde Israels wahrhaftig „mit Liebe" erteilen.

Gerade weil die *Kohanim* (die Priester) von Handwerk und Feldarbeit freigestellt waren, konnten sie sich voll und ganz Gott widmen, dem Heiligen Tempel und den religiös moralischen Bedürfnissen der Nation. Ihre zielgerichtete Verpflichtung auf das Heilige und das Göttliche wurde durch die Gravur der Worte auf der für alle sichtbaren, goldenen Platte (tzitz), die um die Stirn des Hohepriesters getragen wurde, deutlich gemacht: „Heilig dem HERRN" (Ex. 28,36). Tatsächlich wurde es für so wichtig betrachtet, dass die religiöse und moralische Botschaft nicht durch politische, sektiererische Überlegungen kompromittiert wurde, dass die Bibel eine völlige Trennung

---

39 Die Bimah ist das Podium im Zentrum des Heiligtums

zwischen der religiösen und der gesetzgeberischen Seite festlegte. Der Stamm Juda wurde betraut mit der unumschränkten gesetzgeberischen Führung: „Das Zepter soll nicht von Juda weichen ..." (Gen. 49,10). Dagegen wurde der Stamm Levi mit der religiös-moralischen Stimme betraut, die er repräsentierte. Damit stand er auf einer vollständig unabhängigen Position, erhaben über alle ökonomischen Interessen einzelner Lobbygruppen und Intrigen der Palastpolitik.

Aus dieser Perspektive können wir noch mit einer weiteren Deutung der Worte „mit Liebe" aufwarten, die die Einleitung des priesterlichen Segens beschließt: „Liebe" beschreibt nicht die Emotionen des Priesters, sondern definiert vielmehr den Inhalt des Segens. Der wichtigste Segen, der einer Nation gespendet werden kann, ist der, dass wir in Harmonie und Liebe zusammen leben können. Nur eine Klasse von Priestern, losgelöst von kleinlichem Eigeninteresse und Konkurrenzdenken, aufrichtig Gott ergeben, kann darauf hoffen, zu solch einer Liebe und Harmonie zu inspirieren!

Jetzt können wir verstehen, warum Moses Namen ausgerechnet in diesem Torahabschnitt von *Tetzaveh* nicht vorkommt. Wenn die *Kohanim* selbstlose Hingabe an Gott und die Nation verkörpern sollen, dann können sie kein besseres Vorbild haben als Moses, der um der Zukunft seines Volkes willen bereit war, seinen Namen aus der Torah tilgen zu lassen! Wenn man eine einzige Tat in der Torah als Beispiel für reine Liebe ohne Hintergedanken besonders hervorheben möchte, dann ist es die, wo Moses Gottes Angebot, mit einer neuen Nation aus seinen Lenden neu zu beginnen, ablehnt. Damit sein Volk Israel lebe, wollte Moses lieber anonym bleiben. In der Tat kommt das Wesen der Größe des Moses am deutlichsten zum Vorschein in dem Abschnitt seiner Abwesenheit und Anonymität.

Aus *Torah Lights: Shemot* von Rabbi Shlomo Riskin; mit Genehmigung von Maggid Books, einer Abteilung von Koren Publishers Jerusalem

כי תשא

KI TISA

TORAHLEKTION VON

RABBI GEDALIA MEYER

DAS GOLDENE KALB

> Und Haschem sprach zu Moses, steige hinab, denn dein Volk, das du
> von Ägypten heraufgebracht hast, ist verdorben. Schnell sind sie von
> dem Pfad, den sie befolgen sollten, abgewichen und haben sich selbst
> ein gegossenes Kalb gemacht und sich davor verbeugt und haben
> ihm Opfer dargebracht und ausgerufen: Dies ist dein Gott, Israel, der
> dich aus dem Land Ägypten herausgebracht hat. (Exodus 32,7-8)

WENN JEMAND VON uns die Bibel geschrieben hätte, wäre der Geschichte mit dem Goldenen Kalb wohl das Letzte, was wir in den Bericht mit aufgenommen hätten. Er nimmt der Geschichte die gesamte himmlische Herrlichkeit und bringt sie krachend wieder zurück auf den Boden mit allem Schlamm und Schmutz einer Scheidung in Hollywood. Wer hatte um solch einen ungeheuerlichen Absturz aus dem Stand der Gnade gebeten? Warum berichtet die Bibel davon?

Die Bibel berichtet davon, weil sich alles so zugetragen hat. Es mag überraschend sein für unser Empfinden, aber die Bibel ist kein altertümlicher Versuch, alte Stammesgeschichten zu verklären und eine spezielle Gruppe auf Kosten einer anderen zu verherrlichen. Sie berichtet das Gute und das Schlechte, die Höhen und die Tiefen. Die Tiefen sind genauso wichtig wie die Höhen, da wir verstehen müssen, wie tief wir sinken können und wie hoch wir im Vergleich dazu aufsteigen können.

Betrachten wir einmal die Vorgeschichte und breiten wir sie in all ihren schmutzigen Einzelheiten aus. Die Israeliten waren aus Ägypten gekommen, waren mitten durch das Meer gezogen dicht gefolgt von Pharaos Truppen, die in den zurückströmenden Wassern untergingen, noch bevor sie die Sinai Halbinsel erreichen konnten. Der Empfang der Zehn Gebote war ein Höhepunkt ihrer Reise. Sie alle hörten irgendwie die Stimme Gottes in Gestalt von Blitz und Donner vom Himmel erschallen. Die Einzelheiten dieser Erfahrung sind Gegenstand vieler Diskussionen, klar ist aber, dass sie etwas Übernatürliches sahen und hörten. Dieses Ereignis blieb als das entscheidende Geschehen ihrer Geschichte an den Israeliten haften; sie wurden Zeugen der Übergabe der Torah am Berg Sinai.

Moses blieb auf dem Berge, um weiter mit Gott zu sprechen und die Gesetzestafeln mit den eingravierten Zehn Geboten zu empfangen. Er war 40

Tage und 40 Nächte dort oben, eine Zeitspanne, die für die Bibel irgendwie charakteristisch wurde. Am Ende dieser Zeit hatten die Israeliten langsam die Geduld verloren und vermuteten, dass Moses nicht mehr zurückkommen werde. Sie wussten nicht, was ihm zugestoßen war, aber was auch immer es sein mochte; sie waren nun ohne Führer.

An dieser Stelle ereignen sich zwei Dramen in der Bibel gleichzeitig – eines auf dem Gipfel und das andere am Fuße des Berges Sinai. Am Fuße verlangen die Israeliten, dass Aaron, der Bruder des Mose, ihnen einen ‚Ersatzgott‘ herstellt, der ihnen Moses, der sie scheinbar verlassen hat, ersetzen soll. Aaron, mit dem, was man traditionell als Hinhaltetaktik bezeichnet, trägt ihnen auf, ihm ihren goldenen Schmuck als Schmelzmetall für eine Statue zu geben. Die Statue erhält die Gestalt eines Kalbes (daher der bekannte Name) und wird den Israeliten als ‚euer Gott, der euch aus Ägypten geführt hat‘ vorgestellt. Wie sie nach all den Ereignissen, die sie im vergangenen Jahr persönlich erlebt hatten, zu diesem Schluss kommen konnten, bleibt eines der großen Geheimnisse der Bibel. Die beste Antwort auf diese verblüffende Frage ist wohl, dass dies der geistigen Natur des Menschen entspricht – sie können sich zu Himmelhöhen erheben, aber genauso schnell in die Tiefen der Hölle stürzen.

In der Zwischenzeit war Moses auf dem Berg im Gespräch mit Gott und völlig ahnungslos bezüglich des Unheils, das sich unten am Fuße des Berges abspielte. Erst als Gott es ihm sagte, erfuhr er, was geschehen war. Gottes erste Reaktion darauf war, dass Er die Israeliten vernichten und mit Moses wieder ganz von vorne anfangen wollte, indem Er aus ihm eine Nation machte. Daraufhin versuchte Moses, Gott davon zu überzeugen (das geschieht mehrmals in der Bibel), dass das der Welt nur beweisen würde, dass Gott in Seinem großartigen Vorhaben des Exodus Schiffbruch erlitten habe. Gott gibt schließlich nach, aber dieser Vorfall muss Konsequenzen haben.

An eben dieser Stelle laufen die beiden Dramen zusammen. Moses steigt mit den Steintafeln der Zehn Gebote in Händen vom Berge herab. Von diesen Steintafeln heißt es, dass sie von Gottes Hand gemacht und beschrieben waren. Als er sich dem Lager nähert, und mit eigenen Augen sieht, was sich abspielt, zerschmettert er die Tafeln am Boden. Dann verbrennt er das Kalb, zermalmt es zu Staub und streut die Überreste ins Wasser und lässt es die Israeliten trinken. Ein Kampf entbrennt, in dessen Folge 3.000 Menschen umkommen, aber das Schlimmste, so scheint es, ist vorüber.

Das Ende der Geschichte ist etwas enttäuschend. Moses steigt wieder auf den Berg, um vor Gott für die Israeliten Abbitte zu leisten. Die Überlieferung schreibt dem ebenfalls eine Zeitspanne von 40 Tagen zu und letztendlich erreicht Moses eine teilweise Vergebung für sein Volk. Allerdings würden *Änderungen vorgenommen und Konsequenzen daraus gezogen werden müssen, aber Israel* als Volk überlebte und auch ihre Beziehung zu Gott. Auch ein neues Paar Tafeln wurde erstellt, wenn auch nicht mehr mit der gleichen göttlichen Qualität wie die ursprünglichen. Allein die Führungsqualitäten des Mose und seine Verbindung zu Gott waren die positiven Ergebnisse dieser Abfolge von Ereignissen. Von jetzt ab würde er mehr oder weniger als Vermittler zwischen Gott und den Israeliten fungieren, was ursprünglich vielleicht nicht so geplant gewesen war.

Was ist das Ergebnis von allem? Was ist die ewig gültige Lehre daraus? Sind wir alle nur ein Haufen wankelmütiger Schwächlinge, die ein paar schwierige Momente nicht verdauen können und beim geringsten Druck bocken? Ist spirituelle Erleuchtung nur ein paar Wenigen vorbehalten – der äußerst seltenen Elite mit Qualitäten wie Moses? Vielleicht ja, aber vielleicht kann man noch etwas aus diesem Geschehen lernen, einem der tragischsten und unheilvollsten in der langen Geschichte der Israeliten.

Unser Verhältnis zu Gott ist keine ‚Ein - Aus' Beziehung. Sie ist nichts, an dem man festhält, wenn es sich gut anfühlt und das man fallen lässt, wenn es irritierend ist. Sie ist eine dauerhafte Abmachung, ein Bündnis, das von beiden Seiten als immerwährend angenommen wurde. Dies ist für Menschen des 21. Jahrhunderts ein sehr schwierig anzunehmender Gedanke. Wir leben in einem Zeitalter, in dem Modererscheinungen kommen und gehen wie das Wetter und man religiöse Überzeugungen mit der gleichen Leichtigkeit wechseln kann wie die Kleidung. Dauerhaftigkeit ist heute keine besonders lobenswerte Eigenschaft mehr. Ist etwas dauerhaft, muss es zwangsläufig altmodisch oder geradezu antiquiert erscheinen. Nicht allein die Religion fällt in diese wenig wünschenswerte Kategorie, es sind alle dauerhaften Lebensweisen wie Ehe, Hingabe an die Familie oder Nationalstolz. Allein ihre Dauerhaftigkeit macht sie altmodisch.

Vielleicht ist dies das beste Schicksal für einige Dinge, aber es war nicht das beabsichtigte Schicksal der Torah und des Bundes zwischen Gott und den Israeliten. Sie sollten für immer währen. Die Tatsache, dass das nicht der Fall war, wenigstens nicht in der ursprünglich beabsichtigen Weise, ist kein Spiegelbild Gottes, sondern Israels. Ihre Ungeduld, noch einen Tag länger auf

Moses zu warten oder ihre Unzufriedenheit damit, dass sie keinen Gott zum Anfassen hatten, sind Zeichen dafür, wie schwierig es ist, sich der Vorstellung des Monotheismus wirklich verpflichtet zu fühlen. Er ist ein wunderbarer und alles umfassender Glaube, aber er bedarf einer ständig sich erneuernden Hingabe. Dies ist wohl der gewichtigste Grund dafür, warum das Judentums in seiner langen Geschichte immer auf Ablehnung stieß; immer war es eine große Herausforderung. Es waren nicht immer nur die Nichtjuden, die es so sahen, sondern auch die Juden selbst. Das Goldene Kalb steht für die drohende Versuchung, sich frei zu machen von allen religiösen und moralischen Einschränkungen. Es ist eine Lehre für uns alle, an unseren Überzeugungen festzuhalten, auch wenn es schwerfällt. Es ist eine knallharte Lehre für Leute, die hart sind im Nehmen.

PARASCHAT
VAYAKHEL

Und er versammelte

Exodus 35,1-38,20

וישקהל

VAYAKHEL

TORAHLEKTION VON
RABBI SHLOMO RISKIN

EITELKEITEN UND TUGENDEN

Er machte das Kupferbecken und sein Gestell aus den Spiegeln
der Dienstfrauen [Armeen von Frauen], die sich versammeln, um vor dem
Eingang zum Zelt der Begegnung ihren Dienst zu tun. (Exodus 38,8)

DAS HEILIGTUM UND seine gesamte Ausstattung werden in außerordentlichem und manchmal scheinbar sich wiederholendem Detail beschrieben, das Becken aber, das große Bassin, in dem sich die Priester vor jedem Gottesdienst durch ihre Hand- und Fußwaschung heiligten, ist eine Ausnahme zur Regel.

Mehrere Punkte machen das Waschbecken zu etwas Besonderem. Erstens, für alle anderen Gegenstände des Heiligtums werden genaue Maßangaben gegeben, aber hier spricht die Torah nur in allgemeiner Form. Die genaue Größe des Beckens und des Gestells werden nicht erwähnt. Sind diese Angaben nicht wichtig und wenn nein, warum nicht?

Vielleicht ergibt sich die Antwort auf diese Frage im letzteren Teil desselben Verses, wo wir erfahren, dass das Becken aus „den Spiegeln der Dienstfrauen" gefertigt werden sollte. Laut dem Kommentar zur Torah von R. Samson Rafael Hirsch deutet der Ausdruck „ba-marot ha-tzovot" (Spiegel der Dienstfrauen) darauf hin, dass die Kupferspiegel nicht eingeschmolzen wurden, sondern dass dieses Becken „zusammengesetzt wurde, fast völlig ohne jegliche Veränderungen, so dass es immer erkennbar blieb, dass das Bassin tatsächlich aus Spiegeln bestand" (Kommentar zu Ex. 38,8).

Auch wenn diese erste Frage beantwortet ist, folgt die zweite gleich hinterher. Warum sollten von allen Beiträgen zum Heiligtum allein die Spiegel ihre einzigartige Identität behalten? Erscheint es nicht seltsam, dass das ureigenste Ausrüstungsstück im Besitz einer jeden Frau, das ausgesprochene Symbol der Eitelkeit, eine Wiedergeburt als zentraler Gegenstand im Heiligtum finden sollte? In der Tat konnten die Priester ihren Tempeldienst nicht beginnen, ohne vorher am Becken anzuhalten und sich Hände und Füße zu waschen.

Wie „Eitelkeiten" zu einem so besonderen Teil des Heiligtums werden konnten ist Gegenstand einer faszinierenden Debatte zwischen zwei großen Kommentatoren.

Ibn Ezra (1089-1167) schreibt Folgendes:

> Bei den Frauen ist es üblich, sich *hübsch zu machen, jeden Morgen in* Kupfer- oder Glasspiegeln in ihr Gesicht zu schauen … Und in Israel gab es Frauen, die Gott dienten, und sich entschlossen, sich von allen physischen und materiellen Schmeicheleien dieser Welt abzuwenden. Deshalb gaben sie ihre Spiegel als ein freiwilliges Opfer an das Heiligtum. Sie hatten es nicht mehr nötig, sich hübsch zu machen. Von da an kamen sie täglich an den Eingang der Stiftshütte, um zu beten und die genaueren Erklärungen zu den Geboten zu hören. Das ist der Grund dafür, dass der biblische Text berichtet, sie kamen in Scharen [Armeen], *tzovot*, zum Eingang der Stiftshütte; so zahlreich waren sie. (Ibn Ezra, zu Exodus 38,8)

Ibn Ezra beschreibt hier den ersten Frauengebetsgottesdienst und Studiensaal (beit midrasch) am Eingang zur Stiftshütte des Heiligtums. Dies ist an sich schon eine bemerkenswerte Tatsache, besonders da er betont, dass es so beliebt war, dass es „Armeen" von Frauen anzog. Dieser Punkt soll aber einen asketischen Punkt in der Beziehung der Frauen zu Gott betonen. Da Spiegel für die physischen Wünsche dieser Welt stehen, waren sie, sobald die Frauen die höhere Ebene ihrer Beteiligung an Gebet und Studium erreicht hatten, für sie zu nichts mehr nutze und deshalb gaben sie sie ans Heiligtum.

Für Rashi (1040-1105) jedoch ist die Aufnahme der Spiegel der Frauen in das Innere des Heiligtums Gegenstand einer religiösen Metamorphose, nicht eine Zurückweisung des Physischen, sondern vielmehr eine Heiligung des Physischen. Hierin, so scheint es mir, liegt die wahre Botschaft des Heiligtums. Rashi erklärt, dass, als die Töchter Israels tatsächlich ihre Spiegel als Opfergabe brachten, sie anfangs von Moses zurückgewiesen wurden,

> da sie aufgrund von Eitelkeit gefertigt wurden. Aber Gott sagte zu Moses: „Nimm sie an; sie sind mir lieber als alles andere. Durch diese Spiegel bildeten die Frauen viele Armeen in Ägypten." [Ein Wortspiel mit *tzovot*, Dienstbotinnen, was wörtlich Armeen bedeutet und sich auf die Armeen von Kindern bezieht, die die Frauen zur Welt brachten.] Wenn der Mann erschöpft von seiner harten Arbeit nach Hause kam, brachten ihnen ihre

Frauen zu essen und zu trinken. Sie nahmen ihre Spiegel und betrachteten sich dann mit ihren Männern zusammen im Spiegel. So lockten sie ihre Männer und sie wurden schwanger. (Rashi zu Exodus 38,8.)

Laut Rashi stehen die Spiegel für den unerschütterlichen Glauben der israelitischen Frauen, ihre äußerste Zuversicht in eine israelitische Zukunft. Denn immerhin waren die Israeliten versklavt und ihre männlichen Kinder wurden während der ägyptischen Unterjochung in den Nil geworfen. Der gesunde Menschenverstand verbot es eigentlich, Kinder zu haben und unschuldige Babys in ein Leben voller Leid und möglicherweise für den Tod zu gebären. Aber es gab auch eine Tradition des ‚Bundes zwischen den Hälften‘ (Gen.15), ein Versprechen der Erlösung, ein Auftrag, der Welt den ethischen Monotheismus zu lehren. Man bedenke, was geschehen wäre, hätten die Frauen es nicht geschafft, ihre Männer zu verlocken. Die Geschichte Israels hätte im allerersten Exil von Ägypten ohne eine nächste Generation, die für die Kontinuität Israels gestanden hätte, geendet, bevor sie *überhaupt richtig* begonnen hatte. Eigentlich ist die Verwandlung der Spiegel des Verlangens in das Becken der Reinigung die Art, wie die Torah die Frauen für ihre Hingabe belohnt. Auch, weil sie den zukünftigen Generationen das biblische Ideal der Heiligung des Physischen, die Erhebung des Materiellen erklärt haben. Der Schlüssel liegt darin, dass sie in die Spiegel schauten und sich und ihre Männer sahen. Sie sahen in die Spiegel und sahen Armeen der israelitischen Zukunft. Hätten sie nur sich selbst gesehen und nicht ihre Männer und ihre Nachkommen, wäre ihre Stellung in Israels Geschichte kaum derart erhaben gewesen.

Welche dieser Interpretationen ist leichter zu akzeptieren? Vielleicht kann der folgende Abschnitt aus dem Talmud die Sache etwas näher klären. In *Nazir*, einer Erzählung von Shimon dem Gerechten, dem Hohepriester und einem der letzten Männer der Großen Versammlung:

Nur ein einziges Mal in meinem Leben aß ich von einem Nasiräeropfer, als ich einen Nasiräer aus dem Süden zu mir kommen sah. Er hatte wunderschöne Augen, eine schöne Gestalt und schönes gelocktes Haar. Ich sagte zu ihm: „Mein Sohn, warum hast du beschlossen, solch wunderschönes Haar zu vernichten?" [denn schließlich gibt ein Nasiräer sein Haar als Opfer auf dem Altar]. Er sprach zu mir: „Ich war ein Hirte … und einmal ging ich an einem Brunnen Wasser holen und ich sah mein

Spiegelbild im Wasser. Ein böser Antrieb begann in mir aufzusteigen [, denn ich verliebte mich in mich selbst]. Und ich sagte [zu dem bösen Antrieb], du Eitler, verstehst du nicht, dass du letztendlich nur noch Würmer und Larven sein wirst? Sodann legte ich einen Eid ab und wurde ein Nasiräer." Shimon der Gerechte sagte: „Ich stand auf und küsste ihn auf die Stirn und ich sagte zu ihm, ‚Mögen doch alle Nasiräer sein wie du.'" (Nazir 4b)

Warum war dieser Nasiräer anders als alle anderen? In der Erzählung von Shimon dem Gerechten ist verdeckt darauf hingewiesen, dass alle anderen, die diesen asketischen Eid ablegen, in einer gewissen Weise ein inneres Prinzip der Torah verletzen, indem sie sich das versagen, was die Torah erlaubt – laut vieler Kommentare, ist dies die Begründung hinter dem Sündopfer der Nasiräer. Dieser besondere Nasiräer aber tat, was er tun musste, um sich selbst vor der narzisstischen Gefahr zu bewahren, sich von den geheimnisvollen Tiefen der Selbstreflexion anziehen zu lassen. Er war auf dem Weg zu einem Leben in egoistischer Eigenliebe und der Versenkung in sich selbst, die er nur damit unter Kontrolle zu bringen glaubte, dass er ein Nasiräer wurde.

Wie anders ist Rashis brillante Beschreibung der Spiegel. Die Größe der Frauen Israels in Ägypten bestand darin, dass sie nicht ihr eigenes Spiegelbild anschauten, sondern auch das ihrer Männer. Da sie ihre Männer sowie sich selbst sahen, sahen sie auch und sorgten sie auch für die israelitische Zukunft und die israelitische Bestimmung. Sie waren nicht nur um ihr eigenes Vergnügen besorgt, sondern auch um die körperliche Freude von Ehemann und Ehefrau, was in höchstem Maße in der Zeugung von Kindern zum Ausdruck kommt, die für den persönlichen und nationalen Fortbestand in der Zukunft stehen.

Ein erstaunlicher talmudischer Text bringt dies in beeindruckender Weise auf den Punkt:

Rav Katina sagte: „Ginge das jüdische Volk (Israeliten) während der Feste hinauf nach Jerusalem, würden die Wächter des Heiligtums den Vorhang, der die Lade verdeckt, einrollen und den Juden, die nach Jerusalem gekommen sind, die Cherubim offenbaren, die die Gestalt eines Mannes und einer Frau haben, die sich umarmen. Dann würden sie zu ihnen, den Juden, sagen: ‚Seht die Liebe, die Gott zu euch hat, wie die Liebe eines Mannes und einer Frau.'" (Yoma 54a)

Die Cherubim hatten die Gesichter von kleinen Kindern, einem Symbol des Fortbestandes Israels. Liebe zueinander, ausgedrückt in der höchsten Form der Liebe eines Liebenden zu seiner Geliebten, Ehemann und Ehefrau, ist der großartigste Ausdruck der Heiligkeit und es ist genau die Anziehung des Männlichen und Weiblichen, was die Kraft hat, unsere israelitische Ewigkeit zu sichern.

Das Heiligtum wird geheiligt durch die Spiegel der Frauen in Ägypten, die mit ihrem Vorbild lehrten, wie der aller menschlichste, physische Trieb in den höchsten Akt des Gottesdienstes verwandelt werden kann. In einem sehr realen Sinne war das Heiligtum selbst, überfüllt mit aufwendiger, detaillierter Handarbeit, exquisiten und wertvollen Verzierungen und filigranen goldenen und silbernen rituellen Geräten, ein Versuch, die ganz elementare menschliche Leidenschaft für Gold und Schönheit anzusprechen. Jene Leidenschaft *für das Materielle*, die die Israeliten bei dem Vorfall mit dem Goldenen Kalb solchermaßen pervertiert hatte, sollte jetzt für den Gottesdienst genutzt werden. „Und lass sie Mir ein Heiligtum machen, dass ich unter ihnen wohne."

Aus *Torah Lights: Shemot* Rabbi Shlomo Riskin; mit Genehmigung von Maggid Books, einer Abteilung der Koren Publishers Jerusalem.

PEKUDEI

Aufrechnungen

Exodus 38,21-40,38

פקודי

PEKUDEI

TORAHLEKTION VON
RABBI ZELIG PLISKIN

Lerne, Dinge in der Richtigen Reihenfolge zu tun.

וּבְצַלְאֵל בֶּן-אוּרִי בֶן-חוּר, לְמַטֵּה יְהוּדָה, עָשָׂה, אֵת כָּל-אֲשֶׁר-צִוָּה ה אֶת-מֹשֶׁה.

„Und Betzalel, der Sohn Churs vom Stamme Juda, tat alles, was
der Allmächtige dem Moses befohlen hatte." (Exodus 38,22)

RASHI (1040-1105) FÜHRT AUS, dass Betzalel selbst erkannte,
dass die richtige Reihenfolge darin bestand, zuerst die
Stiftshütte zu bauen und dann erst die Gefäße. Wenn jemand
ein Haus baut, muss zuerst das Haus fertig sein, bevor man die Möbel
kauft, um das Haus damit auszustatten. Obwohl Moses Betzalel alles, was
zu tun war, in umgekehrter Reihenfolge aufzählte, war er einverstanden
damit, dass Betzalel die Reihenfolge umkehrte.

Rabbi Yeruchem Levovitz bemerkte hierzu, dass wir an dieser Stelle
erkennen, wie wichtig es ist, alles in der richtigen Reihenfolge zu tun. Immer
muss man seine Prioritäten klar vor Augen haben und die nötigen organisato-
rischen Fähigkeiten besitzen, alles der Reihe nach zu erledigen. (Daas Torah:
Shemos, Seiten 350-351)

Dies ist eine wichtige Eigenschaft, um etwas im Leben zu erreichen. Zuerst
muss man wissen, was zu tun ist und dann muss man eine Rangfolge der
Prioritäten festlegen. Nie werden wir Zeit genug haben, alles zu schaffen,
was wir tun möchten. Bist Du Dir aber im Klaren über die Rangfolge der
Wichtigkeit dessen, was zu tun ist, kannst Du sicher sein, dass Du auch
das Meiste innerhalb der zeitlichen Grenzen, die Dir gesetzt sind, schaffen
kannst. Du machst jeden Tag eine Liste der verschiedenen, zu erledigenden
Aufgaben. Dann bestimmst Du die Reihenfolge, in der Du sie erledigst.

Sei denen dankbar, Die Dir die Möglichkeit geben, wertvolle Beiträge zu leisten

וירא משה את-כל-המלאכה, והנה עשו אתה—כאשר צוה ה, כן עשו; ויברך אתם, משה.

„Und Mosche betrachtete das ganze Werk und, siehe, sie taten alles, wie der Allmächtige es befahl, so taten sie und Mosche segnete sie." (Exodus 39,43)

Rabbi Zalman Sorotzkin erzählte, dass er einmal bei einer Einweihungszeremonie einer Einrichtung war, für die ein Rabbi selbstlos eine Menge Zeit und Energie aufgewendet hatte. Der Rabbi sprach und überhäufte die Spender, deren Beiträge die Einrichtung ermöglicht hatten, mit Lob und Segen. Rabbi Zalman Sorotzkin trat als nächster Sprecher auf und sagte: „In Wahrheit sollten die Spender diejenigen sein, die den Rabbi loben und segnen. Denn es waren seine Bemühungen, die ihnen die Möglichkeit gaben, das Verdienst zu erlangen, etwas zu einer so wertvollen Wohltätigkeitseinrichtung beizusteuern. Er jedoch ist Mosches Fußspuren gefolgt, der, nach dem vollständigen Bericht all dessen, was für den *Mischkan* (Stiftshütte) gespendet worden war, alle die segnete, die mit Spenden und Beiträgen geholfen hatten. Eigentlich hätten sie Mosche für die Gelegenheit danken müssen, die er ihnen gegeben hatte."

Dasselbe triff zu, wenn ein Reicher einem Armen hilft. Der Reiche gewinnt mehr von dem Armen, da er ein spirituelles Verdienst erwirbt. Aber was sehen wir in der Welt? Der Empfänger bringt dem Spender mehr Dank zum Ausdruck als der Spender dem Empfänger." (*Oznayim Letorah*)

Wenn uns jemand anspricht und um eine Spende für eine ehrenwerte Sache bittet, dann sollten wir erkennen, dass er uns damit einen Gefallen tut, indem er uns die Gelegenheit gibt, einen Beitrag zu leisten. Das ist ein wichtiger Gedanke, den Spendensammler bedenken sollten. Sie sollten sich bewusst sein, dass sie den Spendern einen Dienst erweisen.

Rabbi Yisroel Salanter bat einmal einen Reichen um eine Spende für einen ehrenwerten Zweck. Der Reiche aber reagierte nicht so, wie er hätte reagieren sollen. Rav Yisroel sagte ihm: „In Wahrheit hast du eine Verpflichtung herumzugehen und Leute zu finden, denen du finanzielle Hilfe geben kannst. Wenn ich in dein Haus komme, erspare ich dir diesen Aufwand. Dafür solltest du uns dankbar sein. Wir tun dir einen Gefallen, nicht du uns." (Chayai Hamussar Bd.2, Seiten 196-197)

Mein verstorbener Onkel, Rabbi Moshe Helfan, war ein Spendensammler für die Telzer Yeshiva[40] in Cleveland. Dort gab es einen Farmer in Pennsylvania, der immer eine kleine, jährliche Spende zu machen pflegte. 1970 als die Kraftstoffpreise nach oben gingen, waren die Kosten für die Fahrt zur Farm dieses Mannes größer, als sein üblicher Spendenbetrag.

Rabbi Helfan sagte Folgendes: „Ich kann es nicht unterlassen, wegen einer Spende zu diesem Mann zu fahren. Seine Unterstützung für das Torahstudium in der Yeshiva ist für ihn ein so großes Verdienst, dass ich ihm das nicht versagen kann. Ich kann die Yeshiva aber nicht das Benzin bezahlen lassen, denn das wäre ein Verlust für die Yeshiva. Deshalb werde ich zu ihm fahren und für das Benzin selbst aufkommen."

Jeder kann dem Neid erliegen, aber man kann ihn überwinden.

ומשחת אתם, כאשר משחת את-אביהם

Nachdem ihm aufgetragen war, Aharon zu salben, wurde Mosche in Bezug auf Aharons Söhne aufgetragen:

„Und du sollst sie salben, wie du ihren Vater gesalbt hast." (Exodus 40,15)

Rabbi Meir Simcha Hacohen erklärte, dass Mosche den Auftrag, seinen Bruder Aharon zu salben, aus ganzem Herzen befolgen konnte. Mosche, der jüngere Bruder, war der Führer der Israeliten und war froh, dass sein Bruder der Hohepriester war. In Bezug auf Aharons Söhne aber war die Situation eine andere. Mosches eigene Söhne würden ihm nicht als Führer im Amte folgen. Als es also dazu kam, dass er Aharons Söhne salben sollte, hätte er Neid empfinden können. Deshalb trug der Allmächtige ihm auf, er solle die Söhne Aharons mit der gleichen Ernsthaftigkeit und Freude salben, wie er ihren Vater salbte. (*Meshech Chochmah*)

---

40 Yeshiva – Einrichtung für Torahstudium

Es ist erstaunlich, dass Mosche einer besonderen Aufforderung bedurfte, seinen Neid zu überwinden. Hieraus erkennen wir, dass selbst die größte Persönlichkeit Gesinnungen verinnerlichen muss, die ihr helfen, Neid zu überwinden. Darüber hinaus erkennen wir, dass es möglich ist, Freude und Enthusiasmus zu empfinden über den Erfolg eines andern, selbst dann, wenn derjenige etwas hat, was Du nicht hast.

KONZENTRIERE DICH DARAUF, DEN WILLEN DES ALLMÄCHTIGEN ZU TUN.

ויעש, משה: ככל אשר צוה ה אתו—כן עשה.

„Und Moses tat alles, was der Allmächtige ihm
befahl, das tat er." (Exodus 40,16)

Mosches Motivation bei allem, was er für den Bau des Heiligtums tat, war zu Ehren des Allmächtigen. Obwohl er auch persönlich vom Bau der Stiftshütte profitieren würde, denn Gott würde dort mit ihm sprechen, war er nicht von Gedanken an seine eigene Ehre geleitet. Genauso wenig trieben ihn die Gedanken an die Ehre seines Bruders, Aharon, der der Hohepriester war. Mosche konzentrierte sich allein darauf, den Willen des Allmächtigen zu erfüllen. (Haamek Dover)

Die schwierigste Aufgabe ist es, etwas zu tun, von dem Du selbst großen Nutzen haben wirst und es dennoch nur mit reiner Motivation zu tun. Je heiliger aber die Aufgabe ist, an der Du mitarbeitest, desto mehr kommt es darauf an, dass Du ehrenwerte Gedanken und Motive dabei hast.

Rabbi Yechezkail Abramsky erzählte Rabbi Moshe Mordechai Shulsinger: „Jedesmal, wenn ich einen Torahvortrag halte, denke ich daran, dass ich jetzt dem Allmächtigen mit einer *Mitzvah* des Torahlehrens diene. Manchmal ist es schwieriger, diesen Gedanken ehrlich und aufrichtig zu denken, als alles andere, was mit dem Vortrag selbst zu tun hat." (Peninai Rabainu Yechezkail, S.14)

Aus *Growth through Torah* von Rabbi Zelig Pliskin

LEVITIKUS • VAYIKRA

PARASCHAT
VAYIKRA

Und er rief

Levitikus 1,1–5,26

ו16קרא

VAYIKRA

TORAHLEKTION VON
RABBI SHLOMO RISKIN

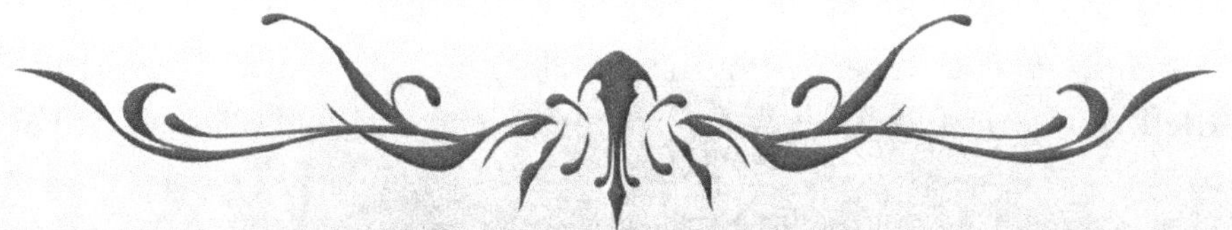

Das wahrste und das schwierigste Opfer: Schuld eingestehen

„Wenn ein Stammesfürst gesündigt hat …“ (Levitikus 4:24)

WÄHREND IHRES AUFENTHALTES in der Wildnis trägt der Allmächtige Moses auf, die Israeliten über das Recht auf Reue für eine begangene Sünde zu unterrichten:

„Wenn jemand sich einer Übertretung schuldig gemacht hat … muss er die Sünde, die er begangen hat, bekennen.“ (Numeri 5,7)

Maimonides (1135-1204) macht dieses Gebot zum Kennzeichen seiner Gesetze der Reue (1,1), worin er festlegt, dass das Gebot zu bereuen mit einem direkten und persönlichen Eingeständnis der Schuld demjenigen gegenüber, dem Unrecht getan wurde, beginnen muss, (wenn es sich um eine zwischenmenschliche Schuld handelt), oder vor Gott, wenn es um eine rituelle Übertretung geht. Vor allem muss der Betreffende die Schuld vor sich selbst mit Worten formulieren. Wäre es nicht so schwierig die eigene Schuld einzugestehen, hätte das Schuldbekenntnis als *die* Definition der Reue keine Bedeutung.

In biblischer Zeit musste der Betreffende zusätzlich zu seinem Schuldbekenntnis besondere Sündopfer bringen. Aber ein Sündopfer ohne persönliche, von Herzen kommende Reue, war nicht nur bedeutungslos, sondern wurde von Gott als ein Abscheu betrachtet. (Jes.1,10-15)

In diesem Abschnitt von *Vayikra* beginnt die Bibel zunächst damit, uns zu erklären, dass ein Mensch notwendigerweise sündigt: „Eine Seele, die aus Versehen sündigt …“ (Lev.4,2). Und wer ist der erste Sünder, der herausgestellt wird? Kein Geringerer als der Hohepriester selbst, die höchstrangige religiöse Persönlichkeit in Israel, der Wächter des heiligen Tempels.

Anscheinend erkennt unsere Bibel nicht ein Fünkchen der „päpstlichen Unfehlbarkeit“ an; die Bibel betont sogar, dass „wenn der Hohepriester sündigt, es eine Übertretung gegen die ganze Nation ist“, eine frevelhafte Befleckung unseres nationalen Wappenzeichens (Lev.4,3; Rashi (1040-1105) a.a.O.). Und am großen, weißen Fasttag der Vergebung (Versöhnungstag) ist der erste, der seine Schuld bekennen und um Reinigung bitten muss, der Hohepriester. In der Tat ist das erste Wort, das dem Munde unseres heiligsten und erhabensten Menschen am allerheiligsten Tag des Jahres entweicht, ist „*Ana*," „bitte", „o weh". Es ist ein Aufschrei eines persönlichen und menschlichen Seelenschmerzes.

Der nächste in der Reihe beim Sündigen und dem Eingeständnis von Schuld, ist der Sanhedrin, das höchste Gericht des Landes, die Wächter über das göttliche Gesetz. Sündigen die Gesetzgeber in der Rechtsprechung, sündigt ganz Israel automatisch mit, denn sie – die Richter – sind damit betraut, dafür zu sorgen, dass überall in der Gesellschaft Gerechtigkeit herrscht. Die Ältesten der Gemeinde sowie der Hohepriester müssen die Schuld des Sanhedrin mittragen, denn sie hätten die Schande einer ungerechten Richterschaft verhindern sollen (Lev.4,13/15/16).

Der dritte, der vorangestellt wird und bekennen und Abbitte leisten muss, ist der Fürst (*nasi*), der Herrscher, der Präsident, der Premierminister. Erstaunlicherweise benutzt die Bibel an dieser Stelle für den *Nasi* das Wort „wann immer" (hebräisch *ascher*), während sie beim Hohepriester und dem Sanhedrin das Wort „wenn, falls" (hebräisch *im*) benutzt. Warum ist die Nummer Eins der Machtausübenden am ehesten in Gefahr, der Sünde zum Opfer zu fallen? Vielleicht, weil er glaubt, über dem Gesetz zu stehen und dass das, was für ihn gut ist, auch automatisch *für den Staat* gut sei? Ist es, weil er auf Unterstützung aus der Bevölkerung angewiesen ist, so dass er der Versuchung erliegen könnte, dem Volk zu geben, was es wünscht und nicht das, was es nötig hat? Weil er versucht sein könnte, nicht dass zu tun, was dem Recht, sondern der letzten Meinungsumfrage entspricht?[41] Die Bibel gibt darauf keine direkte Antwort, aber sie sagt, dass er am leichtesten verletzbar ist.

König Saul wartete nicht darauf, dass Samuel, der Richter, das öffentliche Opfer begann und so verlor er sein Königtum (1.Sam.1,13). König David beging Ehebruch und sandte Bathsebas Ehemann an die Frontlinien des Kampfes, damit er dort umkomme, und er blieb der Stammvater der davidischen Dynastie (2.Sam.12). Warum? Weil Saul sich selbst zu rechtfertigen versuchte indem er das Volk beschuldigte, wohingegen König David seine Schuld zugab und vor dem Propheten und vor Gott weinte.

---

41 Siehe Meshekh Hokhma, a.a.O.

Rashi (Lev.4,22) verbindet das hebräische „*asher*" („dann, wenn" der *Nasi sündigt) mit dem hebräischen „ashrei" glücklich: „glücklich ist die Nation, deren Nasi* sein Herz und seinen Verstand darauf richtet, Vergebung seiner Sünden zu erlangen."

Offenbar ist das erste Opfer, das ein Sünder bringen muss, sein eigenes Ego, sein Selbstbild. Dieses Opfer ist schwieriger zu bringen als irgendein Tier- oder Speiseopfer; das Eingeständnis der Schuld des Einzelnen muss der erste Schritt bei Reue und Erlangung von Vergebung sein.

Aus *Torah Lights*: *Vayikra* von Rabbi Shlomo Riskin; mit Genehmigung von Maggid Books, einer Abteilung von Koren Publishers Jerusalem

PARASCHAT
TZAV

Gebiete!

צו

TZAV

TORAHLEKTION VON
RABBI LEVI COOPER

ERFRISCHUNGEN NACH DEM GEBET

GEBET IST EIN zentraler Punkt und eine der anspruchsvollsten Bestrebungen im Chassidismus – der religiösen Wiedererweckungsbewegung, die im späten achtzehnten Jahrhundert in Osteuropa begann. Der Chassidismus blühte im neunzehnten Jahrhundert auf und belebt zeitgenössische, jüdische Debatten bis auf den heutigen Tag. Die Geschichte des Gebetes in Chassidischen Kreisen kann in drei vorrangigen Punkten zusammengefasst werden, von denen jeder einzelne eine ernsthafte Betrachtung verdient.

Erstens, die chassidischen Meister und ihre Gemeinden legten großes Gewicht auf das Gebet selbst. Sie betonten, dass der Weg des Gebetes immer offensteht und dass das Gebet eine effektive Art der Kommunikation mit dem Allmächtigen ist. Chassidische Meister erkannten, dass es nicht jedem möglich ist, Stunden in strengem, intellektuellem Streben um ein in die Tiefe gehendes Torahstudium zu verbringen. So lehrten die chassidischen Meister, dass es auch alternative, gleichwertige Wege zu Gott gäbe. Von all den verschiedenen Alternativen, die angepriesen wurden, war das Gebet der weithin favorisierte Weg.

Zweitens wurden in einem beherzten Versuch viele Neuerungen für das Gebetsritual eingeführt, um die Gebetserfahrung zu vertiefen. Gebetsrituale wurden so geändert, dass sie kabbalistische Traditionen widerspiegelten; ebenso wurden gastlichere und privatere Orte als Gebetsstätten vorgezogen und die Gebetszeiten wurden gelockert. Die Gebetsformen wurden so umgestaltet, dass sie den Bittenden erlaubten, ihren Gefühlen und Emotionen Ausdruck zu verleihen. Das erlaubte freiere, körperliche Bewegung während des Gebetes, Ausdruck der Freude wie Tanzen und Klatschen und Gebrauch der Umgangssprache, um von Herzen kommende Gebete auszudrücken, anstatt des alleinigen Festhaltens an strengen, versteinerten Gebetstexten. Sie ermutigten auch dazu, zu Gott aufzuschreien.

Der dritte Aspekt des Gebetes im chassidischen Milieu in Verbindung mit den ersten beiden Punkten war der scharfe Widerstand. Änderungen in alten Traditionen vorzunehmen, verstörte viele traditionelle Führer. Die chassidischen Innovationen veränderten die traditionellen Gebetsformen und die alte Garde empfand dies oft als eine Bedrohung des jüdischen Erbes und Fortbestandes. Polemische Abhandlungen wurden verfasst, Flugblätter angeschlagen und Ausschlussentscheide verkündet. In vielen Fällen beriefen sich die Anklageschriften auf die Überbetonung des Gebetes und umfassende Änderungen der Gebetspraxis, wie sie von den meisten europäischen Gemeinden geübt würde.

Nicht alle Änderungen waren weitreichend; einige Abwandlungen waren schlicht und kaum aufsehenerregend. Eine der unbedeutenderen Neuerungen betraf einen Brauch nach dem Gebet. Rabbi Yisrael Friedmann von Ruzhyn (1796- 1850) traf einmal auf eine Gruppe Juden aus Galizien (Ostpolen; Ukraine und Tschechien), die ursprünglich aus Deutschland kamen. Obwohl diese Juden offener waren für Modernes als ihre Gegenüber aus Osteuropa, pflegten sie doch weiterhin den „*Minhag Ashkenaz*" – die zeitraubenden, deutsch-jüdischen Traditionen. Sie traten an den heiligen Ruzhyner Rebbe heran und fragten ihn: „Der Brauch in Deutschland ist so, dass wir uns nach dem Gebet hinsetzen und Mischna[42] lernen. Ihr Chassidim habt einen anderen Brauch. Nach dem Gebet setzt ihr euch hin und esst ein Stück Kuchen und spült ihn mit einem kleinen Glas Likör hinunter, sodann segnet ihr einander mit dem Leben und ruft *l'haim*[43]! Ist das ein angemessenes Verhalten nach dem Gebet?"

Einer von Ruzhyner Rebbes getreuen Begleitern, Reb Noson Yosef, der rituelle Schlachter, machte oft witzige Bemerkungen und Sticheleien, die seinem Meister ein Lächeln entlockten. Reb Noson Yosef antwortete ohne Zögern: „Im Gedenken und für das Verdienst des Verstorbenen studieren wir Mischna (משנה), denn sie hat dieselben Buchstaben wie die Seele - Neschama (נשמה)."

„Ihr Jeckes," – fuhr Reb Noson Yosef fort, wobei er den etwas abfälligen Ausdruck für deutsche Juden benutzte, die legendär bekannt waren für ihre überförmliche Art – „Ihr betet mit einer solchen Unterkühlung und Mangel an Gefühl, dass ihr tatsächlich betet, als wäret ihr schon tot! Daher ist es höchst angemessen, wenn ihr nach dem Gebet die Mischna studiert. Wir Chassidim aber beten mit Freude und Enthusiasmus. Einer der feiert, hat sicher auch einen Schluck *l'haim* verdient!"

---

42 Mischna – die Grundlage des Talmud; eine Sammlung von frühen mündlichen Auslegungen der Schriften, zusammengestellt um AD 200.
43 l'haim – ein jüdischer Gruß, der soviel bedeutet wie „auf das Leben!" Gewöhnlich gebraucht als Trinkspruch „zum Wohle."

Rabbi Yisrael von Ruzhyn hörte diese Worte von seinem Begleitnarren und entließ ihn mit den Worten: „Ein Witzchen hier und ein Witzchen da …"

„Der wahre Grund für das Trinken eines *l'haim* nach dem Gebet," erklärt der Ruzhyner Rebbe, „ist der, dass das Gebet den Platz der Tempelopfer einnimmt und viele Gesetze und Anweisungen zu den Gebeten von den Tempelritualen übernommen sind."

Die Torah lehrt, dass die Tempelopfer ungültig sind und als *„pigul"* bezeichnet werden, wenn der Kohen während des Opfers die falschen Beweggründe hatte, dass er nämlich beabsichtigte, noch nach dem dafür vorgeschriebenen Zeitfenster von dem Opfer zu essen. Und selbst wenn das Opfer tatsächlich innerhalb der erlaubten Zeitspanne gegessen wurde – in anderen Worten, wenn das Vorhaben des Kohens von niemandem bemerkt wurde – war das Opfer aufgrund seiner Einstellung dennoch nichtig (Levitikus 7,18;19,5-7; Babylonischer Talmud, *Zevahim* 29a).

Der heilige Ruzhyner fuhr fort und erklärte die Bedeutung des Gesetzes zu *pigul* in Bezug auf die Herausforderung, die ein ernstes Gebet darstellt: „Wenn die Neigung zum Bösen jemandem zum Gebet gehen sieht – das heißt, dass er hingeht, um dem Allmächtigen ein Opfer darzubringen – dann fällt es der Neigung zum Bösen gar nicht ein, ihn daran zu hindern. Sie weiß, dass die Entschlossenheit und die Hingabe des Betreffenden jedem Argument, jeder Versuchung und jeder Ablenkung widerstehen wird."

„Stattdessen bedient sich die Neigung zum Bösen eines listigeren Weges. Sie versucht denjenigen mit *pigul*-ähnlichen Gedanken, die Opfer und Opferersatzleistungen unannehmbar machen. Um der Neigung zum Bösen zu begegnen, versprechen wir ihr einen Schluck nach dem Gebet und machen ein Geschäft mit ihr, uns nur solange in Ruhe zu lassen, wie wir uns mit dem Allmächtigen unterhalten."

Auf den ersten Blick scheinen Gedanken sich nur im Verstand abzuspielen. Man könnte argumentieren: Solange ich richtig handle, brauche ich mich um meine Absichten nicht zu sorgen. Die ursprünglichen Gesetze zu *pigul* sind vielleicht nicht anwendbar, solange wir in einer Zeit ohne Tempel leben. Sie lehren uns jedoch die Wichtigkeit unserer Absicht, unseres Seelenzustandes, wenn wir Gottes Gebote erfüllen. *Pigul*-ähnliche Überlegungen können die Gültigkeit und Wirksamkeit von Gebeten zunichtemachen. Umgekehrt aber können reine Meditationen und Absichten ein Gebetserlebnis von einer rein mechanischen Handlung in eine erhabene Begegnung verwandeln.

PARASCHAT
SCHEMINI

Achter

Levitikus 9,1-11,47

שמיני

SCHEMINI

TORAHLEKTION VON
RABBI MOSHE LICHTMAN

ÜBER DEM REST

NACH DER AUFZÄHLUNG aller koscheren und nicht koscheren Tiere, sagt die Torah: *Macht **eure Seelen nicht abscheulich** mit irgendeinem kriechenden Ding, das kriecht, und verunreinigt euch nicht mit ihnen, damit ihr nicht unrein werdet durch sie. Denn Ich bin der HERR euer Gott: Ihr sollt euch heiligen und ihr sollt heilig sein, denn Ich, euer Gott, bin heilig; und ihr sollt **eure Seelen nicht verunreinigen** mit etwas Kriechendem, das **auf der Erde** krabbelt. Denn Ich bin der HERR, **Der euch aus Ägypten heraufbringt**, um euer Gott zu sein; ihr sollt heilig sein, denn Ich bin heilig* (Levitikus 11,43-45).

Viele Kommentatoren fühlen sich durch die sonderbare Formulierung irritiert *Der dich aus Ägyptenland heraufbringt*, denn die Torah sagt gewöhnlich, *Der dich aus Ägyptenland heraufgebracht hat.* (Siehe Rashi (1040-1105)) Wir wollen unseren Blick auf Kli Yakars[44] Antwort richten. Er weist zuerst auf andere Sonderbarkeiten in diesen Versen hin: Der erste Vers benutzt den Ausdruck „kriechendes Ding, **das kriecht;**" während der zweite Vers sagt, „etwas Kriechendes, **das krabbelt;**" der zweite Vers fügt noch hinzu **auf der Erde**, während der erste das nicht tut; der zweite Vers stellt „Verunreinigung" und Seele nebeneinander, während der erste „Abscheulichkeit" mit der Seele verbindet.

Der Kli Yakar erklärt, dass je näher etwas zur Erde ist, desto irdischer und unheiliger ist es. Das, was höher über dem Boden geht, „wendet sich und schaut die Quelle [seines Lebens] an." Deshalb steht der Mensch, im Unterschied zu den Tieren, die auf allen Vieren laufen, aufrecht. Der Mensch ist aus physischen und spirituellen Elementen erschaffen und die spirituelle Hälfte ist bemüht, himmelwärts zu steigen. Nun zur Erklärung der Unterschiede in den beiden Versen: „kriechendes Ding, **das krabbelt**" bezieht sich auf Insekten, die sehr nah auf der Erde krabbeln, wie der Vers mit dem Zusatz **auf der Erde** andeutet. Ein „kriechendes Ding, **das kriecht**" jedoch ist nicht ganz so gering. Der Kli Yakar sagt auch, dass das Verb „tamei" (verunreinigen) stärker ist als „shaketz" (Abscheu). Das erste deutet auf einen inneren Makel, während

---

44 Kli Yakar – ein Torahkommentar verfasst von Rabbi Shlomo Ephraim ben Aaron Luntschitz (1550-1619)

das zweite nur andeutet, dass man etwas abstoßend findet, nicht, dass es eine innere Verunreinigung an sich hat. Deshalb sagt die Torah: „Ihr sollte eure Seelen nicht verunreinigen" in Bezug auf das extrem niedrige, „kriechende Ding, **das krabbelt,**" und „Macht eure Seelen nicht **abscheulich,**" wenn sie sich auf das relativ erhabenere „kriechende Ding, das kriecht" bezieht.

Wenden wir uns nun wieder der ursprünglichen Frage zu: Warum bedient sich die Torah der sonderbaren Ausdrucksweise: Ich bin der HERR, Der euch aus Ägypten heraufbringt? Im Zusammenhang mit dem vorangehenden Gedanken erklärt der Kli Yakar:

> Jetzt gibt die Torah einen Grund dafür an, [warum es verboten ist, Insekten zu essen]: *Denn Ich bin der HERR,* **Der euch aus Ägypten heraufbringt** – aus einem geringen Ort – in das Land Israel, das höher ist als alle anderen Länder. [Ich habe es getan,] um euch vom Irdischen zu entfernen, das mehr an einem niederen Ort herrscht, wo die Luft dichter ist… Deshalb seid vorsichtig [euch nicht zu verunreinigen] *mit einem kriechenden Ding, das auf der Erde krabbelt.*

Aus Kli Yakars Kommentar wird ersichtlich, dass er die Aussage der Weisen „das Land Israel ist höher als alle anderen Länder" (*Sanhedrin* 87a) wörtlich nimmt. Er versteht, dass die geografische Lage eines Landes auf dessen grundsätzlichen Charakter einwirkt. Andere widersprechen dem. Sie argumentieren, dass die Welt rund sei und es deshalb schwierig sei, zu sagen, ein Ort sei höher als ein anderer. Darüber hinaus liegen andere Orte auf noch höheren Höhengraden. Deshalb erklären sie die Aussage im übertragenen Sinne. Das Land Israel wird als auf einer spirituell höheren Ebene liegend betrachtet, denn von hieraus wurde die ganze restliche Welt erschaffen und erhält ihren spirituellen (und physischen) Unterhalt (s. *Teshuvot Chatam Sofer, Yoreh De'ah* 234; *Maharal MiPrague, Be'er HaGolah*, S. 131).

Möge das Volk Israel in der Diaspora (Exil) doch bald die physische und spirituelle „Überlegenheit" des Landes Israel über alle Länder erkennen, so dass wir alle erlöst und zu höheren Ebenen der Heiligkeit erhoben werden können.

Aus *Eretz Yisrael in der Paraschah* von Rabbi Moshe Lichtman

PARASCHAT
TASRIAH

Sie empfängt

LEVITIKUS 12,1-13,59

תזריע

TASRIAH

TORAHLEKTION VON

RABBI MOSHE GOLDSMITH

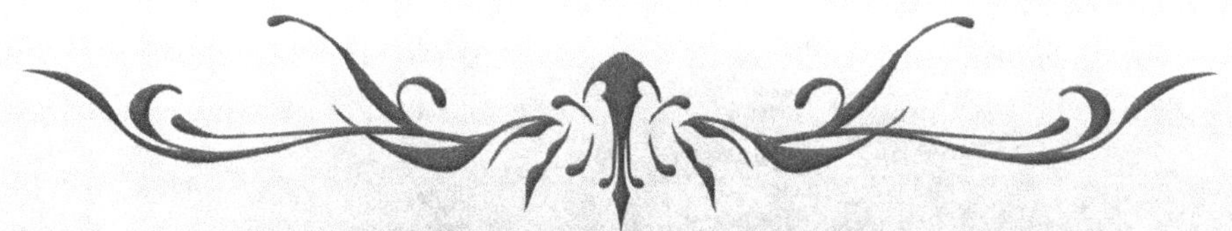

Die Macht der Zunge

IN DIESER WOCHE LESEN wir nicht wie gewöhnlich eine, sondern zwei Torahabschnitte, **Tasriah** und **Metzorah**. Sie handeln hauptsächlich von den Gesetzen über den Aussatz. Sie gehören zu den kompliziertesten Gesetzen in der Torah. Neben den 14 Kapiteln der Mischnah, die den Aussatz behandeln, gibt es diesbezüglich Tausende weiterer Erwähnungen im Talmud und im Mündlichen Gesetz. Diese kurze Abhandlung kann unmöglich auf alle Details unseres komplexen Themas eingehen, sie soll sich aber auf ein paar Erkenntnisse konzentrieren, die in diesen beiden Abschnitten gesammelt wurden.

Die Torah erwähnt drei Stellen, an denen Aussatz auftreten kann – im Haus einer Person, an seinen Kleidern oder an seinem Körper. Nach der Torah entsteht Aussatz (auf Hebräisch, Metzorah) aufgrund übler Nachrede über andere Personen. Metzorah ist eine Abkürzung für *Motzi Shem Rah*, was bedeutet, einem anderen einen schlechten Ruf geben. (Laschon Harah)

Die Torah sagt, dass wir uns vor dieser Krankheit schützen können, durch *„genaues Beachten und Befolgen all dessen, was die levitischen Priester dich lehren. Wie Ich ihnen befohlen habe, so sollst du sorgfältig tun. Gedenke, was Haschem, dein G-tt, Miriam antat als du aus Ägypten kamst."* (Deuteronomium 24,8-9) Dies bezieht sich auf die Strafe, die Miriam dafür erhielt, dass sie respektlos über Mosche Rabaynu gesprochen hatte: *„Da sprachen Miriam und Aaron gegen Mosche, wegen der kuschitischen Frau, die er geheiratet hatte ... Als aber die Wolke vom Zelte gewichen war, siehe, da war Miriam voller Aussatz, weiß wie Schnee. Als Aaron sich zu Miriam wandte, siehe, da war sie aussätzig."* (Numeri.12,1-16).

Obwohl Mosche Rabaynu, der demütigste Mensch auf Erden, wie die Torah uns sagt, nicht daran gedacht hätte, Miriam für ihr Gerede über seine Wahl einer kuschitischen Frau zu bestrafen und obwohl sie für Mosche eine Art Ersatzmutter und eine rechtschaffene Prophetin war, wurde ihr Gerede mit Aussatz bestraft.

Offensichtlich ist üble Nachrede eine Sünde, die Haschem nicht leichtnimmt. Ja, die Spione, die das Land Israel schlechtmachten, verursachten damit, dass die gesamte Generation in der Wüste umkam, aufgrund ihres abwertenden Berichtes. Die ganze Nation wurde in Einzelhaft genommen und durfte das Land nicht betreten – ganz so, wie Miriam isoliert wurde, als sie wegen ihrer Sünde der *Laschon Harah* mit Aussatz behaftet war und wie jeder andere Aussätzige vom Lager abgesondert wurde und draußen bleiben musste, bis sie wieder geheilt war.

Anders, als die heutige Vorstellung hierzu, war der Aussatz der Torah, der nur Israeliten befiel, keine ansteckende Krankheit. Er begann mit einem äußerlichen Befall an der Wohnung des Betreffenden und wenn der Betreffende seine Sünde nicht korrigierte, ging der Befall auf die Kleidung über und schließlich auf seinen Körper. Die Lehre daraus ist, dass unser ethisches Verhalten einen direkten Einfluss auf unser Wohlbefinden hat. Wenn Klatsch und Tratsch zu solch schädlichen Ergebnissen führen können, sollte es kaum wundern, dass alle ernsten Verstöße gegen die Werte der Torah schwerwiegende Folgen nach sich ziehen können.

Deshalb sollten wir gegenüber allem, was um uns herum geschieht, aufmerksam sein. Wenn unser Heim auseinanderzufallen scheint, wenn wir uns nicht wohlfühlen oder wenn nichts mehr richtig funktioniert, dann könnte es sein, dass G-tt uns sagen will, dass es irgendwo etwas zu verbessern gibt. Vielleicht handeln wir nicht so, wie wir sollten? Vielleicht gibt es Mängel in unserem religiösen oder ethischen Verhalten?

Wenn wir diese Art Selbstkontrolle **ehrlich** und **regelmäßig** betrieben, könnte das *für uns und für alle um uns herum einen gewaltigen Segen* bedeuten. Achtzuhaben auf die Wände unseres Hauses, unsere Gesundheit und unsere Stimmung sind Möglichkeiten, uns mit dem spirituellen Bereich zu verbinden, der unser Leben zurechtrücken kann.

Leider liegt unser Tempel in Trümmern und die Gesetze über Aussatz in all ihren Aspekten stehen offen zur Debatte. Dennoch gelten die mit diesen Gesetzen zusammenhängenden moralischen Richtlinien auch heute noch. Deshalb bleiben wir verpflichtet, anständige und gottesfürchtige Menschen zu sein und die Mitzvah *Midat HaZehirut* (Achthaben auf unsere Lebensführung) zu pflegen. Das schließt aufmerksame Beachtung der Zeichen, die Haschem uns von oben schickt, und eine ehrliche Selbstprüfung mit ein.

Auch wenn wir mitbekommen wie Leute, die *Laschon Hara* reden, vollkommen gesund zu sein scheinen, sind sie es spirituell vielleicht nicht.

Der Zohar[45] lehrt uns, dass es spirituell Aussätzige gibt, die auch heute noch existieren (auch wenn heutige Aussätzige, soweit wir wissen, nicht wegen ihres Leidens als spirituell fehlerbehaftet stigmatisiert werden sollten).

Spirituell Aussätzige sind die, die ihre Seelen durch üble Nachrede befleckt haben und deshalb in der Nacht, wenn nach unserer Überlieferung die Seelen in die höheren Welten aufsteigen, von den Gerechten abgetrennt sind. Hinzu kommt, dass ihre Gebete solange nicht erhört werden, bis sie vollkommen bereut haben. Auch wenn alle Sünden spirituellen und physischen Schaden verursachen, so stellt die Torah die Sünde von *Laschon Harah* besonders heraus, denn *„Tod und Leben sind in der Macht der Zunge"*. (Sprüche 18,21)

Aus diesem Grunde haben die heutigen Medien die Menschen und Nationen in einem so machtvollen Griff, dass sie Präsidenten, Könige und Premierminister in den Schatten stellen. Heute sind es die Medien, die die *Macht der Zunge* besitzen. Es sind die Medien, denen enge Gefolgschaft, Gehorsam und sogar Verehrung geschenkt wird und die ihren narzisstischen Einfluss über Jung und Alt ausüben, über Nationen und über den Einzelnen. Bekanntheit um jeden Preis ist das neue Verlangen der Menschen, ganz gleich, wie geschmacklos es aus religiöser oder ethischer Sicht auch sein mag.

Wenn die Medien ihre riesige Macht doch nur als Gefäß für *Tikkun Olam, die Rechtfertigung der Welt*, nutzen würden. Stattdessen entwürdigen sie ihre Anhänger durch Werbung für verdorbene Werte wie Materialismus, Genusssucht, Selbstdarstellung und vielleicht das *Hässlichste von allem – Verlogenheit, die unbedachte oder absichtliche Überschwemmung mit Lügen, die gewöhnlich nie korrigiert werden, selbst dann nicht, wenn darauf aufmerksam gemacht wird.*

Hätte es nicht einen riesigen, positiven Einfluss auf die Welt, wenn die Medien tatsächlich ihre Macht für das Gute erkennen und sich bemühen würden, sie entsprechend zu nutzen? Das könnte sogar das Kommen der Erlösung beschleunigen.

Wir alle sollten wenigstens uns selbst bemühen, unser Sprechen und Verhalten zu verbessern und immer daran zu denken, welchen Einfluss unser Verhalten auf andere hat. Wir könnten feststellen, dass wir uns selbst dann sowohl physisch als auch spirituell viel gesünder und glücklicher fühlten.

---

45 Der Zohar ist eine Sammlung von Torahkommentaren, die die Leute, die bereits ein hohes, spirituelles Niveau erreicht haben, zu den Wurzeln ihrer Seele führen sollen.

PARASCHAT
METZORA

Ein Aussätziger
Levitikus 14,1-15,33

מצרע

METZORA

TORAHLEKTION VON
RABBI SHLOMO RISKIN

Ein offenes Herz und eine geschlossene Hand

Und seine Knechte kamen heran und sprachen zu ihm: „Mein Vater, wenn
der Prophet von dir verlangt hätte, etwas Großartiges zu tun, hättest du es
nicht getan? Wieviel mehr dann, wenn er zu dir sagt: Wasche dich, und
sei rein?" Da stieg er hinab und tauchte siebenmal im Jordan unter, so wie
Mannes Gottes gesagt hatte und sein Fleisch wurde wieder wie das Fleisch
eines jungen Kindes, und er war rein. (Haftara von Tasria, 2.Könige 5,13-14)

DIE ZWEI TORAHABSCHNITTE von *Tasria* – *Metzora* handeln von
einer Krankheit, die der uns bekannten Lepra ähnlich ist – aus dem
Text geht allerdings hervor (und aus den Interpretationen unserer
Weisen), dass die Ursache der Krankheit eher eine spirituelle als eine physische
Unvollkommenheit ist. Ich bin der Überzeugung, dass die beiden Abschnitte
der Haftara[46] – oder genauer, die ungelesene prophetische Botschaft – einen
erstaunlichen Einblick in die mögliche, spirituelle Unvollkommenheit bieten.
Darüber hinaus lehren beide prophetischen Lesungen allen nachfolgenden
Generationen, was von israelischer Führerschaft verlangt wird, damit unsere
Nation erfolgreich ist.

Die *Haftara für Tasria* wird aus dem zweiten Buch der Könige genommen;
sie erzählt von dem Wunder, mit dem Elisa, der Prophet des HERRN, den
Aussatz des Na'aman, eines mächtigen Generals der Armeen von Aram
heilte. Das Geschehen, das Na'amans Heilung umgibt, ist Thema des fünften
Kapitels. Die Haftara beginnt allerdings seltsamerweise mit den abschlie-
ßenden Versen des letzten Kapitels, welche davon berichten, wie Elisa es
mit einer relativ geringen Menge Essen schafft, den Hunger von einhundert
Menschen zu stillen. Diese seltsame Einleitung hat scheinbar nichts mit der
folgenden Geschichte Na'amans oder der Krankheit, die diesen Vorfall im
Buch der Könige mit diesem Torahabschnitt verbindet, zu tun.

Im Laufe der Geschichte erfahren wir, dass Na'aman „General der Armeen
des Königs von Aram, ein bedeutender Mann vor seinem Herrn ... ein tapferer

---

46 Haftara – ein Abschnitt aus den Propheten, in der Synagoge vorgelesen am Sabbat und an heiligen
Tagen im Anschluss an die Paraschat

Soldat – ein Aussätziger war" (5,1). Ein gefangenes, israelisches Dienstmädchen schlägt Na'amans Frau vor, ihr Mann solle sich um eine Heilung durch Elisa, den Propheten, einen Mann Gottes, bemühen. Nach einer anfänglichen Anfrage „sendet Elisa ihm (Na'aman) einen Boten, der sagt:

> Geh' und wasche [tauche unter] dich siebenmal in Jordan; dein Fleisch wird wiederhergestellt und du wirst gereinigt sein." (2.Könige 4,11)

Nachdem sich die Anweisung des Propheten als wirksam erwiesen hat, ruft ein höchst dankbarer Na'aman aus: „Siehe, jetzt weiß ich, dass es nirgendwo einen Gott in dieser Welt gibt, außer in Israel; und jetzt [Na'aman bittet Elisa], bitte, nimm ein Geschenk deines Dieners an" (5,15). Elisa, der Mann Gottes, weigert sich, da er Gott einen Eid geleistet hat, niemals irgendetwas anzunehmen; Na'aman ist von allem so bewegt, dass er darum bittet, eine kleinere Menge Erde mitnehmen zu dürfen, worauf er zu Hause einen Altar erbauen kann, um darauf dem wahren Gott Israels und dem Gott der ganzen Welt, Opfer darzubringen. So schließt diese Haftara der Torahlesung zu *Tasria*.

Die folgende Haftara für *Metzora* fährt mit Kapitel sieben des zweiten Buches der Könige fort (beachte, dass das sechste Kapitel der prophetischen Lesung ausgelassen wird) und beginnt mit einer Geschichte über vier Leprakranke vor den Toren der Stadt. Scheinbar herrscht ein bitterer Krieg zwischen Israel und Aram – sowie große Hungersnot in Israel, so sehr sogar, dass Mütter ihre eigenen Kinder essen. Durch das Eingreifen des Elisas endet die Hungersnot. Die vier Leprakranken bringen die gute Nachricht, dass das aramäische Lager auf wunderbare Weise verlassen ist. Die aramäische Armee ist geflohen und Israel ist damit als Sieger hervorgegangen. Diese prophetische Lesung schließt mit der Beschreibung des Todes des Adjutanten des Königs von Israel: Er wird von den Horden der Israeliten, die eilen, das Lager der aramäischen Armee zu plündern, niedergetrampelt. Offenbar wird er für seine zynische Infragestellung der Ankündigung Elisas, dass der Hunger bald ein Ende haben und die Armee Israels den Sieg davontragen werde, gestraft.

Beim Lesen dieser *Haftarot* kommt eine Reihe überraschender Fragen auf. Die erste Lesung schloss mit einem dankbaren aramäischen General, der überzeugt war, dass der Gott Israels der einzige, wahre Gott der ganzen Welt ist. Was hat ihn dazu bewegt, nur ein Kapitel später, Krieg gegen genau das Volk zu führen, das für die Heilung seines Aussatzes verantwortlich war? Und, von welcher Bedeutung für das Thema Aussatz sind die Eröffnungsgeschichten über Elisas Speisung der Armen und die abschließende Erzählung, in der der israelische Adjutant zu Tode getrampelt wird?

Ich glaube, wir werden den Schlüssel zum Verständnis finden, wenn wir das Ende des fünften Kapitels und das sechste Kapitel des zweiten Buches der Könige lesen (ausgeschlossen von der öffentlichen Haftaralesung, die nur die Anfänge des fünften und siebten Kapitels beinhalten) und Rashis (1040-1105) Angabe beachten, dass die vier Aussätzigen, die die gute Nachricht überbrachten, Gehasi und seine drei Söhne waren (ibid. 7,3).

Wer war Gehasi? Das zweite Buch der Könige berichtet (in dem nicht öffentlich gelesenen Abschnitt), dass, nachdem Elisa sich geweigert hatte, für die erfolgreiche Heilung ein Geschenk von Na'aman anzunehmen, Gehasi „der Diener [Aushilfskraft] des Elisa, des Mannes Gottes" hinter dem aramäischen General herlief; mit der Behauptung, er sei von seinem Herrn, Elisa, geschickt. Er erbittet ein *Kikar*[47] Silber und zwei Feierkleider für zwei Prophetenschüler (Elisas *kollel*[48]). Na'aman ist nur allzu bereit und gibt großzügig zwei Kikars Silber und zusätzlich zwei Gewänder. Als Elisa entdeckt, was sein Diener getan hat, straft er ihn: „Der Aussatz des Na'aman soll für immer an dir und deinen Kindern haften" (2.Könige 5,27). Das nächste, was wir erfahren, ist, dass Israel unter einer großen Hungersnot leidet und von der aramäischen Armee belagert wird.

Scheinbar hatten sich Na'aman – und auch Gott – gegen Israel gewandt. Was hatte diese plötzliche Abneigung verursacht? Es war sicherlich Gehasis Gier nach den zwei Kikar Silber. Elisas großartige Heiligung des Namens Gottes war in eine vernichtende Entweihung des Namens Gottes verkehrt worden! Na'aman war sicherlich durch Elisas Fähigkeit, ihn zu heilen, beeindruckt gewesen – aber er kannte aus der heidnischen Welt ähnliche an Zauberei grenzende Taten. Was den General der Armeen von Aram am meisten beeindruckt hatte, war, dass Elisa ein wahrer Mann Gottes war, einer, der das, was er tat, ausschließlich um des Himmels willen tat, ohne weitere Motive der persönlichen Bereicherung. Erst an dem Punkt, wo Elisa es ablehnte, eine Entlohnung anzunehmen, entschied Na'aman, dass er nur noch dem Gott Israels Opfer bringen wollte.

---

47 Kikars – Talente oder Münzen
48 Kollel – ist eine Ganztageslehranstalt für fortgeschrittenen Studien des Talmuds und rabbinischer Literatur

Als aber Gehasi mit seiner Gier nach Silber und Kleidung ins Spiel kam, war Na'aman verständlicherweise desillusioniert. Nun sieht er in Elisa nur noch einen weiteren Zauberer – und unter den Umständen, ist er sogar bereit, einen weiteren Krieg gegen seinen früheren Feind zu führen.

Die zweite Botschaft aus diesen prophetischen Lesungen ist, dass das Volk Israel – und besonders die Anführer Israels – an die Zukunft der Bundesnation glauben und an dem Glauben festhalten müssen, dass Israel letztendlich von Gott gerettet werden wird. Der Adjutant des Königs stellte die Befreiung Israels in zynischer Weise in Frage und dafür musste er sterben.

Vielleicht sind diese beiden Botschaften untrennbar miteinander verbunden. Nur wenn wir völlig selbstlose Führer haben – die sich nur um des Himmels und der Nation willen einbringen, ohne auch nur ein Fünkchen persönlichen Gewinns – haben wir das Recht, Gottes Eingreifen um ihretwillen (und wegen uns) zu erwarten. Ein solcher Führer war Elisa, ein prophetischer Mann Gottes, in den Eröffnungsversen der *Haftara* von *Tasria*. Elisa beweist sich als ein solcher Führer, als er Gehasi für sein korruptes, gieriges Verhalten mit dem Aussatz straft – offenbar eine angemessene Strafe für die Sünde des unmäßigen, materialistischen Verlangens. Der Adjutant wiederum hätte anerkennen müssen, dass dann, wenn Israel von selbstlosen, über Bestechung und materielle Entlohnung erhabenen Führern geleitet wird, Gott seinem Volk nicht nur das Überleben, sondern auch die Vorherrschaft sichern wird.

Aus *Torah Lights: Vayikra* von Rabbi Shlomo Riskin; mit Genehmigung von Maggid Books, einer Abteilung der Koren Publishers Jerusalem

ACHAREI MOT

Nach dem Tod

Levitikus 16,1-18,30

אחרי מות

ACHAREI MOT

TORAHLEKTION VON

RABBI ZELIG PLISKIN

Gedankliche Einstellungen helfen, übermässige Sorge darüber zu überwinden, was andere über dich denken

וכל-אדם לא-יהיה באהל מועד, בבאו לכפר בקדש . . .

„Und da soll niemand im Zelt der Begegnung sein, wenn er hineingeht, um Sühne zu schaffen an dem heiligen Ort." (Levitikus 16,17)

WÄHREND DER HOHEPRIESTER den besonderen Dienst an Yom Kippur vollzog, hätte er sich sehr leicht für besser als das Volk halten können. Er war der einzige Auserwählte, aus der gesamten Nation, der den heiligen Dienst an diesem heiligsten aller Tage verrichten durfte. Er hätte leicht seinen Blick auf die ihm entgegengebrachte Ehre richten können und darauf, mit welchem Respekt und sogar Ehrfurcht die anderen an ihn denken würden. Deshalb sagt die Torah ihm: „Kein Mensch soll da sein," das heißt, der Hohepriester sollte die Welt vor seinem geistigen Auge so sehen, als existierten überhaupt keine anderen Menschen auf der Welt. Das sollte er tun, wenn er die Stiftshütte betritt, um Versöhnung im Heiligtum zu schaffen. Mit dieser geistigen Einstellung befreit er sich von jedem Gedanken, an Ehre oder Anerkennung von anderen. (*Degel Machaneh Ephraim*)

Diese mentale Vorgehensweise ist sehr nützlich für jemanden, der sehr gehemmt und ständig besorgt darum ist, was andere über ihn denken. Selbst wenn Du es nur für kurze Zeit durchhalten kannst, wird es Dir helfen, Deine Sorgen über das, was andere von Dir halten, zu verringern. Ein Großteil Deiner Sorgen um Anerkennung bei anderen beruht auf Illusion. In Wahrheit denken andere längst nicht soviel an Dich, wie Du glaubst. Selbst wenn sie es tun, ist das meiste von dem, was sie denken, für Dein Leben praktisch gleichgültig. Der Gedanke, dass keine anderen Menschen in der Nähe sind, wird es Dir ermöglichen, Dich vom Schaden und Schmerz der anderen Vorstellung zu befreien.

Sei bemüht, anderen kein Unrecht zu tun, um zu vermeiden Vergebung von ihnen zu benötigen.

כי-ביום הזה יכפר עליכם, לטהר אתכם: מכל, חטאתיכם, לפני ה, תטהרו.

> „Denn an diesem Tag sollt ihr Entsühnung bekommen damit
> ihr gereinigt werdet von all euren Übertretungen, vor dem
> Allmächtigen sollt ihr gereinigt werden." (Levitikus 16,30)

Die Weisen (Yoma 85b) kommentieren hierzu, dass Yom Kippur für Übertretungen zwischen den Menschen und dem Allmächtigen entsühnt. Im Hinblick auf Übertretungen im zwischenmenschlichen Bereich aber kann Yom Kippur nur entsühnen, wenn der Betreffende zuvor die Vergebung derer erhalten hat, die er verletzt oder denen er Schaden zugefügt hat.

Aus diesem Prinzip können wir ableiten, wie wichtig es ist, sich zu bemühen, anderen keinen Schaden zuzufügen, ob finanziell, physisch oder emotional. Auch wenn es richtig ist, anderen zu vergeben, wenn sie darum bitten, ist nicht jeder aufrichtig bereit, anderen zu vergeben. Es gibt überempfindliche Menschen, für die es auch dann, wenn sie anderen vergeben möchten, sehr schwierig ist, es zu tun. Auch wenn sie sagen, dass sie vergeben, steckt tief in ihnen eine Verbitterung und sie haben nicht wirklich vergeben. Einige mögen sagen: „Wenn diese Person eben so empfindlich und nachtragend ist, dann ist das ihr Problem." Ja, es stimmt, dass sie ein Problem hat und sie wird auch darunter leiden. Hast Du ihr aber wehgetan, wirst Du keine Vergebung erlangen, bevor sie Dir nicht vergeben hat. Die beste Art sicherzustellen, dass Dir vergeben wird, ist, schon im Voraus besonders bemüht zu sein, anderen keinen Schmerz oder Leid zuzufügen. Unser Hauptmotiv, anderen nicht wehzutun, sollte Mitgefühl und Freundlichkeit sein, aber zumindest sollten wir aus eigenem Interesse heraus bemüht sein, andern nicht zu schaden.

Tue jeden Tag etwas für Dein Wachstum.

את-משפטי תעשו ואת-חקתי תשמרו, ללכת בהם: אני, ה אלקיכם.

> „Nach meinen Rechtsentscheiden sollt ihr tun und meine
> Vorschriften sollt ihr beachten, dass ihr darin wan-
> delt. Ich bin der HERR euer G-tt" (Levitikus 18,4)

Der Ksav Sofer sagte zu den Worten, ‚dass ihr darin wandelt': „Man muss von einer Ebene auf die nächste gehen. Das heißt, man sollte sich ständig bemühen, weiter zu wachsen und eine Stufe höher zu kommen."

Es reicht nicht, immer auf der gleichen Ebene zu bleiben, auf der Du gestern schon warst. Vielmehr sollte jeder Tag einen Aufstieg bringen im Vergleich zum Tag davor. Begegnen Dir schwierige Prüfungen, sind sie Dir nicht immer willkommen. Aber die einzige Art, sich immer weiter aufwärts zu bringen, ist es, immer mehr und mehr schwierige Prüfungen des Lebens zu bestehen. Betrachte jede Schwierigkeit als eine Chance, Dich unter Anwendung der richtigen Prinzipien der Torah weiter nach oben zu arbeiten. Dann, am Ende eines jeden Tages, frage Dich: „Was habe ich heute getan, um ein wenig voranzukommen?" Kannst Du keine Antwort darauf finden, frage Dich: „Was kann ich morgen tun, um voranzukommen?"

Tue Gutes mit Energie und Begeisterung

ושמרתם את-חקתי ואת-משפטי, אשר יעשה אתם האדם וחי בהם: אני ה.

> „Darum sollt ihr meine Vorschriften beachten und meine
> Rechtsentscheide, nach denen der Mensch handeln und durch sie
> leben soll, Ich bin der Allmächtige." (Levitikus 18,5) und

Zu den Worten „und durch sie leben soll" kommentiert Shaloh: Wenn Du Gutes tust, sollte es mit Leben erfüllt sein, das heißt mit viel Energie und Begeisterung. (Shnai Luchos Habris, Acharei Mos)

Wenn Du mit Begeisterung Gutes tust, erwacht Dein ganzes Wesen zum Leben. Es ist nicht zu vergleichen, ob man Gutes tut, weil man sich dazu gedrängt und gezwungen fühlt oder ob man das Gleiche mit Freude und Begeisterung tut. Das Leben dessen, der mit Freude Gutes tut, ist ein Leben der Freude und des Beflügeltseins. Nicht nur, dass Du selbst eine Menge davon hast, Du motivierst auch andere dazu. Wenn andere sehen, wieviel Freude Du aus Deinen guten Taten gewinnst, werden auch sie sich motiviert fühlen, deinem Beispiel zu folgen und ihr positives Verhalten wird Dein Verdienst sein.

Wenn Du einmal Enthusiasmus erleben möchtest, aber ihn noch nicht so recht empfindest, dann rät Dir der *Mesilas*[49] Yeshorim (Kap.7), einfach so zu tun, als wärest Du richtig begeistert und Dein äußeres Verhalten wird Deine inneren Gefühle beeinflussen.

„Der Allmächtige kann bezeugen, dass meine größte Freude im Leben die ist, mit Begeisterung zu beten," sagt der Koznitzer Maggid. „Diese Freude ist mein Lohn für die wenigen guten Taten, die ich getan habe." (*Niflaos Hamaggid Maikoznitz*, S.15)

Aus *Growth through Torah* von Rabbi Zelig Pliskin.

---

49 Mesilas Yeshorim – ein von Rabbi Moshe Chaim Luzzatto (1707-1746) verfasster Text über Ethik

PARASCHAT
KEDOSCHIM

Heilige
Levitikus 19,1-20,27

קדשים

KEDOSCHIM

TORAHLEKTION VON
RABBI ZELIG PLISKIN

Tut Dir jemand Unrecht, verschwende keine Zeit mit Groll.

‏... לא-תלין פעלת שכיר, אתך—עד-בקר לא-תקלל חרש‎

„Du sollst den Lohn deines Angestellten nicht *über Nacht* bei dir behalten. Du sollst den Tauben nicht verfluchen" (Levitikus 19,13,14)

DIE TORAH STELLT diese beiden Gebote gleich nacheinander, um uns zu sagen, dass, selbst wenn Dein Arbeitgeber sich weigert, Dir Deinen Lohn zu zahlen, Du ihm nicht fluchen sollst, Du solltest ihn vielmehr vor Gericht bringen, damit Du Dein Geld bekommst. (Baal Haturim)

Tut Dir jemand auf irgendeine Weise Unrecht, so ist es leicht, sich über ihn zu ärgern und ihm zu fluchen. Aber, was hast Du davon? Absolut nichts. Alles, was Du tust, ist Kraft vergeuden für Ärger und Verbitterung. Fluchen lässt Dich spirituell absinken und bringt Dir nichts. Es ist ein Ventil für Frustration, aber ein sehr negatives. Sei praktisch. Tut Dir jemand Unrecht und hast Du die Mittel zur Verfügung, Dir selbst zu helfen, dann tu, was gesetzlich möglich ist, um Dich vor Verlust zu bewahren. Aber lenke deine Aufmerksamkeit nicht unnötig auf das negative Verhalten dieses Menschen. Darüber zu brüten und ohne Unterschied allen anderen davon zu erzählen, hilft Dir nicht. Verschwende Deine wertvolle Zeit auf dieser Erde nicht mit nachtragenden Gedanken und beflecke Deinen Mund nicht mit einem Fluch. Fülle Deinen Sinn mit erhebenden und freudigen Gedanken und mache Dich frei von negativen Gedanken über andere. Ergreife Maßnahmen zur Selbsthilfe, wenn es angebracht ist. Nutze aber vorher und nachher Deine Zeit sinnvoll.

Jemand schrieb ein *Sefer* (Buch) in dem er Rabbi Moshe Feinsteins Stellungnahme in respektloser und vulgärer Ausdrucksweise angriff. Der Schriftsetzer rief Rav Moshe an und fragte, ob er den Artikel annehmen oder ablehnen sollte. Rav Moshe drängte ihn den Auftrag anzunehmen und erklärte, dass beide, der Autor und der Drucker ihren Lebensunterhalt verdienen müssten, wahrscheinlich hätte der Autor das Gefühl, dass er sich bei den Leuten, deren Meinung er vertrat, einschmeicheln müsse. Soweit er selbst persönlich betroffen sei, hätte er kein Recht im Wege zu stehen. (Rabbi Nosson Scherman, The Jewish Observer, Okt. 1986, S.25)

WEISE ANDERE NUR MIT DEM EHRLICHEN INTERESSE AN IHREM WOHLE ZURECHT

הוכח תוכיח את-עמיתך

„Du sollst deinen Nächsten zurechtweisen." (Levitikus 19,17)

Versucht jemand, einen anderen zu kritisieren oder zurechtzuweisen, dann ist es dringend geboten, dass diese Worte aus tiefstem Herzen kommen. Die Weisen haben gesagt, dass nur die Worte, die von Herzen kommen, auch in das Herz des andern gelangen. Im Klartext: Sind Deine Worte der Zurechtweisung nicht Ausdruck Deiner inneren Gefühle von Liebe und Sorge um das Wohl des anderen, werden sie keinen positiven Einfluss auf den haben, zu dem Du sprichst. Es gibt hier aber noch einen weiteren Aspekt. Entspringt Deine Zurechtweisung eines anderen jedoch nicht der echten Sorge um den Betreffenden, dann hast Du andere Gründe für die Zurechtweisung und dann sind deine Beweggründe nicht aufrichtig. Ist das der Fall, dann machst Du dich der Ehrverletzung schuldig und verursachst mit Deinen Worten Schmerz zu Deinem eigenen Vergnügen. Das ist ein sehr ernstes Vergehen. (Rabbi Eliyahu Eliezer Dessler; *Michtav Maieliyahu*, Bd.3, S.139)

Bevor Du jemanden zurechtweist, frage Dich selbst: „Was sind meine wahren Motive, wenn ich ihn korrigiere?" Kannst Du wirklich sagen, dass Dein einziger Beweggrund ist, dass Du um sein Wohl besorgt bist und Du das Gefühl hast, dass Du dafür sorgen musst, dass er das Richtige tut und sich vom Bösen fernhält? Inwieweit willst Du ihn zurechtweisen, weil Du ein Gefühl der Macht empfindest, ihm Bescheid zu sagen? Inwieweit erwartest Du Ehre von anderen? Inwieweit gewinnst Du persönlich Schadenfreude daraus, dass Du es jemandem peinlich machst? Wir haben eine *Mitzvah* andere zurechtzuweisen, aber der Beweggrund ist von ausschlaggebender Bedeutung. Baue zuerst deine inneren Gefühle der Liebe zu anderen auf, dann werden Deine Beweggründe rein sein und Du wirst einen positiven Einfluss auf andere ausüben können.

In der letzten Unterweisung, die Rabbi Nachum Perchovitz vor *Yom Kippur* gab, schloss er mit den Worten: „Ich bitte um Vergebung, wenn ich jemandem zu nahe getreten bin oder mich hart ausgedrückt habe. Gleichzeitig bitte ich um Vergebung bei denen, die ich weniger zurechtgewiesen habe, als ich es hätte tun sollen." (Yetaid Neaman, 17. Kislev, 5747, S.10)

Rabbi Eliyahu Klatzkin war schnell zu Tränen gerührt durch Leiden jüdischer Gemeinden oder Missgeschicke, die jemanden heimsuchten, egal, ob nah ob fern. Wenn er von der Entweihung des Sabbats sprach oder der Unehrlichkeit in Geschäftspraktiken, dann war seine Stimme vom Schluchzen so erstickt, dass sie für die Zuhörer, die selbst von seiner Trauer so tief ergriffen waren, kaum hörbar war. (*Jewish Leaders*, S.333)

Rabbi Simcha Zissel von Kelm entdeckte einmal, dass einer seiner Schüler seine privaten Briefe las. Er wies ihn nicht gleich zurecht. Er wartete dagegen zwei volle Monate, bis er ganz sicher war, dass sein eigener Zorn sich gelegt hatte. Dann ging er auf den Studenten zu und erteilte ihm eine ernste Lektion darüber, wie ungehörig sein Verhalten gewesen war. (*Meoros Hagdolim*, S.77)

EMPFINDE LIEBE FÜR ANDERE MENSCHEN, DENN DAS IST DER WUNSCH DES SCHÖPFERS

ואהבת לרעך כמוך: אני ה

„Liebe deinen Nächsten wie dich selbst, Ich bin der Allmächtige" (Levitikus 19,18)

Der Chasam Sofer bemerkte dazu: Das Gebot den Nächsten zu lieben ist ein Gedanke, den jeder mit seinem eigenen Intellekt verstehen kann. Dennoch sagt uns die Torah, dass wir unseren Nächsten lieben sollen, weil es der Wille des Allmächtigen ist. (*Toras Moshe*)

Wenn Deine Liebe zu anderen nur auf Deinen eigenen Gefühlen gründet, könnte es leicht einmal einen Mangel an Beständigkeit geben. An dem einen

Tag bist Du jemandem positiv gesonnen und am nächsten Tag können sich Deine Gefühle ändern. Die Torah sagt aber, dass der Allmächtige uns befiehlt, andere zu lieben. Wir müssen anderen gegenüber positive Gefühle entwickeln, indem wir unser Augenmerk auf ihre positiven Tugenden richten, ganz gleich, ob uns das leicht fällt oder nicht.

Sehr oft werde ich gefragt, wie es denn möglich sei, Liebe für jemanden zu empfinden, den ich zum ersten Mal treffe. Als ich einmal in der Yeshiva Aish Hatorah in der Altstadt von Jerusalem eine Belehrung für Anfänger gab, kam ein süßer kleiner Hund in den Raum. Jeder wandte sich dem Hund zu und lächelte ihn an. Darauf fragte ich: „Hat irgendeiner von euch den Hund schon einmal vorher gesehen?" Keiner. Ich machte deutlich, dass, obwohl dies das erste Mal war, dass sie den Hund gesehen hatten, sie ihm gegenüber positive Gefühle hatten. Ihre positiven Gefühle waren auf ihren Gesichtern zu erkennen. Wenn wir uns das Bewusstsein verinnerlichen könnten, dass jeder Mensch als Abbild Gottes geschaffen ist und der Allmächtige selbst wünscht, dass wir Liebe für ihn empfinden, würden wir automatisch positive Gefühle für andere haben.

Wenn eine sehr reiche und großzügige Person, die die Quelle Deines gesamten Einkommens wäre, dir sagen würde, Du solltest nett und freundlich zu seinem Verwandten sein, fändest Du es recht einfach, das zu tun. In Deinem Umgang mit anderen Menschen halte immer im Sinn, dass Dein Schöpfer und Erhalter des Universums der Schöpfer dieses Menschen ist und dass Er möchte, dass Du nett und liebevoll zu ihm bist.

Bevor Rabbi Isser Zalman Meltzer seine wöchentliche Belehrung in seiner Yeshiva[50] gab, pflegte er für ein paar Minuten in einen der Räume der Yeshiva zu gehen und die Türe hinter sich zu schließen. Einmal wollte einer der Schüler wissen, was der Rosh Yeshiva[51] in den paar Minuten vor der Belehrung tat. Sehr vorsichtig öffnete der Schüler die Türe ein ganz klein wenig und schaute in den Raum. Zu seiner Verwunderung sah er, wie Rav Isser Zalman auf und ab ging und dabei immer wieder den Vers wiederholte: „Liebe deinen Nächsten wie dich selbst." (Bederch Aitz Hachayim, Bd.1, S.249)

Jeder, der mit anderen Menschen zu tun hat, sollte daraus lernen. Wenn

---

50 Yeshiva – Lehreinrichtung für Torahstudium
51 Rosh Hayeshiva – Der Leiter der Yeshiva

Du diesen Vers für Dich selbst wiederholst, dann gehst Du mit anderen in einer viel erhabeneren Weise um.

Rabbi Moshe Feinstein pflegte am Sabbatnachmittag in seiner Yeshiva Psalmen vorzutragen. Eines Sabbats, als er gerade dabei war, einen Psalm vorzutragen, stand ein leicht geistig behindertes Kind da und beobachtete ihn. Der Junge ging hinüber und stupste Rav Moshes *Tehillim* (Psalmenbuch) ein wenig nach rechts und Rav Moshe fuhr fort mit dem Vortrag. Der Junge nahm die Tehillim und wendete sie ganz um und Rav Moshe fuhr fort mit seinem Vortrag. Damit nicht zufrieden, blätterte der Junge eine Seite weiter, aber Rav Moshe ließ sich nicht stören. Ein Mann hatte all das beobachtet und obwohl die Leute sich alle Mühe gaben, mit dem Jungen geduldig zu sein, hatte der Mann bald zuviel. Er zischte: „Hör schon auf! Lass den Rosh Hayeshiva in Ruhe!" Rav Moshe wandte sich an den Mann und sagte: „Er spielt doch nur mit mir. Es macht mir Spaß, wenn er mit mir spielt. Ich liebe ihn, wie mein eigenes Kind!" Mit diesen Worten umarmte er den Jungen und küsste ihn. (Rabbi Nosson Scherman, *The Jewish Observer*, Okt. 1986, S.29)

DEIN VERHALTEN GEGENÜBER ANDERN SOLLTE EIN AUSDRUCK DEINER LIEBE ZU IHNEN SEIN

ואהבת לרעך כמוך: אני ה

"Liebe deinen Nächsten wie dich selbst, Ich bin
der Allmächtige." (Levitikus 19:18)

Der Talmud (Shabbos 31a) erzählt, dass ein Nichtjude zu Hillel kam und zu ihm sagte: „Bekehre mich unter der Bedingung, dass du mich die ganze Torah lehrst, während ich auf einem Bein stehe." Hillel ging auf die Bedingung ein und sagte zu ihm: „Was du nicht magst, das tue auch nicht an deinem Freund. Das ist die ganze Torah."

Wenn sich Hillel auf das Gebot der Nächstenliebe bezog, warum benutzte er dann nicht die Worte aus diesem Vers? Rabbi Yeruchem Levovitz erklärte, dass uns dies ein wichtiges Prinzip lehren soll. Von den Worten „Liebe deinen Nächsten" könnte man annehmen, dass man, solange man anderen gegenüber das Gefühl der Liebe empfindet, das Gebot erfüllt. Aber die Wahrheit ist, dass das Gefühl der Liebe allein nicht ausreicht. Diese Liebe muss uns dazu bewegen, positive Dinge für andere zu tun und uns von Taten oder Worten, die anderen Schmerz oder Leid zufügen könnten, zurückzuhalten. Natürlich erwartet die Torah von uns, dass wir in unserm Herzen tiefe Liebe zu anderen empfinden, aber mehr noch als das, muss unser Verhalten anderen gegenüber diese Liebe auch zeigen. Deshalb erklärte Hillel diesem Mann, dass es ein grundlegendes Prinzip der Torah ist, dass dasselbe Gebot, welches von uns verlangt, tief empfundene positive Gefühle für andere zu haben, auch von uns verlangt, uns in einer gehobenen Art in unserem alltäglichen Umgang mit ihnen zu verhalten. (Daas Torah: Vayikra, S.175)

Es ist sehr leicht, einfach nur den Spruch zu wiederholen, dass wir andere lieben sollten. Dies tatsächlich auch im Herzen zu fühlen, ist sehr viel schwieriger. Wenn Du aber diese Liebe aufrichtig empfindest, sollte Dein ganzes Verhalten anderen gegenüber sie auch zum Ausdruck bringen. Halte ständig Ausschau nach Taten der Freundlichkeit, die Du für andere tun kannst. Wenn Du danach suchst, wirst Du auch ständig Dinge finden, die Du tun und Worte, die Du sagen kannst. Gleicherweise sei sehr vorsichtig, nichts zu tun, was jemandem schaden oder Schmerz oder Leid zufügen könnte. Dies ist eine lebenslange Herausforderung, aber auch ein Eckstein der Torah.

Rabbi Baruch Ber Leibowitz, Rosh Hayeshiva von Kamenetz pflegte zu sagen: „Wenn meine Zeit kommt, vor dem himmlischen Gericht zu stehen, werde ich gefragt werden, ‚Welche Verdienste hast du?‘ Was werde ich erwidern? Wenn ich sagen will, ‚Mit meiner Torah,‘ habe ich wirklich genug Torah? Mit meiner Himmelsfurcht? Habe ich wirklich genügend Furcht? Es gibt wirklich nur ein Verdienst, das ich für mich selbst benennen kann. Ich habe wirklich tiefe *Ahavas Yisroel* (Liebe zu Israel). Wann immer ich durch die Straße gehe und jemanden in meine Richtung kommen sehe, dann sage ich sofort zu mir, ‚Ein Segen auf sein Haupt.‘" (*Marbitzai Torah Umussar*, Bd.2, S.151)

Der Chazon Ish hörte sich geduldig die Probleme aller an, die zu ihm kamen. Das war eine ziemliche Aufgabe, denn die Leute kamen zu jeder Tages- und Nachtzeit zu ihm. Ein Verwandter des Chazon Ish war darüber erstaunt, wie er einem gewissen „*Nudnick*" (ein anstrengender Mensch) zuhören konnte, der mit einer laut dröhnenden Stimme und in einer sehr umständlichen

Ausdrucksweise sprach. Der Chazon Ish erklärte: „Ein Mühlenbesitzer ist an den Lärm einer Mühle gewöhnt. Dahingegen, wenn die Mühle aufhören würde, würde ihm das Kopfschmerzen bereiten." (*P'air Hadar*, Bd.4, S.20)

Rabbi Chayim Koledetzky erzählte seiner Familie, wie er einmal Gast im Hause des Chofetz Chaim war. Der Chofetz Chaim selbst machte das Bett für ihn und schüttelte die Kissen und Decken. Reb Chayim war überrascht mit anzusehen, wie der Chofetz Chaim sich nach dem Zurechtmachen des Bettes für ein paar Sekunden ins Bett legte, um zu sehen, ob es für seinen Gast auch bequem genug wäre.

(Bederech Aitz Hachayim, Bd.1, S.61 ff)

Aus *Growth through Torah* von Rabbi Zelig Pliskin

PARASCHAT
EMOR

Sprich!

Levitikus 21,1-24,23

אמר

EMOR

TORAHLEKTION VON

RABBI NATHAN LOPES CARDOZO

Sefirat HaOmer[52]: Was wirklich zählt

Zahlreiche Kommentatoren und Philosophen haben erklärt, dass das biblische Gebot, die Tage zwischen Pessac[53]h und Schavuot[54] (s. Levitikus 23,15) zu zählen, eine Art Aufforderung ist, nicht nur die Tage zu zählen, sondern auch die Zeit zu nutzen, unsere Gedanken und Gefühle zu überprüfen und einmal eine Bilanz unseres Lebens zu ziehen. Der Auszug aus Ägypten, der unsere Väter zum ersten Mal die Freiheit schmecken ließ, und auch sein Höhepunkt am Berg Sinai, die Offenbarung der Torah als das Gesetzes der moralischen Freiheit, sollten beide tief in unser persönliches Wesen eingeprägt werden und zu einer beständigen, moralischen Weiterentwicklung inspirieren. Der Zweck dieser Zeitspanne zwischen den beiden Festen ist es, diese bedeutungsvollen Momente erneut zu durchleben und so zu besseren Menschen zu werden.

Nichts ist gefährlicher für den Menschen, als spirituell auf der Stelle zu treten. Deshalb sind wir aufgefordert, die 49 Tage des Omers zu zählen. Damit wir uns auf das nahende Fest von Schavuot und den Erhalt der Torah vorbereiten können, sind wir aufgefordert, eine Leiter mit 49 Stufen emporzusteigen, wobei jeder Tag unserer Seele eine weitere Dimension hinzufügt.

Kommentatoren sind daher überrascht, dass das eigentliche Zählen des Omers erst am zweiten und nicht am ersten Tag des Pessachs beginnt (ibid.). Wenn durch das Zählen tatsächlich der gesamte, geschichtliche Ablauf des Geschehens zwischen Pessach und Schavuot nachvollzogen werden soll, warum dann nicht auch am Tag des Auszugs selbst beginnen? Das war ja auch der Tag, an dem die Israeliten ihre Reise in die moralische Freiheit begannen.

Wenn wir das Verhalten der Israeliten am eigentlichen Tag des Auszugs, der dem ersten Tag des Pessachs entspricht, betrachten, stellen wir etwas Besonderes fest. Auffallend ist die erstaunliche Passivität der Israeliten – es findet keinerlei Handlung statt, keine Initiative. Die Israeliten sind aufgefordert in ihren Häusern zu bleiben und einfach nur auf Moses Zeichen zum Aufbruch

---

52 Sefirat HaOmer – Hebräisch für „das Zählen des Omers". Während Sefirat HaOmer zählen wir die Tage von Pessach bis Schavuot, wo wir die Torah erhielten.
53 Pessach – Passah, Passa,
54 Schavuot – das Fest der Offenbarung der Torah, Pfingsten

zu warten. Es gibt keine geplanten Begegnungen mit den Ägyptern; keine Ansprachen zur nationalen Wiederauferstehung; keine Demonstrationen, nur stilles Warten. Sie rühren sich nicht, bis dass Moses das Zeichen gibt und auch dann verlassen sie Ägypten still und ohne Aufsehen zu erregen.

Hier wird immer deutlicher, dass an diesem Tag nur Gott der Handelnde ist – es gibt keine menschliche Initiative. Gott allein führt sie hinaus und Er weist den Weg. Es ist ein Moment, wo unmissverständlich klar wird, wer bestimmt, was geschieht. Es ist ein Tag, an dem Gott Seine unfassbare Macht offenbart. Während der Mensch sich vollkommen ruhig verhält, demonstriert Gott Seine absolute Überlegenheit. Das Einzige, was vom Menschen verlangt wird, ist zu folgen, wie ein Sklave seinem Herrn folgt. Gottes Schutz ist undurchdringbar.

Sobald sie aber die Grenzen Ägyptens überschritten haben, werden wir Zeugen einer radikalen Veränderung. Plötzlich wachen die Israeliten von ihrer auferlegten Passivität auf und erkennen, dass sie sich jetzt besser auf eine lange Reise durch die Wüste vorbereiten sollten. Jetzt müssen sie Mut beweisen und Geduld üben. Der frühere göttliche Schutz ist nicht mehr undurchdringlich, als sie nur ein paar Tagesreisen später erfahren, dass der Pharao und seine Armee nachrücken, um sich an ihnen zu rächen. Er will die Israeliten zurückholen und ist bereit, wenn nötig, alle ihm dafür zur Verfügung stehenden Mittel einzusetzen.

Die Israeliten müssen sich gewundert haben, warum Gott nicht dafür gesorgt hatte, dass der Pharao zu Hause blieb. Tags zuvor hatte der Pharao sich bei ihrem Auszug still verhalten und keinen Versuch unternommen, sie zurückzuhalten. Jetzt aber, am Roten Meer, fragen die Israeliten Moses, warum sie in der Wüste durch die Hand des Pharaos umkommen sollen (Exodus 14,11). Alles hatte am ersten Tag des Auszugs so vielversprechend ausgesehen, für alles war gesorgt und Gottes Schutz war vollkommen und einwandfrei. Warum konnte es in dieser höchst bequemen Weise nicht einfach weitergehen?

Tatsächlich hat Gott am zweiten Tag die Fäden aus der Hand gelegt. Es ist so, als wolle Er sich langsam in den Hintergrund zurückziehen und dem Menschen das Handeln überlassen. Erst nach vielen Beschwerden und flehentlichen Gebeten seitens der Israeliten greift Gott ein und bietet ihnen das allernötigste an Schutz, indem Er das Rote Meer teilt. Hätte Er das nicht schon früher tun können, um ihnen unnötige Angst und Sorge zu ersparen?

Warum konnte nicht alles einfach so weitergehen, wie tags zuvor, als noch alles unter Kontrolle war und das Vorherrschende ein beinahe messianischer Zustand war.

Die Botschaft könnte nicht klarer sein. Der Mensch muss selbst die Verantwortung übernehmen. Die Möglichkeit, sich im Sessel zurückzulehnen und sich untätig auf Gott und Seine Güte zu verlassen, existiert einfach nicht. Wir sind in diese Welt gesetzt, um moralisch zu handeln, spirituell zu wachsen und uns durch Drangsal und Anstrengung zu bewähren. Die Wüste ist der Klassenraum, wo die Israeliten lernen, ein „Licht für die Nationen" zu werden (Jes. 42,6; 49,6) und ein moralisches Vorbild abzugeben. Das ist Sinn und Zweck des Lebens und das sind die Bedingungen.

Warum hat Gott dann zuerst für einen paradiesischen Tag gesorgt, nur um sie gleich am nächsten Tag in Panik und Unsicherheit fallen zu lassen? Weil ohne das Bewusstsein und die Erfahrung, dass Gott letztendlich die Macht über alles besitzt, ihre Eigenverpflichtung auf moralische Verantwortung auf wackeligen Füßen stünde. Warum sollte man moralisch handeln, wenn es kein festes Fundament gibt, von dem diese Moralität abhängt? Zuerst müssen wir lernen, dass es ein Ziel für unser Bemühen um moralisches Verhalten gibt und zwar nicht nur ein zweckdienliches, sondern auch ein existenzielles Ziel. Wir müssen fest davon überzeugt sein, dass das Leben mehr ist als das, was wir gerade sehen. Es muss uns klar werden, dass Gott, und nur Gott, die letzte Quelle ist von allem. Nur dann stehen wir in Ehrfurcht da, überwältigt von der Größe der unendlichen Macht Gottes. Wir müssen erst vollkommen machtlos werden, bevor wir zur Tat schreiten und Verantwortung übernehmen können.

Der wahre Kampf um moralische Freiheit begann erst am Tag nach dem Auszug aus Ägypten. Der erste Tag war ein Tag Gottes, nicht des Menschen. Es war der Tag des Stillhaltens und der völligen Hingabe. Die spirituelle Arbeit des Menschen begann am zweiten Tag. Demnach war das der erste Tag seines spirituellen Wachstumsprozesses.

Aus diesem Grunde beginnen wir seit Generationen das Pessach damit, dass wir lernen, was es mit Gottes Macht auf sich hat und feiern dies am ersten Tag – besonders beim Lesen der Haggadah[55]. Nur, wenn wir vollständig von Gottes Allmacht überwältigt sind und einen Tag in

---

55 Haggadah – ein Buch, das die Liturgie für die Sederfeier am Pessachfest beinhaltet.

besinnlicher Ehrfurcht verbracht haben, können wir am zweiten Tag eine moralische Wahl treffen und handeln.

Ich glaube, dass das der Grund dafür ist, dass wir mit dem Zählen des Omers erst am zweiten Tag beginnen, denn der erste Tag zählt nicht.

PARASCHAT
BEHAR

Auf dem Berge
Levitikus 25,1-26,2

בהר

BEHAR

TORAHLEKTION VON
RABBI DAVID AARON

TREUE ODER KNECHTSCHAFT, WARUM DEM GÖTTLICHEN DIENEN?

„Denn Mir sind die Kinder Israel Knechte; sie sind Meine
Knechte, die ich aus dem Lande Ägypten herausge-
führt habe. Ich bin der HERR, G-tt. (Lev. 25,55)

ES GIBT EINE fernöstliche Lehre, die da lautet: „Lebe im Hier und
Jetzt." Die Torah dagegen würde sagen: „Diene G-tt im Hier und
Jetzt." Dies ist tatsächlich die erfüllendste Erfahrung im Leben.

Die Kabbalah[56] lehrt, dass G-tt im Hier und Jetzt gegenwärtig sein möchte
und es unsere Aufgabe ist, Ihm bei der Erfüllung dieses Wunsches zu dienen.
Deshalb heißt ‚G-tt dienen', jeden Augenblick mit G-ttes Gegenwart zu
füllen. In anderen Worten, ich muss mich immer fragen: „Wie kann ich G-tt
in diesem Moment dienen?"

Wenn ich gerade bei einem Freund bin, meinem Ehepartner oder Kind,
sollte ich diesen Augenblick als eine Gelegenheit sehen, ihm oder ihr Liebe zu
zeigen und so G-tt zu dienen – der die Quelle aller Liebe ist. Es ist nicht meine
Liebe, denn ich habe sie nicht erfunden. Ich habe sie nicht erschaffen und ich
habe ihr nicht ihre Kraft und Bedeutung gegeben. Liebe hat nicht mit mir
angefangen und sie wird nicht mit mir enden. Ich bin nicht Herr der Liebe,
sondern der Diener der Liebe. Wenn ich jemanden liebe, dann diene ich, um
G-ttes Liebe im Hier und Jetzt gegenwärtig zu machen.

Es ist mein Dienst für G-tt (der in dieser Welt im Hier und Jetzt gegenwärtig sein möchte), Seine Liebe, Sein Mitgefühl, Seine Gerechtigkeit, Seine
Weisheit oder welche g-ttlichen Werte auch immer gerade im Moment erforderlich sind, beizusteuern. Die Fülle zu leben, heißt, in diesem Augenblick
gegenwärtig zu sein. Das Ziel des Lebens ist es, G-tt im Hier und Jetzt zu
dienen, dass Er in diesem Augenblick gegenwärtig sein kann.

Die Torah lehrt, dass es im Leben keine größere Freude gibt, als G-tt zu
dienen. G-tt möchte in dieser Welt durch Dich und mich gegenwärtig sein.

---

56 *Kabbalah* – oft auch bezeichnet als die Seele der Torah. Die Kabbalah ist eine alte, jüdische Tradition,
die die tiefsten Einsichten in das Wesen Gottes, Sein Handeln an der Welt und den Sinn der Schöpfung
lehrt.

G-ttes Vorhaben zu erfüllen, heißt dienen. Das ist unsere höchste Belohnung, unsere Errungenschaft und unsere äußerste Freude. Das ist der Sinn unserer Existenz auf Erden und das ist der Schlüssel zum Glück.

ERGEBENHEIT UND GELASSENHEIT

Menschen, die sich G-ttes Nähe bewusst sind, sind nicht selbstbewusst. Sie sind völlig im Moment aufgegangen, in ihrem Dienst an G-tt; sie werden eins mit G-tt und fühlen sich überglücklich.

Wenn Du gerade Frisbee spielst und Dich selbst fragst: „Habe ich gerade Spaß?" dann hast Du garantiert keinen Spaß, denn das heißt, Du bist nicht völlig im Moment aufgegangen. Wenn Du am Meer sitzt und dem bezaubernden Rauschen der Wellen lauschst und Du Dich fragst: „Erlebe ich gerade Gelassenheit und inneren Frieden?", dann tust Du das definitiv nicht, denn Du bist nicht ganz bei der Sache. In dem Augenblick, wo Du die Frage stellen kannst, bist Du nicht voll im Moment aufgegangen.

Der höchste Ausdruck der Freude ist das, was im jüdischen Mystizismus als *Betul HaYesh* beschrieben wird – das Aufgeben des Selbstbewusstseins. Wenn ich selbstbewusst bin, dann bin ich nicht völlig aufgegangen im Dienst des Momentes. Wenn Du gerade ein Buch liest, bist Du Dir dann dessen bewusst, dass Du gerade ein gutes Buch liest? Nein, Du liest gerade ein gutes Buch. *Ähnlich ist es, wenn Du betest:* Wie weißt Du dann, dass Du gut betest? Du weißt es, wenn Du Dir diese Frage einfach nicht stellen kannst.

Eine Geschichte über einen jungen Yeschivaschüler macht dies gut deutlich: Der Junge betete gewöhnlich mit soviel Begeisterung, dass er mit den Füßen auf den Boden stampfte, ohne es zu merken. Normalerweise wäre das kein Problem gewesen, aber der Junge hatte einen lahmen Fuß. Eines Tages sagte die Frau seines Rabbis zu ihrem Mann: „Bitte, sag dem Jungen, dass er nicht so stampfen soll, er könnte sein Gebrechen damit wirklich noch verschlimmern."

Der Rabbi sagte ihr: „Wenn ich dächte, dass er weiß, mit welchem Fuß er stampft, würde ich es ihm sagen. Aber er ist so weit weg in seinem Gebet, so völlig in sein Gebet vertieft, dass er nicht einmal weiß, dass er überhaupt stampft."

Dienen mit Freude

Die Menschen glauben, dass G-tt zu dienen erniedrigend wäre, so wie Dienerschaft auf eine Sklaven-Herr-Beziehung hindeutet. Das ist aber nicht die wahre Bedeutung von ‚G-tt dienen‘. Die Gelegenheit, G-tt zu dienen, ist das größte Geschenk, das wir uns je vorstellen können. Es ist kraftspendend. G-tt zu dienen heißt, dass wir etwas stellvertretend für G-tt tun können. Es ist eine unglaubliche Ehre!

Der Talmud lehrt, wenn Du dem Feuer nahe kommst, wird Dir warm und der Diener, der dem König nahekommt, nimmt Anteil an seinem Königtum.

Ich bin in den Häusern von sehr, sehr reichen Leuten gewesen. Ich finde es immer interessant, dass die verschiedenen Angestellten im Hause – Gärtner, Küchenpersonal, Frisöre und so weiter – in einem Haus mit ihrem Herren wohnen, dasselbe Essen teilen und während ihrer Freizeit die gleichen Einrichtungen benutzen wie den Pool, die Sauna und den Whirlpool.

Die Dienerschaft des Palastes genießt das royale Leben auf vielerlei Weise. Sie dürfen den König in privaten Augenblicken erleben. Sie sehen den König sogar in seinen Pyjamas. Sie kommen ihm am nächsten und erfreuen sich dabei der persönlichsten Begegnungen mit dem König.

Für G-tt zu arbeiten ist keine erniedrigende Erfahrung. Im Gegenteil, es ist eine Erhebung in den höchsten Stand. Wenn ich mein Geschäft um meiner selbst willen aufbaue, um Geld für mich zu verdienen, ist das nicht wirklich etwas Besonderes. Wenn ich aber mein Geschäft aufbaue um G-ttes willen, wenn ich mir das anschaue, was ich tue, dann stelle ich mir die Frage: Wie kann ich G-ttes Zwecke damit voranbringen? Wie kann ich mehr Liebe, Frieden, Freundlichkeit und Weisheit in die Welt bringen? Wie kann ich ein Werkzeug dafür sein, um g-ttliche Qualitäten und Ideale in diese Welt zu bringen? Dies ist das Geheimnis zu einem zutiefst sinnvollen und erfüllenden Leben – es ist eine unglaubliche Gelegenheit!

In einem Lied von Bob Dylan findet sich eine treffende Zeile: „Irgendeinem wirst du dienen müssen." Jeder dient irgendjemandem. Es gibt niemanden in dieser Welt, der nicht irgendetwas oder irgendjemandem sonst dient. Die Frage ist nicht: „Dienen oder nicht dienen?", die Frage ist: „*Wem?*"

Wenn mein Leben darauf ausgerichtet ist, die Anerkennung von gewissen Leuten zu erhalten, dann bin ich immer geringer als sie. Ist mein Leben aber auf G-tt ausgerichtet, dann ist der Himmel die Grenze meines Selbstwertes. Es gibt keine größere Aufgabe für mich, es gibt nichts, das höher ist.

Unser Ziel auf dieser Erde ist nicht eine Menge Geld zu verdienen. Wenn es das wäre, dann wäre der Spruch auf dem T-Shirt richtig: „Wer mit den meisten Spielzeugen stirbt, hat gewonnen." Die Kabbalah aber lehrt, dass wir auf diese Welt gekommen sind, um den höchsten Dienst zu verrichten – einen Auftrag zu erfüllen, der alles Leben erhaben macht und ihm Heiligkeit verleiht.

Leben, ohne einem höheren Zweck zu dienen, ist überhaupt kein Leben. Jemand, der morgens aufwacht und nichts Heiliges zu tun hat, wird sich nach einiger Zeit fragen: „Hat das, was ich tue, irgendeine Bedeutung? Hat mein Leben eine Bedeutung?"

Aus *The God-Powered Life,* von Rabbi David Aaron, © 2010 Rabbi David Aaron. Nachdruck nach Absprache mit Shambhala Publications, Inc., www.shambhala.com

BECHUKOTAI

In meinen Rechtsvorschriften

Levitikus 26,3-27,34

בחקתי

BECHUKOTAI

TORAHLEKTION VON

RABBI NATHAN LOPES CORDOZO

ZUFRIEDENHEIT UND DIE KUNST DES SEINS

„Und die Zeit des Dreschens soll bis zur Zeit der Weinlese und die Weinlese bis zur Zeit der Saat andauern. Ihr sollt euer Brot in Fülle essen und ihr sollt in eurem Lande wohnen ohne Sorge. (Lev. 26,5)

DIESER SEGEN WIRD dem Volk Israel versprochen, wenn es als vereinte Nation das Gesetz der Torah hält und in ihrem Geiste lebt. Dieses Versprechen ist recht überraschend. Die Israeliten werden nicht nur genug zu essen haben, sondern, wie der Vers es deutlich macht, einen Überfluss an Nahrung erleben. Die erste Saison, wenn die Ernte zum Dreschplatz gebracht wird, wird bis zu den Tagen der Weinlese dauern und diese Tage werden dauern bis zur Aussaat.

Rashi (1040-1105), der große französische Kommentator, macht eine bemerkenswerte Aussage bei einem Zitat aus Torat Cohanim[57]. Die Bedeutung des Verses erklärt er so: „Man isst ein wenig und es wird in unseren Innereien gesegnet werden." Er versteht den Vers scheinbar ganz anders, als man es erwartet hätte. Es scheint nicht die Menge der Nahrung zu sein, die gesteigert wird, sondern die Qualität. Die Nahrung eines gesegneten Jahres wird von solch hoher Qualität sein, dass schon der Genuss einer geringen Menge denselben Sättigungsgrad erbringen wird, wie eine große Menge in einem nicht besonders gesegneten Jahr.

Die Erklärung dieses Verses, wie sie von Torat Cohanim und Rashi verstanden wird, würde demnach bedeuten, dass die Menschen während des ganzen Jahres sehr wenig Nahrung zu sich nähmen, sodass die normalerweise in einem kurzen Zeitraum verzehrte Menge viel länger ausreichen würde. Auf diese Weise würde die Dreschzeit länger anhalten und genügend Nahrung bis zur Weinlese ergeben.

Es gibt allerdings auch eine völlig andere Auslegung, die große Bedeutung für unsere heutige Zeit haben könnte. Der berühmte Denker und Lehrer der Mussarbewegung[58], Rabbi Yerucham von der Mir Yeshiva in Polen (20.

---

57 Torat Cohanim – „Bestimmungen für die Priester"
58 Im 19. Jahrhundert entstanden, wird die Mussarbewegung definiert als Erziehung des Einzelnen zu strengem ethischen Verhalten im Geiste der Halakhah (der Gesamtheit der Gesetze und Rechtsverordnungen).

Jahrhundert), spielt auf ein noch größeres Wunder in unserem Vers an (s. Mussarei HaTorah). Diesmal ist es nicht die Qualität der Nahrung, sondern des Menschen, die den Unterschied ausmacht.

Laut Rabbi Yerucham wird es zwischen einem gesegneten und einem nicht gesegneten Jahr keinen Unterschied geben. Beide werden die gleiche Menge und Qualität an Nahrung erbringen. Was sich ändern wird, ist die Einstellung des Menschen zu seinem physischen Besitz.

Zufriedenheit und Glücklichsein sind zusammen der größte Segen, der dem Menschen geschenkt werden kann. Aber ein solcher Segen hängt absolut nicht von der Menge der Nahrung oder der Größe des Besitzes eines Menschen ab. Die Torah lehrt uns, dass, wenn das Volk Israel im Einklang mit den Forderungen der Torah lebt, der Mensch mit einer Lebenseinstellung gesegnet sein wird, bei der Angelegenheiten des Besitzes und der Nahrung einen völlig anderen Stellenwert haben werden. Diese Einstellung kann niemand von sich aus entwickeln; sie hängt ab von der Empfänglichkeit des Einzelnen gegenüber dem Göttlichen und Gottes Reaktion darauf. Wenn ein Mensch hohe moralische und geistige Höhen erreicht hat, wird er die Welt in einem ganz anderen Lichte sehen. Nachdem die Grundbedürfnisse des Einzelnen erfüllt sind, wird man sich selbst als das sehen, was Erich Fromm ein „be-ing (ein Seiender)" nennt, d.h. jemand, der dazu kommt „be-come (zum Sein kommt)", und der sein Wesen in seinem geistigen Wachstum sieht (Erich Fromm, Haben oder Sein, Deutsche Verlags-Gesellschaft). Nicht das, was ein Mensch „hat"; sondern das, was er „ist", ist von Wichtigkeit. In einem solchen Augenblick ist Zufriedenheit nicht mehr das Resultat des „Mehr-Besitzens", sondern des „Mehr-Seins".

Es ist höchst bemerkenswert, dass die Torah betont, dass es zuallererst unsere Einstellung ist, die uns diesen Zustand des „Seins" möglich macht. Das Judentum hat zuerst darauf hingewiesen, dass mentale Gesundheit und Krankheit Resultate von richtiger und falscher Lebensweise sind. Wenn Menschen habgierig oder ehrgeizig in Bezug auf ihr Ansehen sind, betrachten wir sie mit Geringschätzung, weil wir der Meinung sind, sie hätten die falschen Vorstellungen. Die Torah lehrt uns jedoch, ohne andere Möglichkeiten in Abrede zu stellen, dass sie unter einer Art mentaler Krankheit leiden, die das Resultat unmoralischen Handelns ist.

Dies gilt auch für den Begriff der Freude. Freude steht in Verbindung mit produktiver Aktivität. Sie ist nicht der Höhepunkt eines Erlebnisses, welches plötzlich endet, sondern eher ein Plateau, welches das Ergebnis der wesentlichen menschlichen Fähigkeiten des Einzelnen ist. Sie ist nicht das ekstatische Feuer des Augenblicks, sondern das Glühen, das eine Begleiterscheinung des „Seins" ist. Nur mit dieser Art wahrer Freude, kann man mit einem Minimum zufrieden sein und doch ein Maximum erleben.

NUMERI ✦ BEMIDBAR

במדבר

BEMIDBAR

TORAHLEKTION VON
RABBI LEVI COOPER

Der Schüler als Meister

WÄHREND DER CHASSIDISCHE Meister im Allgemeinen als für seine eigenen Anhänger verantwortlich betrachtet wurde, benutzten viele chassidische Gemeinden eine abgestufte Unterweisungsstruktur. Ältere Schüler spielten bei der Unterweisung von Neulingen auch in Bezug auf chassidische Werte und Sitten eine bedeutende Rolle und sie waren gleichzeitig Speicher und Vermittler der kollektiven Erinnerung und Identität der Gemeinde.

So war es in der Gemeinde von Rabbi Naftali Zvi Horowitz von Ropczyce (1760- 1827) üblich, dass Rabbi Naftali einen älteren Schüler auswählte, um den Novizen, der die Wege des Allmächtigen studieren wollte, anzuleiten. Das, was der Veteran im Wesentlichen anbot, war, dass er ihm half, sich zurechtzufinden und seine Aufmerksamkeit auf wichtige Dinge zu richten: „Achte hierauf," „das ist wichtig," und so weiter. Unmittelbare spirituelle Beratung fiel jedoch immer noch in den Verantwortungsbereich des chassidischen Meisters, der in diesem Fall Rabbi Naftali von Ropczyce war.

Solche persönliche Mentorenschaft berücksichtigte die individuellen Bedürfnisse und Talente des Chassiden. Nach chassidischem Verständnis hat jeder seinen oder ihren besonderen Beitrag für diese Welt zu bieten. Kein anderer kann die Aufgabe, die dem Einzelnen von Gott zugewiesen ist, übernehmen. Persönliche Betreuung wurde für notwendig erachtet, um den Menschen zu helfen, ihren eigenen, vorgesehenen Weg zu erkennen und ihre Aufgabe in dieser Welt zu erfüllen. Würde nur eine allgemeingültige Anleitung gegeben, ohne Unterschied und Rücksichtnahme auf die Persönlichkeit des Einzelnen, so würde sich kaum jemand dazu ermutigt fühlen, seinen ganz eigenen Weg zu beschreiten.

Rabbi Hayyim Elazar Shapiro von Munkás (1871-1937), ein späterer Chassidischer Meister und Nachkomme von Rabbi Naftali von Ropczyce, erkannte, dass ein biblischer Vers für diese pyramidenartige Struktur sprach. In Bezug auf den Schutz der Kohanim (Priester) vor Verletzungsgefahren im Umgang mit den Geräten des Heiligtums sagte Gott: „Aaron und seine Söhne sollen hineingehen und einen jeden in seine Aufgaben und

Trägerdienste einweisen" (Numeri 4,19). Diese Aufgabe war nicht allein Aarons Verantwortung überlassen, denn Aaron und seine Söhne erhielten den Befehl, jeden Kohen in seine persönliche Aufgabe einzuweisen.

An anderer Stelle in seinen Schriften führte Rabbi Munkás eine weitere Quelle für diese Struktur an. Vor dem Einzug ins Land Israel mahnte Gott das Volk, die Gebote zu beachten und versprach ihnen dafür, bei der Eroberung des Landes zu helfen, wenn sie die Gebote befolgten, Gott liebten, in all Seinen Wegen wandelten und an Ihm festhielten (s. Deuteronomium 11,22). Die Weisen erklären, dass man sich nicht physisch an den Allmächtigen, der alle physischen Erscheinungsformen übersteigt, halten kann, ohne sich an den Weisen des Allmächtigen und ihren Schülern zu orientieren. Wiederum wird hier das Suchen nach Anleitung nicht nur beim Meister, in diesem Falle Gott, sondern auch bei den Schülern des Allmächtigen als zulässig und notwendig befürwortet.

Der Munkatcher Rebbe wiederholte eine wohlbekannte Geschichte, die nicht nur diese Struktur veranschaulichte, sondern auch von ihrer Notwendigkeit sprach. Rabbi Elimelekh von Lezajsk (1717-1786) traf einmal einen Schüler, Rabbi David von Zolynia, der auf dem Weg von Lezajsk zum nahegelegenen Lancut war. Es war am Vorabend des Sabbats und es war offensichtlich, dass Rabbi David auf dem Weg war, den Sabbat in Gemeinschaft mit Rabbi Yaakov Yitzhak Horowitz (1745-1815) zu verbringen. Rabbi Yaakov Yitzhak, zu dieser Zeit bekannt als „Reb Itzik'le" und später bekannt als der „Hozeh (Seher) von Lublin", war ein Schüler von Rabbi Elimelekh von Lezajsk und hatte, anscheinend zum Verdruss seines Lehrers, zu der Zeit gerade begonnen, seine eigene Schar zu leiten.

Als er den ehrwürdigen Rabbi Elimelekh von Lezajsk traf, war der Schüler Rabbi David besorgt, sein Lehrer könne seine Reise als Angriff auf seine Ehre verstehen. Deshalb beschloss er, die Sache offen anzugehen:

„Mein Lehrer, ich bin auf dem Weg, den Sabbat in Lancut zu verbringen, denn Reb Itzik'le und ich sind deine Schüler und wir lernen zusammen. Leider kann ich dein hohes, spirituelles Niveau nicht ganz fassen. Wie ein hoher Tisch es nötig macht, dass man ein Podest benutzt um ihn zu erreichen, wobei das Podest niedriger sein muss als der Tisch, aber nahe genug daran, damit man die Tischoberfläche erreichen kann, brauche auch ich so ein Fußbänkchen, das niedriger als der Tisch ist, aber nahe genug daran steht, um an deinen heiligen Tisch heranzureichen. Deshalb reise ich zum Sabbat nach Lancut."

Rabbi Elimelekh von Lezajsk mag vielleicht nicht ganz überzeugt gewesen sein von der Erklärung seines Schülers, Rabbi David von Zolynia, aber der Vergleich mit einem Fußbänkchen und der Vorstellung von „Schüler-Meister" ist wohl ein brauchbarer Rahmen, wenn es um unsere Aufgabe in dieser Welt geht.

Wir sind vielleicht nicht alle vom Kaliber eines chassidischen Meisters, wir verstehen vielleicht nicht alle die hohe esoterische Überlieferung, wir haben vielleicht nicht alle die Kraft, gegen den Strom zu schwimmen, aber, selbst wenn wir Schüler sind und keine Lehrer, haben wir alle eine entscheidende Rolle zu spielen. Selbst wenn alles, was Du weißt, nur der hebräische Buchstabe Aleph ist, dann lehre Aleph! Denn jeder Schüler ist seinem Lehrer wichtig.

NASO

Nimm auf!
Numeri 4,21-7,89

NASO

TORAHLEKTION VON
RABBI MOSHE LICHTMAN

Nicht durch Heer oder Kraft

DIE ERSTEN BEIDEN Mitzvot in der Paraschat dieser Woche handeln von dem Verbot, den Tempel (Beit HaMikdasch) bei ritueller Unreinheit zu betreten. Die Torah sagt: *„Befiehl den Kindern Israels, dass sie jeden mit Tsara'at[59] und jeden Zav (Eiterfluss) und jeden durch einen Toten Verunreinigten aus dem Lager schicken sollen ... damit sie nicht ihre Lager unrein machen, worin ich wohne.* (Numeri 5,2-3) Auf zwei Mitzvot wird hier angespielt: Eine positiv (sie sollen wegschicken) und eine negativ (damit sie nicht verunreinigen). Je nach der Art der Unreinheit einer Person, darf er oder sie ein, zwei oder drei der Lager nicht betreten – das Lager der Gegenwart Gottes, das Lager der Leviten und das Lager Israels. Im Tempel entsprechen diese drei Lager dem Heiligtum, dem Tempelberg und Jerusalem.

Bei seiner Besprechung der Gründe auf denen diese Mitzvot beruhen, schreibt HaChinuch[60]: „Man könnte diesen Sachverhalt beispielhaft mit dem Palast eines Königs vergleichen, von dem man jeden mit Aussatz Befallenen, und jeden, dessen Körper oder sogar nur seine Kleider abstoßend aussehen, fernhält. Das entspricht dem Vers: *Denn keiner soll vor das Tor des Königs kommen in einem Sack"* (Esther 4,2) (Mitzvah 362). In der nächsten *Mitzvah* (363) fügt Chinuch hinzu: „Diese Mitzvah ist anwendbar ... sogar heute ... denn **die Heiligkeit HaShems ruht auch heute auf dem Ort des Tempels, wenn er verwüstet daliegt**, wie die Weisen aus dem Vers ableiten: *Ich will deine Heiligtümer verwüsten (VaYikra 26,31),"*

Der Chinuch bezieht sich auf einen Gedanken, der hauptsächlich von Rambam (Maimonides) entwickelt wurde. An vielen Stellen zitiert der Talmud einen Disput bezüglich des Status des Heiligen Tempels und des gesamten Landes Israel. Im Hinblick auf den Tempel und Jerusalem legt der Rambam fest, dass die Heiligkeit des Ortes zur Zeit des ersten Tempels entstand und während seiner Zeit wirksam war und sie sich *ad infinitum* fortsetzt. Diese Heiligkeit wurde bei der Zerstörung des Tempels nicht aufgehoben. Bezüglich des Landes jedoch vertritt er die Ansicht, dass die erste Heiligkeit durch die

---

59 Tsara'at - Aussatz
60 Sefer HaChinuch (Chinuch) – ist ein Werk, das die 613 Gebote der Torah systematisch behandelt.

Zerstörung des Tempels zunichtewurde; die von Esra beschworene Heiligkeit zur Zeit des zweiten Tempels existierte damals und besteht weiter bis auf den heutigen Tag. Der Rambam erläutert den Grund für diesen Unterschied:

> Warum sage ich [das] …? Denn die Heiligkeit des Tempels und Jerusalems entstammt der Schechinah [Göttliche Gegenwart] und die Schechinah löst sich nicht auf. Siehe, es heißt, *Ich werde deine Heiligtümer verwüsten* und die Weisen sagen, **„Auch wenn [deine Heiligtümer] verwüstet sind, bleiben sie doch heilig."**
>
> Die Verpflichtung des Landes aber zu *Schevi'it* und *Ma'asrot*[61] basiert nur auf der gemeinsamen Eroberung [d.h. Yehoshuas Eroberung][62]. Da ihnen das Land genommen wurde [zur Zeit der ersten Zerstörung], war die Eroberung nichtig und [das Land] war biblisch gesehen von *Schevi'it* und *Ma'asrot* ausgenommen, da es nicht [mehr betrachtet wurde als] das Land Israels [in Bezug auf diese Mitzvot].
>
> Als Esra[63] zurückkehrte und [das Land] heiligte, heiligte er es nicht durch Eroberung, sondern vielmehr durch **Chasakah – Inbesitznahme.** Deshalb ist jeder Ort, den das Volk in Besitz nahm, als es von Babylon aus heraufstieg, mit Esras zweiter Heiligung geheiligt und somit auch heute noch heilig, selbst wenn er uns zu einem späteren Zeitpunkt wieder genommen wurde… (Hilchot Beit HaBechirah 6,16).

Das heißt, Esras Heiligung ist eine immerwährende Heiligung, da sie durch Besiedlung herbeigeführt wurde. *Chasakah* ist eine stärkere Art der Aneignung als Eroberung, denn letztere kann annulliert werden durch eine folgende Eroberung, während die erstere unveränderbar ist. In seinem Werk „*Eretz Yisrael Nachalat Am Yisrael*," erklärt R. Yechezkel Abramsky den Gedanken Rambams folgendermaßen: „Esras Aliyah[64], die gegründet war auf dem Verlangen nach dem Land, wo Gott Seinen Namen ruhen lassen wollte, ließ ihren Abdruck auf dem Land – aus halachischer[65] Sicht – für die betref-

---

61 Schevi'it („Siebtes Jahr") ist ein Traktat, das von allen Gesetzen für das Ruhen des Landes im siebten Jahr handelt, den Gesetzen zu Schmitha-Erträgen und den Erlass von Schulden. Es behandelt auch das 50. Jahr, bekannt als das Jobeljahr.
Ma'aser (der erste Zehnte) ist ein positives Gebot in der Torah, das die Abgabe eines Zehnten Teiles der landwirtschaftlichen Erzeugnisse verlangt, nach der Standardabgabe des Terumah an den Priester oder Leviten.

62 s. das Buch Josua

63 s. das Buch Esra

64 Aliyah - Einwandern

65 Halacha – ist das gesamte Gesetz der jüdisch-religösen Gesetze aus der schriftlichen und mündlichen Torah.

fende Generation und auch für alle zukünftigen … Was Yehoshuas Eroberung mit militärischer Macht nicht bewirken konnte, erreichte Esras Aliyah mit der Kraft ihres spirituellen Eifers … *Nicht durch Heer oder Kraft, sondern durch Meinen Geist, sagt der Herr der Heerscharen. (Sacharja 4,6).*"

Der Kuzari[66] sagt: „Hätte das Land nur diesen einen Vorteil, dass die Schechinah dort über 900 Jahre ruhte [während der Zeit, in der die beiden Tempel standen], wäre es schon angebracht, dass die Menschen danach verlangten, nach dort hinauf zu ziehen, um ihre Seelen zu reinigen …" (*Kuzari 2,23*). Es ist richtig, dass heutigentags die Schechinah „allein" in Jerusalem ruht, aber das gesamte Land ist heilig, denn hier wohnte die Schechinah einmal und sie wird in sehr naher Zukunft wieder hier wohnen. Ist das nicht Ansporn genug für uns, wieder Besitz zu ergreifen von unserem historischen Heimatland – mit spirituellem Eifer wie Esra es tat – und es von all jenen zu befreien, die es uns wegnehmen wollen?

Aus *Eretz Yisrael in the Parashah* von Rabbi Moshe Lichtman

---

66 Kuzari – ist eines der berühmtesten Werke des mittelalterlichen spanisch-jüdischen Philosophen und Poeten Rabbi Yehuda Halevi, zusammengestellt um 1140.

BEHA'ALOTECHA

Wenn du die Lampen anzündest

Numeri 8,1-12,16

בהעלתך

BEHA'ALOTECHA

TORAHLEKTION VON

RABBI CHANAN MORRISON

GROSSE TRÄUME

ANDERS ALS DIE einzigartige Klarheit der Prophezeiung des Moses, wird Prophezeiung normalerweise durch Visionen oder Träume übermittelt:

> „Wenn jemand unter euch eine göttliche Prophetie erfährt,
> dann werde Ich Mich ihm in einer Vision zu erkennen geben;
> Ich werde im Traume zu ihm sprechen." (Numeri 12,6)

WARUM TRÄUME?

Träume, so schrieb Rav Kook (1865-1935), erfüllen eine lebenswichtige Funktion in der Welt. Große Träume sind geradezu das Fundament des Universums. Träume existieren auf vielen Ebenen. Es gibt die vorausschauenden Träume der Propheten und die bewussten Träume der Poeten. Es gibt idealistische Träume großer Visionäre für eine bessere Welt; und es gibt unsere nationalen Träume von der Erlösung – „Wenn Gott die Gefangenschaft Zions beenden wird, werden wir sein wie die Träumenden" (Psalm 126,1).

Natürlich fällt nicht jeder Traum in die Kategorie eines großen Traumes. Die meisten Träume sind belanglos und nichtssagend, wie es heißt: „Träume sind nichtig" (Sacharja 10,2). Was entscheidet darüber, ob ein Traum bedeutungslos oder prophetisch ist?

WAHRE TRÄUME UND NICHTIGE TRÄUME

Die wahren Diener Gottes konzentrieren ihr Hoffen und Bemühen auf die Verbesserung der Welt. Wenn unser Denken und Handeln ausschließlich darauf gerichtet ist, die gesamte Schöpfung zu vollenden, dann wird auch unsere Fantasie nur von Dingen angeregt, die mit der universalen Realität zu tun haben. Die Träume eines solchen Menschen werden selbstverständlich von großer Bedeutung sein. Seine Träume beschäftigen sich mit der inneren Wahrheit der Realität, ihrer Vergangenheit, Gegenwart und Zukunft.

Aber die Vorstellungskräfte von Menschen, die mit privaten Belangen beschäftigt sind, werden eher auf persönliche Dinge begrenzt sein, wie ihr

Denken und Handeln im Wachzustand. Welche große Wahrheit könnte schon offenbart werden durch Einbildungen, die nie über die eitlen Gedanken und Wünsche eines egozentrischen Menschen hinausgehen?

Die Weisen drückten diese Vorstellung in einer Allegorie aus, indem sie sagen, Engel bringen prophetische Träume und Dämonen bringen nichtige Träume. (*Berachot 55b*). Was heißt das? Engel sind beständige Mächte im Universum, eingestellt auf die eine Aufgabe der Vollendung der Welt. Wahre *Träume stehen mit diesen zugrunde* liegenden positiven Mächten im Zusammenhang. Dämonen dagegen sind unheilige Mächte, die persönlichen Wünschen entspringen, die nicht mit der übergeordneten, universalen Ordnung im Einklang stehen. Nichtige Träume sind die aus solchen persönlichen Wünschen resultierenden Fantasien.

DIE ECHTE REALITÄT DER TRÄUME

Was wäre die Welt ohne Träume? Ein Leben, das im Materialismus versinkt, ist rau und trostlos. Ihm fehlt die inspirierende Größe sich weitender Horizonte. Wie ein Vogel mit beschnitten Flügeln, kann es sich nicht über die bittere Härte der gegenwärtigen Realität erheben. Nur mit der Kraft der Träume können wir uns von diesen Fußfesseln befreien.

Manche Menschen rühmen sich irriger Weise, „Realisten" zu sein. Sie wollen grundsätzlich nur den gegenwärtigen Zustand der Welt mit in ihr Denken einbeziehen – eine einseitige und bruchstückhafte Sichtweise der Realität. In Wahrheit sind es unsere Träume, die uns von unseren Einschränkungen durch die gegenwärtige Realität befreien. Es sind unsere Träume, die die innere Wahrheit des Universums richtig darstellen.

Wenn diese zukünftige Realität offenbart wird, wird uns eine zunehmende Klarheit unserer Vision geschenkt. Dann nähert sich unsere Wahrnehmung langsam der *Aspaklaria Hame'irahk*, der klaren Vision des Mose. Mit ihm sprach Gott „von Angesicht zu Angesicht in einer Vision, direkt und ohne Verschleierung, so dass er das wahre Bild Gottes sehen konnte" (Numeri 12,8).

Aus *Sapphire from the Land of Israel*, S. 265-167. Adaptiert von *Orot HaKodesh* Bd. I, S. 226; *Ein Eyah* Bd. II; S. 279

PARASCHAT
SCHLACH

Sende aus

Numeri 13,1-15,41

שלח-לך

SCHLACH

TORAHLEKTION VON

RABBI YEHOSHUA FRIEDMAN

DAS POSTTRAUMATISCHE OPFER

IN NUMERI, KAPITEL 27, kamen die Töchter von Zelophhad zu Moses, Eleasar dem Kohen, er war Aharons Nachfolger nach seinem Tode, und den Ältesten von Israel. Es ging um die Zuteilung von Land in Eretz Yisrael[67], das erobert und an die Stämme und Familien verteilt werden sollte. Die fünf Töchter machten geltend, dass es nicht fair sei, dass ihr Vater bei der Vergabe eines Erbteils im Lande übergangen werden sollte, nur weil er keinen Sohn hatte. Der Grund, den sie anführten, war, dass er nicht bei der Rebellion Korachs[68] mitgemacht hatte, sondern wegen seiner eigenen Sünde umgekommen war. Das heißt, auch wenn es bei ihm um seine eigenen Vergehen ging, hatte er keinen negativen Einfluss auf andere ausgeübt.

Es gibt Hinweise in diesem Zusammenhang, dass Zelophhads Sünde für andere keine nachteiligen Auswirkungen hatte. Von der direkten inhaltlichen Aussage des Textes (*pshat*) erkennen wir, dass er fünf nette, weise Töchter hatte, die herangewachsen waren, um mit einem redegewandten Plädoyer für seinen Anteil am Lande einzutreten. Die Weisen des Talmuds (Shabbat 96b) fragen sich, was eigentlich seine Sünde war. Rabbi Akiva (50-137 n.Chr.) sagt, er sei der Mann gewesen, der am Sabbat Stroh gesammelt hatte und hingerichtet wurde (Bam.15,32-36). Rabbi Yehuda Ben Beteira widerspricht und sagt, Zelophhads Sünde sei es gewesen, dass er sich den Vermessenen angeschlossen hätte, die versuchten, sich ihren Einzug in Eretz Yisrael zu erzwingen, ohne göttliche Zustimmung, und die dabei umkamen (Bam. 14,39-45).

Was ist das Gemeinsame an diesen beiden Vermutungen? Ich würde meinen, das beide, der Strohsammler und die Vermessenen (hebräisch *ma'apilim*, heute, im modernen Hebräisch, verwendet für illegale jüdische Einwanderung während der britischen Mandatszeit in den White-Paper-Tagen), zwei unterschiedliche Ausprägungen davon sind, was wir heute als Posttraumatische Belastungsstörung (PTBS) bezeichnen.

Einige Menschen, die einmal in Todesgefahr geschwebt haben – wie zum Beispiel Soldaten im Kampf oder Feuerwehrleute – verarbeiten ihre Angst,

---

67 Eretz Yisrael – Das Land Israel
68 s. Numeri 16

indem sie fahrlässig und ohne Bedenken geradewegs in die Gefahr stürmen. Dies endet manchmal in Heldentum und manchmal mit dem Tod.

Die Israeliten akzeptierten den verleumderischen Bericht der Spione und wollten zurück nach Ägypten[69]. Dafür strafte G-tt sie mit 40 Jahren Wüstenwanderung. Keiner der erwachsenen Männer durfte Eretz Yisrael betreten; alle kamen in diesen 40 Jahren um. Es gab welche, die versuchen voranzustürmen, obwohl G-tt verkündet hatte, dass er nicht mit ihnen sein werde und der Feind sie vernichten würde; und so war es.

Die andere Kategorie ist der Strohsammler. Der Strohsammler stellte einen Fall dar, für den Moses G-tt eigens befragen musste, was mit ihm geschehen sollte. Dies ist seltsam, da es eine bekannte Tatsache ist, dass der Transport einer Sache im öffentlichen Bereich eine schwere Übertretung ist. Es gibt jedoch auch ein Prinzip, nachdem die tatsächliche Verurteilung eines Übertreters zur Todesstrafe unter allen Umständen verhindert werden sollte, um Blutvergießen zu vermeiden. Jeder mildernde Umstand wird gebraucht, um die Vollstreckung zu verhindern. Hier war aber der Fall glasklar. Der Übertreter war auf frischer Tat ertappt, zur Rede gestellt und vor zwei Zeugen gewarnt worden und, trotz Androhung seiner Hinrichtung, hatte er weitergemacht. Ein strenges Vorgehen verlangte die Steinigung. Es gab aber eine weiterreichende Überlegung. Dieser Mann war mangels eines klaren Motivs und wegen seines zwanghaften Verhaltens in einem Schuld mindernden Zustand.

Ich möchte den Hintergrund des Traumas näher erklären. Zurück in Mitzrayim[70] (Exodus Kap.5), als Moses zuerst zum Pharao kam und ihm sagte, er solle die Israeliten aus der Sklaverei entlassen, reagierte der Pharao mit einer Strafe und verlangte von den Arbeitern dieselbe Anzahl Ziegel wie zuvor, aber ohne dass ihnen das Stroh bereitgestellt wurde. Dies zwang jeden Arbeiter, die zusätzliche, höchst traumatische Arbeit zu verrichten, Stroh vom sandigen Boden einzusammeln, unter der Gefahr, von den ägyptischen Aufsehern geschlagen zu werden. Klingt das bekannt?

Der zweite Faktor war, dass es in der Wüste Sinai überhaupt keinen Grund gab, Stroh zu sammeln. Das Volk wurde bei Tage von der schützenden Wolke bedeckt und in der Nacht von Feuer, deshalb gab es keinerlei Bedarf ein Feuer zu entzünden, um sich zu wärmen. Ihre Kleidung brauchte nicht ersetzt oder geflickt werden. Ihre Nahrung kam fertig zum Verzehr vom Himmel. Wer es

---

69 s. Numeri 14
70 Mitzrayim - Ägypten

kochen wollte, konnte das tun, aber ein solches Verlangen zwingt niemanden, aus Protest (*davka*) absichtlich am Sabbat hinauszugehen, wo es verboten ist, Stroh zu sammeln.

Es ist eindeutig, dass der Strohsammler das Gegenstück zu PTBS darstellt, die zwanghafte Abreaktion von altem Stress. Wir können annehmen, dass Zelophhad, oder wer immer sich da am Sabbat auf den Weg in die Wüste gemacht hatte, einfach zufällig Stroh auf dem Boden fand, was das Abspulen des Traumas aus den Tagen der Sklaverei in Mitzrayim auslöste. Die Torah stellt den Sabbat, das Symbol der Befreiung von schwerer Arbeit, in Verbindung mit diesem überwältigenden Drang. Moses und das Volk waren dadurch so sprachlos gemacht, dass Moses Rabbeinu sich veranlasst sah, Hashem zu bitten, ihm ein Verständnis für diese Situation zu geben, damit er wusste, was er tun solle. Das Urteil lautet, dass der Einzelne grundsätzlich immer noch freien Willen hat und deshalb schuldig ist. Der Tod und das Leid dieses unglücklichen Menschen aber bewirkt eine Entsühnung *für seine Seele,* da er immer noch als ein Opfer angesehen werden kann, niemanden zur Sünde veranlasst hat und seine Strafe mit entsprechendem Geständnis und Zerknirschung empfangen hat (Yoma 85b und Rambam (1135-1204), Teshuva 1,4). Aus diesem Grunde haben die Töchter Zelophhads, in jedem Fall ein Argument.

PARASCHAT
KORACH

Am Anfang

NUMERI 16,1-18,32

קרח

KORACH

TORAHLEKTION VON

RABBI DAVID AARON

Eifersucht überwinden

Eifersucht, der Drache, der die Liebe erschlägt, unter
dem Vorwand, sie am Leben zu halten.

In der Torahlesung dieser Woche wird die Führung des Moses und die Einsetzung seines Bruders Aaron zum Priester in Frage gestellt und zwar durch ein Stammesmitglied des Moses, einen Leviten, und andere Oberhäupter der Gemeinde. Von Neid auf Moses und Aaron angetrieben, streiten sie um Gleichstellung: „Wir alle sind heilig, wie kann es eine Hierarchie der Heiligkeit innerhalb Israels geben?"

Als Gruppe kamen sie zu Moses und Aaron und sagten zu ihnen: „Ihr seid zu weit gegangen! Die ganze Gemeinde ist heilig, jeder einzelne von ihnen und der HERR ist mit ihnen. Warum stellt ihr euch dann über die Versammlung des HERRN?"

Moses antwortete Korach darauf:

> „Hört nun, ihr Leviten! Ist es euch nicht genug, dass der G-tt Israels euch
> vom Rest der Gemeinde Israels ausgesondert hat und euch in Seine Nähe
> gebracht hat, um den Dienst an der Stiftshütte des HERRN zu verrichten
> und vor der Gemeinde zu stehen und ihr zu dienen? Er hat dich und alle
> deine Brüder in Seine Nähe gebracht, aber nun wollt ihr auch noch das
> Priestertum!" (Numeri 16,8-10"

Spirituelle Reise oder Egotrip

Das Leben ist ein g-ttlicher Auftrag. Hätte Korach das verstanden, hätte er erkannt, dass niemand eine bessere oder wichtigere Aufgabe hat.

Es ist lächerlich, jemals auf das Los eines anderen neidisch zu sein. Man sollte nie auf den Gedanken kommen, dass der Präsident der Vereinigten Staaten wichtiger sei als ein Kellner in einem Restaurant. Wenn G-tt mit uns ist bei unserer Aufgabe, dann kann die Aufgabe des einen nicht wichtiger sein als die eines andern, denn der Auftrag eines jeden ist G-ttes Auftrag.

Wahrer Erfolg hängt nicht davon ab, wieviel wir hier auf der Erde erreichen. Er hängt auch nicht davon ab, wieviel Aufmerksamkeit das Erreichte in den

Augen der Öffentlichkeit erhält. Was wirklich zählt, ist deine Absicht und die Qualität deiner Taten. Bist Du mit Herz und Seele bei Deiner Aufgabe gewesen und hast Du Dein Leben für G-tt gelebt, immer bemüht, Dich selbst und die Welt zu verbessern?

Die großen Weisen der Torah lehrten: „Ich bin ein Geschöpf und mein Freund, selbst wenn er ohne Ausbildung ist, ist ein Geschöpf. So wie er kein Fachmann in dem ist, was ich tue, so bin ich kein Fachmann in dem, was er tut. Denke nicht, ich täte mehr und er täte weniger, das stimmt nicht. Es spielt keine Rolle, ob er scheinbar große oder kleine Dinge erreicht. Das, was zählt, ist, ob er seine Vorhaben um des Himmels willen ausgeführt werden.

Diese Lehre macht keinen offensichtlichen Sinn. Diese großen Weisen lieferten Beiträge von historischen Ausmaßen, sowohl für die spirituelle als auch für die ethische Entwicklung der Menschheit. Wie konnten sie sich überhaupt mit einfachen Leuten ohne Ausbildung vergleichen, deren Taten ihnen niemals weltweite Anerkennung eingebracht hätten, und die sicherlich in den Annalen der Geschichten vergessen werden? Wie konnten sie sagen, dass das, was wirklich zählt, die Reinheit der eigenen Absichten ist und die Kraft der Hingabe an das, was man im Auftrage G-ttes getan hat.

Diese Weisen verstanden, dass jeder einzelne von uns eine Lebensaufgabe hat, eine Berufung. Immer musst Du daran denken, wer ruft. G-tt beruft Dich dazu, sein Beauftragter auf Erden zu sein und die Aufgabe, die Er Dich erfüllen lassen will, ist nicht allein Deine Aufgabe, sondern G-ttes Aufgabe.

Arbeiten wir für G-tt, dann gibt es so etwas wie eine kleine Aufgabe nicht. Wie könnte ein g-ttlicher Auftrag geringer als ein anderer sein? Kann irgendeiner jemals geringer als das Höchste sein?

Würden wir uns diese Wahrheit verinnerlichen, würden wir uns von der törichten Gewohnheit freimachen, uns mit anderen zu vergleichen. Wir würden uns heilen von der lähmenden Krankheit, die unsere Knochen zersetzt, der Eifersucht.

Der Talmud erzählt die Geschichte eines Mannes, der einen Blick in das Leben nach dem Tode erhaschen konnte. Er war überrascht, zu sehen, dass in der Welt alles umgekehrt war. Er sah einige Leute, die während ihres Lebens auf der Erde sehr geachtet und respektiert waren, aber in der nächsten Welt waren sie unbedeutend. Obwohl diese Leute einst zu den anerkannten und bedeutenden Mitgliedern der oberen Ränge der Gesellschaft gehörten, wurden sie nun zur Unterklasse gezählt. Er sah ebenfalls Menschen, die zu

Lebzeiten einfache Arbeiter gewesen waren, aber nun prominente Mitglieder der höchsten Ränge waren. Das war ein Schock für ihn.

Stell Dir vor, Du bist ein weltbekannter Schauspieler und wo immer Du hingehst, betrachten Dich die Leute mit großer Ehrfurcht und Bewunderung. Dann fällt der Vorhang Deines Lebens und Du findest Dich in einer neuen Welt wieder, dem Leben nach dem Tod. Zu Deiner Überraschung nimmt in dieser Welt *überhaupt* niemand Notiz von Dir. Plötzlich siehst Du ein bekanntes Gesicht; es ist eine Deiner Dienstbotinnen, umgeben von einer Menge engelsgleicher Fans. Im Leben nach dem Tod ist sie vielleicht die Berühmtheit und Du der Schlepper.[71] Wie kann das möglich sein? Alles hängt ab von der Qualität Deiner Taten und Deiner Einstellung. Hast Du G-tt in Deine Arbeit mit einbezogen? Hast Du Deine Arbeit getan in der Absicht, als G-ttes Beauftragter zu handeln – zu dienen, um eine göttliche Aufgabe zu erfüllen – oder warst Du nur auf einem Egotrip?

Aus *The Secret Life of God,* von Rabbi David Aaron, © 2005 Rabbi David Aaron. Nachdruck mit Genehmigung von Shambhala Publications, Inc., www.shambhala.com

---

71 Schlepper – Aus dem Jiddischen, eine Person, die Teppiche verkauft und Teppiche herumschleppt. Gebräuchlich für Menschen, die mit schlecht passender Kleidung nachlässig gekleidet sind und nachlässige Gewohnheiten haben.

TORAHLEKTION VON
RABBI SHLOMO RISKIN

Das Oberhaupt muss sein Volk respektieren: Kehal kontra Edah

Und Moses und Aaron versammelten die Versammlung [kehal] vor dem Felsen; und er (Moses) sprach zu ihnen: „Hört, ihr Rebellen, werden wir euch aus diesem Felsen Wasser hervorbringen [können]?" und Moses hob seine Hand, schlug den Felsen zweimal mit seinem Stab und viel Wasser kam hervor und spendete Trank der Zeugenschar und ihrem Vieh." Numeri 20,10-11

Mose betrat die Bühne der Geschichte der Israeliten mit einem Schlag (gegen die Ägypter) und mit einem Schlag (gegen einen Felsen) trat er aus der Geschichte Israels wieder ab. Sein erster Schlag gegen einen ägyptischen Aufseher war motiviert von der Liebe zu seinem Volk und dem Bemühen, um seine wahren Brüder, es war eine Tat des Mutes und der Selbstaufopferung, die ihn zwang, das Haus des Pharaos zu verlassen; sein zweiter Schlag gegen den Felsen, in Wahrheit aber ein Schlag gegen die Hebräer – die er noch kurz vor seinem Schlag als „Rebellen" bezeichnete – war eine Tat unangebrachten Ärgers, tiefer Frustration über das Volk, das seine Belehrungen verworfen hatte und eine Rebellion nach der anderen zugelassen hatte, um seine und Gottes Autorität zu untergraben.

Rabbi Jacob Harlap (1883-1951), ein getreuer Schüler und Vertrauter von Rabbi A.Y.H. Kook, beschreibt in seinem mehrbändigen Werk die Veränderung in Moses Einstellung zu den Hebräern. Dabei unterscheidet er zwischen den beiden beschreibenden Nomen, die für die Schar der Israeliten benutzt werden. Normalerweise werden diese beiden Nomen, „kehal" und „edah" (Versammlung und Gemeinde), synonym verwendet: Eine Versammlung besteht aus vielen Individuen, die sich zusammentun, einzelne und ganz verschiedene Individuen, die eine Menge ergeben. Eine Gemeinde ist geleitet von einem besonderen, gemeinsamen Zweck, der alle eint. Gemeinde bezeichnet Einzelne, vereint durch ihr Engagement für die geschichtliche Kontinuität von Generation zu Generation. Tatsächlich heißt „edah" in Wirklichkeit: Zeuge. Und das fortwährende Überleben der Nation im Einklag mit dem göttlichen Bund, trotz des Exils und trotz der Verfolgung, dient als beredtes Zeugnis für die Realität und Wahrheit der Gegenwart Gottes und den Auftrag Israels: Die Menschheit, vervollkommnet in einer erlösten Welt.

Mit dieser Einleitung wollen wir erneut einen Blick auf unseren Bibelabschnitt werfen. Unmittelbar nach Miriams Tod trockneten die Quellen der Wüste aus und die Israeliten versammelten sich als eine wirre, lärmende Menge (vayikahalu) in ihrer Klage gegen Moses und Aaron. Als Reaktion darauf spricht Gott zu Moses:

> „Nimm deinen Stab und dann versammelt, du und Aaron, die Zeugengemeinde [hak' hel et ha'edah]. Sprich in ihrer Gegenwart zum Felsen und er wird sein Wasser herausgeben. Du wirst auf diese Weise Wasser aus dem Felsen kommen lassen und der Zeugenschar [ha'edah] und ihrem Vieh zu trinken geben." (Numeri 20,8)

Moses wurde also von Gott aufgetragen, die Gemeinde der Zeugen (edah) zu versammeln! Der Text aber berichtet, dass „Moses und Aaron die Versammlung [vayakhilu…hakahal] vor dem Felsen versammelten" (Numeri 20,10).

Was ein wörtliches Lesen des Textes uns lehrt, ist, dass Gott wollte, dass Moses den zusammengewürfelten Haufen der sich Beschwerenden ansah und dass er hinter der Fassade der lärmenden Menge die Zeugen des Göttlichen erkannte; Moses sollte das große Potenzial dieses Volkes würdigen und die Tatsache, dass die, die jetzt vor ihm standen, die Nachkommen Abrahams, Isaaks und Jakobs, Sarahs, Rebekkas, Rahels und Leas waren und damit die Eltern von Isai, David und dem gerechten Messias. Gott erwartete, dass Moses durch diese verärgerte Menge hindurchsah und zu seiner eigenen Inspiration tief aus ihnen den Glauben der Vorväter hervorkommen sah. Immerhin hatten diese selben Menschen ihre Bereitschaft erklärt, ein „Königtum von Priestern und eine heilige Nation" zu sein. Sie hatten ihre Stimmen erhoben und am Roten Meer einstimmig gesungen „der HERR soll unser König sein für immer." Moses aber, enttäuscht und verstimmt, persönlich niedergeschlagen von ihrer „Undankbarkeit", konnte in ihnen nur eine Ansammlung von nörgelnden Individuen sehen, eine Masse ängstlicher und unreifer Freigelassener, die um ein Goldenes Kalb getanzt hatten, einen Datan und einen Abiram[72], die sich noch nicht einmal mit ihm hatten tre-

---

72 Numeri 16,12

ffen wollen. Er sah in ihnen eine ungleiche Menschenmenge, die sich erlaubt hatte vor den Kanaanitern wie gelähmt zu sein. Er hatte die Sicht auf die Zeugengemeinschaft Israels aus den Augen verloren und konnte nur noch die Ansammlung der Israeliten sehen; er sprach zu dem, was vor ihm stand, anstatt zu ihrem Potenzial, den großen Momenten und den noblen Menschen, die das historische Israel mit einschloss und er hämmerte ein auf die Israeliten vor sich. Und daher war er außerstande, mit Liebe zu ihnen zu sprechen; er konnte nur im Ärger zuschlagen. So jemand konnte die Nation schon zwangsläufig nicht mehr zur Erfüllung ihrer historischen Bestimmung weiterführen.

NACHTRAG ZUR WIEDERERLANGUNG EINES GEMEINSCHAFTSSINNES

Vor vielen Jahren hatte ich einmal das Vergnügen und das Privileg einen unvergesslichen Sabbat mit einem der großen Gelehrten unserer Gegenwart zu verbringen, Rabbi Charles Chavel (1906-1982). Ich konnte die Frage nicht zurückhalten, wie er es schaffte, trotz seines Dienstes als Rabbi einer jüdischen Gemeinde, die Zeit zu finden, auch in der jüdischen Gelehrsamkeit so produktiv zu sein und Sonderausgaben und Kommentare zu Rashi (1040-1105) und Nahmanides (1194-1270) sowie Antworten auf schwierige talmudische Fragen von Rabbi Akiva Eiger (1761- 1837) zu verfassen. „Ich hatte immer kleine Gemeinden, erzählte er mir, „klein an Zahl und manchmal klein an Seele. Und nach einer schwierigen Vorstandssitzung mit Frau Goldberg und Herrn Schwartz verlangte es mich nach der Gesellschaft von tiefsinnigen Köpfen und tiefen Perspektiven. Wer hätte ein besserer Gegenpol zu kleinkarierten und engherzigen Individuen sein können als Nahmanides und Rabbi Akiva Eiger? Rabbi Chavel verstand das Geheimnis; er hatte die Gabe, über die Versammlung hinwegzusehen und die Gemeinde zu sehen. Das ist es, was jedes Oberhaupt anstreben muss, wenn er wirklich erfolgreich sein möchte.

Aus *Torah Lights: Bemidbar* von Rabbi Shlomo Riskin; mit Genehmigung von Maggid Books, einer Abteilung der Koren Publishers Jerusalem

PARASCHAT
BALAK

Balak (Zerstörer)

Numeri 22,2-25,9

בלק

BALAK

TORAHLEKTION VON
RABBI GEDALIA MEYER

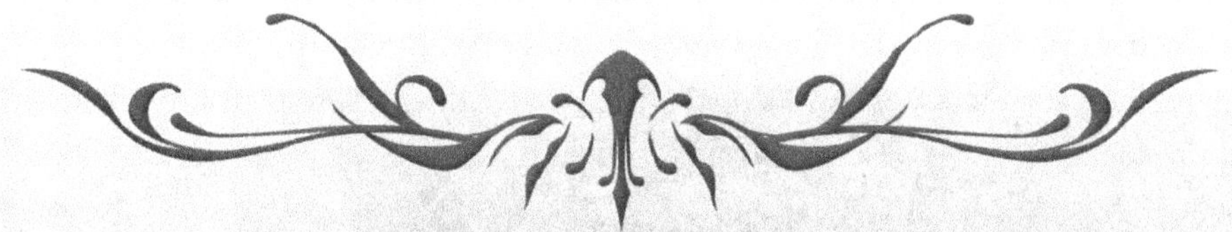

Der Prophet Bileam

U ND BILEAM SAH, dass es gut war in den Augen des HERRN, Israel zu segnen, daher bediente er sich nicht der Wahrsagerei, wie die Male zuvor, sondern richtete sein Angesicht gegen die Wüste. Und Bileam hob seine Augen auf und sah Israel, wie es nach seinen Stämmen geordnet lagerte. Und der Geist Gottes kam auf ihn. Und er begann seinen prophetischen Spruch und sprach: „So sprach Bileam, der Sohn Beors, so sprach der Mann, der eine klare Vision sieht. So sprach der, der Gottes Worte hört, der die Visionen des Allmächtigen sieht, der niederfällt mit geöffneten Augen." (Numeri 24,2-4)

Bileam ist nicht unbedingt ein gewöhnlicher Name. Von den wenigen, die sich etwas mit der Bibel auskennen, werden die meisten nicht viel zu ihm zu sagen haben, vorausgesetzt, dass sie überhaupt von ihm gehört haben. Er kommt nur in einem Abschnitt der Torah, am Ende des Buches Numeri, vor (mit ein paar wenigen Bezugsstellen anderswo). Nur die wirklich Entschlossenen schaffen es bis zu diesem Abschnitt zu lesen. Es ist diese spezielle Paraschat, die wir jetzt untersuchen. Sie ist nach ‚Balak‘ dem Stammeskönig benannt, der Bileam in den Verlauf der Ereignisse in der Bibel mit hineinbrachte.

Beginnen wir mit der Vorgeschichte. Die Israeliten hatten, infolge der Revolte, die von den ‚Spionen‘ ausgelöst worden war, 40 Jahre mit ihrer Wüstenwanderung verbracht. Am Ende dieser Zeit waren sie endlich unmittelbar davor, das Versprochene Land zu betreten; sie standen am Ostufer des Jordanflusses, gerade außerhalb der biblischen Region, bekannt als Moab.

Balak war der König von Moab und er spürte, dass die Israeliten zu mächtig waren, um sie mit üblichen Mitteln unterzukriegen. Deshalb musste er zu anderen, übernatürlichen Mitteln greifen. Er sandte Boten zu Bileam – einem Zauberer aus dem Lande Midian, einer südlicheren Region irgendwo im westlichen Saudi Arabien. Bileam hatte sich einen Namen gemacht als einer, der Leute segnen und verfluchen konnte, eine Fähigkeit, die in biblischen Zeiten von großem Wert war. Balak wollte ihn bei der heraufziehenden Konfrontation mit den Israeliten auf seiner Seite haben.

Nach ein paar Verhandlungsrunden war Bileam bereit, mitzukommen, aber mit dem Vorbehalt, dass er nur sagen würde, was Gott zu ihm spräche. In anderen Worten, Bileam war ein Prophet, der in der Tat mit Gott sprechen konnte, sich aber dennoch an den Höchstbietenden verdingte. Das mag ein wenig wie eine Unmöglichkeit klingen – wie könnte es sein, dass ein ‚Mann Gottes' sich verkaufen würde, um das Volk Gottes zu verfluchen? Aber so ist es in der nicht vorhersagbaren Welt der Bibel – ein Prophet konnte böse sein und ein guter Mensch konnte verflucht werden.

Während Bileam auf seinem Weg nach Moab war, stoßen wir auf eine der seltensten Szenen in der Bibel – selbst nach biblischen Standards ist diese Szene geradezu grotesk. Im Verlaufe seiner Reise beginnt Bileams Esel plötzlich, ihm Schwierigkeiten zu machen. Er geht in die Knie, wo er doch eigentlich gehen sollte, er weicht zur Straßenseite aus und stößt gegen Zäune. Die Torah erklärt dieses seltsame Verhalten mit einer überraschenden, aber sehr biblischen Erklärung: Ein Engel steht im Weg. Anscheinend konnte der Esel den Engel sehen, aber Bileam, der große Prophet, nicht.

So merkwürdig dies auch klingt, es kommt noch seltsamer. Nach dem dritten dieser unsichtbaren Hindernisse verliert Bileam schließlich die Fassung und schlägt auf seinen Esel ein. Nun öffnet der Esel sein Maul und beginnt zu sprechen und tadelt Bileam, dass er ihn zu Unrecht schlägt. Im Laufe dieser unwahrscheinlichen Unterhaltung lässt Hashem Bileam den Engel sehen und er versteht, was los ist. Wie sich herausstellt, war der Engel gesandt, um Bileam zu warnend darauf hinzuweisen, nur das zu sagen, was Gott ihm in den Mund legen würde. Es war der Esel, der ihm dies klar machen musste.

Als Bileam schließlich dort ankommt, wo er sich mit Balak treffen wollte, geht er gleich an die Arbeit. Zweimal versucht er die Einschränkungen, die Gott ihm auferlegt hat zu umgehen und zweimal scheitert er. Jedes Mal hat er Israel am Ende gesegnet, anstatt es zu verfluchen. Und jedesmal tadelt Balak ihn dafür, dass er seinen Auftrag nicht erfüllt; Bileam war angeheuert worden, die Israeliten zu verfluchen und nicht, um sie zu segnen. Aber jedesmal antwortet Bileam, dass er nicht die Macht habe, irgendetwas ohne Gottes Ermächtigung zu tun.

Schließlich versucht er es noch ein drittes Mal und an dieser Stelle kommt das Zitat vom Beginn dieses Textes ins Spiel. Er hatte die okkulten Praktiken, die er bisher versucht hatte, aufgegeben, da sie zu nichts geführt hatten. Diesmal macht er nicht den geringsten Versuch, auf die Wünsche des Königs Balak, der ihn angeheuert hat Israel zu verfluchen, einzugehen.

Dieses Mal, anders als bei den beiden vorausgehenden Malen, beschreibt die Torah seine Orakelsprüche als ein Ergebnis davon, dass „Gottes Geist über ihn kam." Seine Worte beinhalten eine der bekanntesten Äußerungen im jüdischen Gebet: „Wie gut sind deine Zelte, Jakob, deine Wohnstätten, Israel." Bileam war ein ausgesprochener Versager in Bezug auf die Aufgabe, für die er engagiert worden war, aber er war ein ungewollter Erfolg in Bezug auf seine Prophezeiung bezüglich des herrlichen und wechselhaften Schicksals der Nation, die er verachtete.

Nach dem dritten Fehlschlag hatte Balak genug von Bileam, aber Bileam war noch nicht fertig. Ein viertes und letztes Mal erhält er eine prophetische Vision und er sieht nicht nur das Schicksal Israels voraus, sondern auch das der Nationen, die es umgaben und die seine Erzfeinde waren. Bileams Prophezeiung ist gnadenlos in seiner Erkenntnis und brutal in seiner Wahrheit. Die Feinde Israels werden viele sein, aber sie werden am Ende zugrunde gehen. Das ist das Schicksal derer, die Gottes Willen herausfordern.

Eine der verblüffendsten Fragen, die sich bezüglich Bileam stellt, ist: Wie konnte jemand wie er überhaupt zu solch großen prophetischen Erkenntnissen gelangen? Die jüdische Überlieferung sieht ihn als eitel und opportunistisch an. Er schlug sich nie auf die Seite Israels, auch nicht, nachdem er selbst das Schicksal, das Israel und seinen Feinden bestimmt war, gesehen hatte. Sein Tod wird später im Buche Numeri erwähnt, während einer Schlacht zwischen Israel und den Midianitern, dem Land, aus dem Bileam stammte. Prophezeiung ist nichts, was einfach so an jeden vergeben wird. Nach der jüdischen Tradition ist Prophezeiung etwas, das einzig denen zugänglich gemacht wird, die des Wortes Gottes wahrlich wert sind. Prophezeiungen, die in der Bibel enthalten sind, sind nur auf eine höchst auserwählte Gruppe begrenzt, deren Botschaften auch wirklich der Aufnahme in die Bibel wert erachtet wurden. Warum war Bileam Teil dieser spirituellen Elite?

Es gibt nicht nur eine Antwort auf diese Frage. Jüdische Quellen bieten vielerlei Möglichkeiten an, sie reichen von Bileams eigenen spirituellen Fähigkeiten bis hin zu der Notwendigkeit, dass es auch Propheten aus den Nationen der Welt geben muss. Die einfachste Antwort liegt vielleicht unmittelbar im Text selbst. In der dritten und vierten Prophezeiung beginnt Bileam seine Aussprüche fast mit denselben Worten: ‚Der Mann, der eine klare Vision sieht. So spricht der, der Gottes Worte hört, der die Visionen des Allmächtigen sieht, der niederfällt, mit geöffneten Augen.' Vor der vierten Prophezeiung schließt er noch eine weitere Beschreibung mit ein: ‚Der, der überirdische Erkenntnis hat.‘ Sind das nur leere Redewendungen? Lobt er sich nur selbst, um das Vertrauen seines Gönners zu bestärken? Diese Erklärung dürfte bis zur dritten Prophezeiung noch gereicht haben, als Balak ihn bereits aufgegeben hatte. Aber die Beschreibung ist da, so klar, wie die Prophezeiungen selbst.

Vielleicht treffen diese Beschreibungen zu. Vielleicht konnte Bileam auf irgendeine, uns verborgene Weise, wahre, prophetische Einsicht erlangen. Vielleicht konnte er, trotz seiner persönlichen Fehler und Mängel, Dinge in der spirituellen Welt sehen, die andere eben nicht sehen konnten.

Mehr als irgendetwas sonst gibt dieser Abschnitt der Torah uns, den zur damaligen Zeit noch zukünftigen Lesern dieser Prophezeiungen, ein klareres Verständnis dessen, was Prophezeiung wirklich war und vielleicht irgendwann wieder sein wird. Es ist der menschliche Verstand, der durch all den Nebel und die Ablenkungen hindurch das sieht, was dahinter liegt. Es ist das Hören der klaren Botschaft Gottes auch dann, wenn es nicht unbedingt das ist, was man hören möchte. Es ist das ‚Niederfallen‘, aber dennoch mit ‚offenen Augen.‘

Ein Moses kommt nur einmal in der Geschichte daher. Ein Abraham oder ein Isaak ist einmalig, selbst in der Bibel. Aber ein Bileam nicht. Er ist wie ein jeder von uns, ungeschminkt. Er ist ein Mensch mit all seinen oder ihren Fehlern und Mängeln, aber er kann immer noch sehen, was voraus liegt. Er mag gefallen sein, aber er hat seine Augen nicht vor dem geschlossen, was auch immer Gott ihm zeigen möchte. Vielleicht ist das die Botschaft, die die Torah uns von dem unwahrscheinlichen Bileam vermitteln will; auch wenn wir gefallen sind, können wir immer noch sehen.

PARASCHAT
PINCHAS

Phinehas (dunkelhäutig)
Numeri 25,10-30,1

פינחס
PINCHAS

TORAHLEKTION VON
RABBI MOSHE GOLDSMITH

Der Fortbestand Israels und die Gefahr der Assimilation

DIE PARASCHAT BALAK, die Torahlesung der letzten Woche, schließt mit der Hinrichtung von Simri und Kosbi durch Pinchas, dessen zelotischer Eifer der furchtbaren Plage ein Ende bereitete, durch die vierundzwanzigtausend Israeliten getötet wurden.

Laut unserer Weisen war Bileam[73] der Anstifter dieser Plage. Er war angeheuert worden, Israel zu verfluchen. Er erkennt jedoch, dass er das nicht kann, denn „die Nation Israel ist gesegnet!" Das ist ein Naturgesetz. Ob man es nun akzeptieren will oder nicht, Israel ist das Auserwählte Volk G-ttes. Dieser Wahrheit mussten sich nicht allein Balak, Bileam, die Moabiter und die Midianiter stellen, dies ist eine Lektion für alle. G-tt erwählte die Nation Israel und segnete sie.

Im Laufe der Geschichte hat es viele gegeben, die glaubten, dass Israel aufgrund seiner Sünden nicht länger das Auserwählte Volk sei. Sie wiesen darauf hin, dass das Volk Israel von seinem Heimatland vertrieben worden sei; sie sind nur eine kleine Minderheit der Weltbevölkerung und haben endlose Verfolgung und Misshandlung erlitten. Wie können sie dann das Auserwählte Volk sein?

In der Tat hat sich aber die Idee, Israel sei nicht mehr das Auserwählte Volk, immer wieder als falsch erwiesen, denn Israel hat alle seine Unterdrücker überlebt. Die Auffassung musste völlig aufgegeben werden, als das jüdische Volk nach über 2000 Jahren des Exils seine Sprache wiederbelebte und sein väterliches Erbe wieder zu einem Land, in dem Milch und Honig fließt, machte.

Wie wir in unserer letzten Torahlektion besprochen haben, war das Ziel Balaks und der Moabiter, die Nation Israel daran zu hindern, in das Land Israel zu gelangen. Das versuchten sie zu erreichen, indem sie Bileam holten, um das Volk zu verfluchen, und um damit den g-öttlichen Plan zu vereiteln. Dies war natürlich unmöglich und Bileams Bemühungen waren ein klassischer Fehlversuch.

Bileams Neid auf die Nation Israel war allerdings zu groß, um ihm zu

---

73 S. Numeri 24,14, und Raschis (1040-1105) Kommentar

erlauben, ohne ein gewisses Siegesgefühl nach Hause zu gehen. Daher war seine nächste Idee, den Kindern Israels Leid und Schmerz zuzufügen, indem er den Prozess der Erlösung verzögerte. Sein Plan war, dass die moabitischen Frauen die Männer Israels verführten und zum Götzendienst verleiteten. Dies gelang teilweise, denn, wie oben erwähnt, verursachte das den Tod von vierundzwanzigtausend Israeliten. Dank des Einschreitens von Pinchas wurde eine noch größere Tragödie aber abgewendet.

Nachdem die Kinder Israels damit begonnen haben mit Peor zu sündigen (in einer besonders niederträchtigen Form des Götzendienstes), befiehlt G-tt Mosche Rabeynu, die Richter Israels zu versammeln, um die Sünder zu bestrafen. Bevor die Richter aber ihren Auftrag ausführen können, wird ihnen berichtet, das Simri ben Saluh, das Oberhaupt des Stammes Simeon, vor der gesamten Versammlung Israels, einschließlich Mosche Rabeynu, mit einer midianitischen Frau einherspaziert. Er nimmt diese Frau, Kosbi Bat Zur, von königlicher Abstammung, mit in sein Zelt, um mit ihr zu schlafen. Als Pinchas Zeuge dieser schamlosen Respektlosigkeit vor G-tt und der Nation wird, richtet er Simri und Kosbi hin noch während sie im Geschlechtsverkehr zusammen sind.

Interessanterweise wird bei diesem Bericht der Ereignisse nicht davon gesprochen, dass Simri *Götzendienst betrieben hätte*. Das wäre das einzige Vergehen gewesen, auf das die Todesstrafe ausgesetzt war. Woher hatte Pinchas dann die Befugnis, Simri hinzurichten?

Der Talmud lehrt uns, dass Simri seine Beziehung zu Kosbi vor Mosche damit rechtfertigt, dass Mosche Rabeynu selbst mit der Tochter[74] eines heidnischen Priesters von Midian verheiratet war. Mosche Rabeynu ist entsetzt von diesem Vergleich seiner heiligen Frau mit Simris götzendienerischen Konkubine und von dem Umstand, dass Simri das Oberhaupt eines Stammes Israels ist. Das mag erklären, warum Mosche am Eingang der Stiftshütte weinte und, wie der Talmud berichtet, warum er sich im Unklaren darüber war, wie Simris Vergehen angemessen zu bestrafen sei. Hier ist es Pinchas, der ihn an die Anweisung *kanaim pogim bo*, die Mitzvah des *Heiligen Eifers* erinnert und der dann von Mosche den Auftrag bekommt zu tun, was er für angemessen hält. Das erklärt, wie Pinchas sich die Freiheit nehmen konnte, Simri hinzurichten, obwohl die Tat selbst kein todeswürdiges Verbrechen darstellt.

---

74 Zippora – Exodus 2,21

Trotz des Gesetzes der Torah, dass ein Priester, der Blut an seinen Händen hat, nicht mehr im Tempel dienen darf, wurde Pinchas das Privileg der Priesterschaft erteilt, gerade wegen seiner Tat des Blutvergießens. Warum machte G-tt für Pinchas diese Ausnahme?

Nach talmudischen Lehren war Yitro, ein früherer Götzenanbeter, einer der Vorfahren des Pinchas. Der Stamm Simeon war aufgebracht darüber, dass ein Nachkomme eines heidnischen Priesters sich anmaßen sollte, Simri, einen Prinzen Israels, zu töten. Haschem würdigt Pinchas Tat damit, dass er ihm das Priesteramt verleihen lässt. Tatsächlich ist es die Aufgabe eines Priesters, den Fortbestand der Nation Israels sicherzustellen – was Pinchas Absicht bei der Tötung Simris und Kosbis war. Pinchas erkannte die schreckliche Gefahr der Assimilation Israels mit einer heidnischen Welt des Götzendienstes. Das war genau das, was Bileam und die anderen erreichen wollten, denn durch Mischehen würde die Nation Israel von der Bildfläche verschwinden und niemand würde in der Welt übrig bleiben, Israels Auftrag zu erfüllen.

Interessanterweise fand eine weitere Tat des heiligen Eifers in einem „Hinterhof" der Gemeinde von Itamar statt, wodurch ebenfalls eine massenhafte Assimilation verhindert wurde. Simeon und Levi löschten die Stadt Sichem völlig aus, nachdem Jakobs Tochter Dina vergewaltigt worden war. Wie wir uns vielleicht erinnern, wollte Sichem Ben Hemor, dass die Kinder Jakobs Mischehen eingingen und sich mit ihnen assimilierten. Bemerkenswert ist, dass Pinchas von Levi abstammte und Simri von Simeon.

Man könnte argumentieren, dass Simri versuchen wollte, Simeons gewaltsame Tat dadurch wieder gutzumachen, dass er eine heidnische Frau zu sich nahm, um sie dadurch aufzuwerten. Möglicherweise dachte er, anstatt Krieg gegen die Midianiter zu führen, könnte er sie spirituell erwecken. Er konnte sogar auf den Präzedenzfall mit Josua verweisen, der Rahab, eine Nichtisraelitin geheiratet hatte, die später konvertierte. Leider war es jedoch Kosbi, die Simri beeinflusste und die Nation Israel gefährdete.

(Pinchas liegt in Givat Pinchas begraben, heute bekannt als Awarta, einem arabischen Dorf gerade außerhalb von Itamar.)

PARASCHAT
MATOT

Stämme

Numeri 30,2-32,42

מטות

MATOT

TORAHLEKTION VON

RABBI NATHAN LOPES CARDOZO

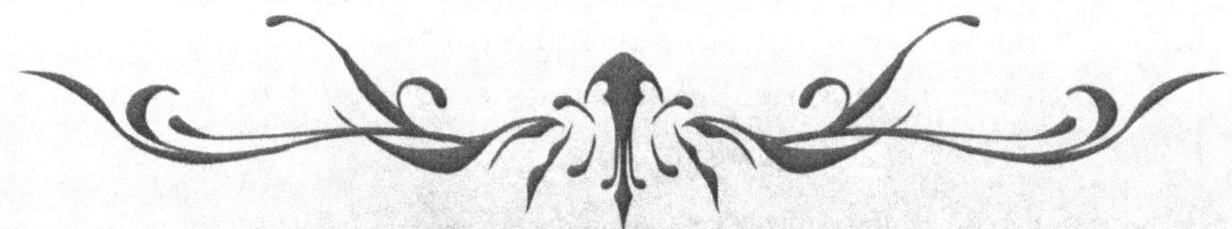

Die Dimensionen der Prophezeiung und die ewige Gültigkeit der Torah

DIE TORAH BENUTZT verschiedene Ausdrücke für Prophezeiung und zwei der Bezeichnungen, die häufig vorkommen, sind *Seh Hadavar* – „Dies ist das Wort," und *Koh Amar Haschem* – „So spricht der HERR."

Ein Beispiel des ersteren finden wir in Numeri 30,2, wo die Torah lehrt, wie Gelübde abgelegt werden: „Mosche sprach zu den Häuptern der Stämme der Kinder Israels und sagte: ‚*Dies ist das Wort* das Gott befohlen hat: Wenn ein Mann einen Eid (…)'" Ein Beispiel des letzteren kommt in Exodus 11,4 vor, wo Mosche dem Volk mitteilt, dass die versprochene Erlösung von der Last der ägyptischen Sklaverei kurz bevorsteht: „*So spricht der HERR*: ‚Um Mitternacht werde ich durch ganz Ägypten gehen.'"

Zu diesem Vers kommentiert Raschi (1040-1105):

> „Mosche prophezeit mit ‚*Koh Amar Hashem* (*So spricht der HERR*) und die Propheten prophezeien mit ‚*Koh Amar Hashem*.' Mosche fügte jedoch noch [eine weiter Art der Prophezeiung] hinzu, mit den Worten ‚*Seh Hadavar*' (*Dies ist das Wort*)."

Rabbi Eliyahu Mizrachi (1440-1525) erklärt in seinem klassischen Kommentar zu Raschi, dass dieser feine Unterschied in der Sprache auf die Einzigartigkeit der Prophezeiung von Mosche hinweist. Der Talmud bemerkt, dass mit Ausnahme von Mosche Rabeinu, die Propheten Israels eine Kommunikation mit Gott nur erlebten *be'aspaklaria she'ena me'ira* – wie durch ein verdunkeltes Schauglas, was bedeutet, dass sie ihre Prophezeiung nur während einer Trance oder eines Traumes erhielten. Nur Mosche erhielt seine Prophezeiungen zu allen Zeiten, auch dann, wenn er bei vollem Bewusstsein war. Er erreichte ein spirituelles Niveau, bei dem nichts mehr zwischen ihm und Gott stand. So können wir sagen, dass die Prophezeiung des Mosche zu ihm *be'aspaklaria sheme'ira* – durch ein klares Schauglas kam.

Wenn diese Deutung richtig ist, dann deutet die Formulierung *Koh amar*

Hashem – „So spricht der HERR," in gewisser Weise auf eine Prophezeiung durch ein „verdunkeltes Schauglas" hin. Kommentatoren weisen darauf hin, dass diese Art der Prophezeiung nicht unbedingt als wörtliche Wiederholung der göttlichen Kommunikation übermittelt werden muss. *Koh Amar Hashem* bedeutet eigentlich: „Dies ist *in etwa*, was Gott gesagt hat," während *Seh Hadavar* verstanden werden sollte als: „Dies ist *genau*, was Gott gesagt hat.[75]" Um den oben erwähnten Kommentar Raschis (von dem wir lernen, dass Mosche prophezeite, dass beide Ausdrücke gebraucht werden würden) zu erklären, könnte man argumentieren, dass Mosche, bevor er die Torah empfing, auf dem Niveau aller anderen Propheten prophezeite (*Koh Amar Hashem*). Nachdem er aber auf dem Berg Sinai einmal mit Gott von Angesicht zu Angesicht gesprochen hatte, wurden er und seine Prophetie auf ein höheres Niveau erhoben, auf dem er begann mit *Seh Hadavar* zu prophezeien.

Der Maharal (1525-1609) weist jedoch darauf hin, dass wir in der Torah Stellen finden, an denen Mosche selbst nach der Offenbarung am Berg Sinai mit *Koh Amar* prophezeite – wodurch die frühere Unterscheidung nicht mehr haltbar ist.[76] Folgerichtig schlägt der Maharal eine weitere Erklärung für diese beiden unterschiedlichen prophetischen Ausdrücke vor, die an das ureigene Wesen der Torah rührt.

Es gibt tatsächlich zwei unterschiedliche Arten der Prophezeiung – eine temporärer Natur und eine ewig gültige. Die Worte, die Mosche aussprach, um Israel darüber zu informieren, dass Gott sie aus Ägypten führen werde, waren sehr situationsbezogen. Sie waren speziell bezogen auf eine bestimmte Zeit und einen Ort und als solche war die Bezeichnung *Koh Amar Hashem* ausreichend. Wenn Gott aber seinen Willen in Form von *Mitzvot* offenbart, nimmt Seine Botschaft eine *ewig gültige* Gestalt an und bedarf daher einer Formulierung mit mehr Nachdruck: *Seh Hadavar* – „Dies ist das Wort [für immer]."

Der Maharal erklärt mit seiner üblichen Verständnistiefe, dass die erste Art der Prophezeiung auf eine Veränderung hindeutet. In unserem Fall haben wir ein solches Beispiel, als Mosche den Israeliten mitteilt, dass Gott dadurch, dass er sie aus Ägypten herausführen wird, eine dramatische Veränderung herbeiführen wird. Dies war eine zeitlich begrenzte Angelegenheit, die in die Welt von Ort und Zeit gehört, da Veränderung nur im Reich des Physischen und

---

75 Siehe, jedoch, Ha'emek Davar von Netziv, der diese Deutung ablehnt (a.a.O)
76 Gur Aryeh (a.a.O.)

Zeitlichen möglich ist. Die zweite Art der Prophezeiung – die Offenbarung der *Mitzvot* – ist jedoch weder im Physischen noch im Zeitlichen oder Endlichen verwurzelt. Die *Mitzvot* sind das Ergebnis von *ewigen*, spirituellen Bereichen, die die physische Welt zwar berühren, aber ohne Teil davon zu werden. Als solche haben die *Mitzvot* keine Existenz oder Rolle in der physischen Welt, außer ihrem Einfluss. Aus diesem Grund manifestieren sie sich mit *Seh Hadavar* – „Dies ist das unwandelbare, ewige Wort."

Mit dieser Erklärung kann der Maharal auf eine der fundamentalsten Fragen des Judentums antworten: Warum wollte Gott die Torah nicht den *Avot*, den Vätern, Abraham, Isaak und Jakob geben? Wenn die Torah doch tatsächlich eine solch tiefgründige Botschaft enthält, warum sollte sie dann für so viele Generationen zurückgehalten werden?

Mit den oben gemachten Erkenntnissen im Sinn, wird die Sache glasklar. Man kann etwas Unendliches und Ewiges nicht in ein endliches Gefäß geben – denn das Gefäß, ganz gleich wie stark es auch sei, würde zerbersten. Solange das Volk Israel noch eine bloße Ansammlung von sterblichen Individuen war, selbst wenn jene Individuen die überragende Statur und besten Charakterzüge von Abrahm, Isaak und Jakob gehabt hätten, konnten sie die unendliche Torah nicht empfangen. Erst als das Volk Israel Ägypten verlassen hatte und in eine auserwählte, religiös abgesonderte Nation verwandelt war – erst nachdem das Volk Israel eine ewige Einheit geworden war – wurden sie zu einem Gefäß, dass die ewige Torah Gottes aufnehmen konnte.

PARASCHAT
MASEI

Wanderungen

Numeri 33,1-36,13

מסעי

MASEI

TORAHLEKTION VON

RABBI MOSHE LICHTMAN

EIN EHEBUND IM HIMMEL GESTIFTET

DIE TORAH SAGT in der Paraschat dieser Woche:

‚Gebiete den Kindern Israels und sprich zu ihnen: „Wenn ihr in das Land Kanaan kommt, dann ist dies das Land, **das an euch fallen soll** als Erbteil: das Land Kanaan seinen Grenzen entsprechend.‟‛ (*BeMidbar* 34,2)

Unsere Weisen kommentieren diesen Vers:

Was soll *„an euch"* heißen? Das Land gebührt euch. Das kann mit einem König verglichen werden, der Diener und Mägde hatte. Er pflegte seine Knechte mit den Mägden anderer Familien zu verheiraten. Dann hielt der König inne und dachte nach: „Die Knechte sind mein und die Mägde sind mein. Es ist besser, ich verheirate meine Knechte mit meinen Mägden, meine eigenen mit meinen eigenen." Auf gleiche Weise hat der Heilige, gepriesen sei Er, gesagt (sozusagen): „Das Land ist Mein, wie es heißt, *Das Land ist des HERRN* (Psalm 24,1) und *Denn das Land ist Mein* (Levitikus 25,23); und das Volk Israel ist Mein, wie es heißt, *Denn die Kinder Israels sind Meine Knechte* (ibid. 25,55). Es ist besser für Mich, Mein Land als Erbteil an Meine Knechte zu geben; Mein eigen an Mein eigen," Deshalb heißt es: *Dies ist das Land, das an euch fallen soll als Erbteil.* (*BeMidbar Rabbah* 23,11)

Rabbi Yisachar Shlomo Teichtal, Autor von *Eim HaBanim Semeichah,* erklärt diesen Midrasch sehr schön:

Warum benutzten die Weisen dieses Gleichnis? Sie hätten einfach sagen sollen: „Das Wort ‚Mein‛ gilt für beides, das Land Israel und das Volk Israel etc." Weiterhin stellt sich die Frage, warum zitierte der Midrasch den Vers ‚*Denn die Kinder Israels sind Meine Knechte*‛? Man hätte den Vers von der Offenbarung der Torah zitieren sollen: ‚*Und ihr sollt Mir* … (Schemot 19,6) Warum erwähnten sie den Vers, der Israel als Knechte erwähnt?

Es scheint, als beschäftige den Midrasch hier eine Frage. Warum schreibt der Vers dem Land die handelnde Rolle beim Vorgang des Erbens zu? Es heißt ja: ‚*Dies ist das Land, das **an euch fallen** soll als Erbteil.*‘ Das deutet an, dass das Land von sich aus „an euch fallen" wird. Es hätte doch heißen sollen: „*Dies ist das Land, **das ihr erben sollt**,*" denn der Vorgang des Erbens geht von Israel aus, nicht vom Land.

Der Midrasch bringt ein eigenes Gleichnis, um diese Frage zu beantworten. Bedenken wir Folgendes. Ein König wird selbstverständlich nicht in Betracht ziehen, seine Kinder an Knechte oder Mägde von außerhalb zu verheiraten. Vielmehr wird er sie an solche verheiraten, die ihnen ebenbürtig sind. Jedoch würde er nicht zögern, irgendeinen Knecht oder eine Magd an Knechte oder Mägde von außerhalb zu verheiraten. Letztendlich jedoch stellt er fest, dass es vorteilhafter ist, selbst seine Knechte und Mägde mit seinen eigenen zu verheiraten. Das ist die Bedeutung von „vorteilhaft". Das heißt, auch wenn der eine Weg gut ist, ist der andere noch etwas besser.

Nun, wir sind wohlvertraut mit der Aussage unserer Weisen, dass wir, sobald wir den Willen des Allmächtigen tun, als Seine Kinder betrachtet werden, wenn wir aber (Gott bewahre) nicht Seinen Willen tun, sind wir seine Knechte (*Bava Batra* 10a). Das erklärt alles. Tut das Volk Israel den Willen des Allmächtigen, handelt dementsprechend und wird dadurch zu Kindern Gottes, gibt es keinen Zweifel, dass sie das Land bekommen. Denn dann ist der Ehebund (Schidduch) zwischen „Trauben des Weinstocks und Trauben des Weinstocks" (s. *Pesachim* 49a). Versagen sie aber und tun Seinen Willen nicht und werden lediglich als Knechte betrachtet, so könnte man denken, werde der Heilige, gepriesen sei Er, das Land an Knechte von außerhalb „verheiraten", das hieße, an die Nationen der Welt. Deshalb bringt der Midrasch das Gleichnis, um deutlich zu machen, dass selbst wenn das Volk Israel als Knechte betrachtet wird, HaSchem sagt: „Es ist vorteilhafter, mein Land an meine Knechte zu ‚verheiraten‘."

Daraus wird die Notwendigkeit für dieses Gleichnis klar, denn es spielt auf die Tatsache an, dass selbst dann, wenn Israel darin scheitert, den Willen HaSchems zu tun, Er immer noch gewillt ist, den *Ehebund* (*Schidduch*) zwischen Israel und dem Land Israel zu schließen. Das erklärt auch, warum der Midrasch speziell den Vers zitiert, „*Denn die Kinder Israels sind Meine Knechte.*" Er weist auf eine Zeit, wo das Volk Israel als Knechte betrachtet wird. Der Midrasch zitiert nicht den Vers von der Offenbarung der Torah, weil er sich auf eine Zeit bezieht, in der sie auf Gott hörten, wie es heißt, *„Nun, deshalb, wenn ihr auf Meine Stimme hören werdet."* (Shemot 19,5)

Das erklärt auch, warum der Vers sagt, *„Dies ist das Land, das an euch fallen soll als Erbteil,"* und nicht „das ihr erben sollt." „Das ihr erben sollt" würde bedeutet haben, dass ihr, aufgrund eurer eigenen *Vorzüge, dieses Land verdient hättet.* Nur dann macht es Sinn, den Vorgang des Erbens dem Volk Israel zuzuschreiben. Es hätte sich ausschließlich auf eine Zeit bezogen, in der das Volk Israel den Willen HaSchems getan hätte. Daher sagt die Torah, *„das an euch fallen soll."* Das spielt darauf an, dass ihr das Land nicht bekommt, weil ihr euch richtig verhalten habt, sondern weil das Land danach verlangt. Das Land sagt: „Es ist vorteilhafter für mich an euch zu fallen, als an andere Knechte." (*Eim HaBanim Semeichah*, S. 283-285)

Aus *Eretz Yisrael in the Parashah* von Rabbi Moshe Lichtman

DEUTERONOMIUM ✦ DEVARIM

PARASCHAT
DEVARIM

Worte

Deuteronomium 1,1-3,22

דברים

DEVARIM

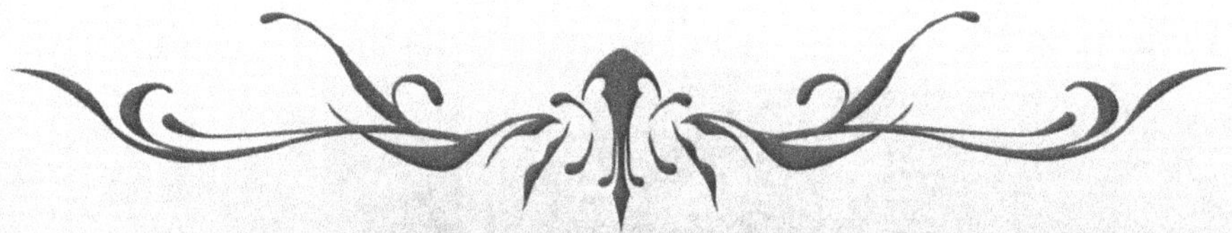

TORAHLEKTION VON
RABBI LEVI COOPER

Virtuelle Wände, wahre Einheit

Das Buch Deuteronomium, das von Moses Abschiedsansprache an die Israeliten berichtet, beginnt mit dem Vers: „Dies sind die Worte, die Mose an ganz Israel richtete jenseits des Jordan in der Wildnis, in der Steppe gegenüber von Suph, zwischen Paran, Tophel, Laban, Hazerot und Disahab" (Deuteronomium 1,1)

Die einleitende Zeile ist nicht schwierig zu verstehen, aber die Bedeutung der zweiten Hälfte des Verses ist unklar. Warum werden diese speziellen Ortsangaben erwähnt? Darüber hinaus erscheinen einige der aufgezählten Ortschaften gar nicht in parallelen biblischen Abschnitten, die die Wanderungen der Israeliten durch die Wüste beschreiben (s. Numeri 33,16-36). Wo sind diese Orte und warum werden sie erwähnt?

Einer der Chassidischen Meister – Hiddushei Harim – bietet einen innovativen Einblick in diesen verwirrenden Vers an. Seine Lesart deutet auf eine wichtige Lektion hinsichtlich des begehrten Ideals der Einheit an.

Rabbi Yitzhak Meir Rotenberg (1799-1866) ist bekannt unter dem Titel seiner Schriften Hiddushei Harim (die Erzählung von HaRav Yitzhak Meir). Er war der Gründer der Gur Hasisidic Gemeinde, benannt nach der polnischen Stadt Gora Kalwaria, wo die erste Gruppe entstand. Die Gur Hasidic Gemeinschaft war während der Zeit zwischen den Kriegen in Polen politisch aktiv und ist auch bis heute im modernen Israel eine bedeutende politische Kraft.

Kommen wir zurück zu den rätselhaften Orten im Eröffnungsvers von Deuteronomium. Im Laufe der Jahrhunderte haben Kommentatoren sich mit dieser Aufzählung schwergetan. Ein Ansatz war, diesen Vers als eine Anspielung auf die verschiedenen Episoden des sträflichen Verhaltens während der vierzigjährigen Wanderung in der Wüste zu werten. Rashi (1040-1105), der große französische Kommentator, erklärt dazu: „Wegen der Ehre Israels" war es vorzuziehen, auf diese Ereignisse nur hinzudeuten, anstatt sie auszusprechen. Auf diese Weise erklärte Rashi, dass Hazerot, einer der erwähnten Orte, auf die Rebellion Korahs früher im biblischen Bericht (Numeri 11,35, 12,16; 33,17-18) hinweist.

Während dieser Ansatz die Erwähnung Hazerots erklärt, ist die Feststellung des Zusammenhangs dennoch überraschend, da das Wort Hazerot in dem Bericht über Korah nicht erwähnt wird!

Der Hiddushei Harim erklärte, warum Hazerot auf die Auseinandersetzung mit Korah anspielt. Der Talmud berichtet, dass König Salomo für zwei rabbinische Einrichtungen verantwortlich war: das Waschen der Hände vor dem Brotessen und Eiruv (Babylonischer Talmud, Shabbat 14b). Eiruv ist ein gesetzliches Verfahren, das einen halböffentlichen Ort zur Privatsphäre erklärt. Am Sabbat ist es verboten, private Gegenstände aus einem privaten Bereich in einen öffentlichen Bereich zu transportieren und umgekehrt. Es ist ebenfalls verboten, einen Gegenstand in einem öffentlichen Bereich über mehr als vier Cubits zu bewegen. Die Einrichtung eines Eiruv, und die damit verbundene Umdefinierung eines halböffentlichen Ortes zu einem privaten Bereich, erlaubt es dann, Gegenstände innerhalb des neu definierten Bereiches zu tragen. Heute haben viele jüdische Gemeinden einen Eiruv, der ihnen erlaubt, am Sabbat ein Siddur (Gebetbuch) oder Tallit (Gebetsschal) zur Synagoge zu tragen oder ein Baby aus dem Haus zu tragen.

Ein Eiruv kann nur unter bestimmten Bedingungen und mit Hilfe einer Anzahl vorgeschriebener Handlungen errichtet werden. Die sichtbarste Erfordernis ist ein Zaun oder ein virtueller Zaun, der das Gebiet umschließt. Eine Schnur zwischen Pfählen, die einen jüdischen Bereich umschließt, ist genau das – eine virtuelle Wand, mit einer Reihe von Eingängen. Ein weiteres weniger bekanntes Erfordernis ist eine gemeinsame Küche. Im Falle eines Eiruvs für eine kleinere Anzahl Familien, steuert jeder etwas Essen bei, um die gemeinsame Küche zu erstellen. In einer größeren Gemeinde, wo das unpraktisch ist, wird die Küche in einer anderen Art eingerichtet: Gemeindeleiter beschaffen erlaubterweise Essensvorräte im Auftrag eines jeden Gemeindemitgliedes – normalerweise Matzot (ungesäuertes Brot, üblicherweise verzehrt zu Passah), da sie eine längere Haltbarkeitsdauer haben. Der gemeinsame Besitz – auch wenn es den Einzelnen nicht bewusst ist – schafft damit für das Gesetz eine gemeinsame Küche.

Der Talmud berichtet, dass bei der Einsetzung dieser Neuerungen durch König Salomo eine himmlische Stimme erscholl: „Mein Sohn, wenn dein Geist Weisheit erlangt, dann ist auch mein Geist erfreut. Erwirb Weisheit, mein Sohn, und erfreue mein Herz, damit ich denen etwas antworten kann die,

die meiner spotten." (Sprüche 23,15; 27,11) Was ist die Verbindung zwischen Weisheit und diesen Neuerungen?

Wir verstehen die Verbindung zwischen Eiruv und Weisheit, wenn wir die Wirkung und das Ergebnis der Neuerung betrachten. König Salomo zeigte, dass das Volk Israel die Macht hat, seine Kräfte zu vereinen und durch Essen eine Einheit zu bilden, da jeder einen kleinen Beitrag geleistet hat. Dieser geringe scheinbar unbedeutende Beitrag war ausreichend, ein gemeinsames Band zwischen dem Volk zu ziehen und den Status eines halböffentlichen Ortes zu ändern. König Salomo erkannte in weiser Voraussicht den potenziellen Gewinn bei der Vereinigung der Leute mit der Einrichtung eines Eiruv.

Der Hiddushei Harim fuhr fort: „Korah steht für das genaue Gegenteil. Der Einleitungsvers von Korahs Geschichte beginnt: „Und Korach nahm!" Onkelos – der die Bibel ins Aramäische übersetzte – übersetzte hier nicht das hebräische, standardmäßige „nahm", vielmehr übersetzte er: „Und Korah zettelte einen Streit an." Korah stachelte zu einem Kampf an und riss auf diese Weise die Einheit, die das Volk Israel hätte ausmachen sollen, nieder. Korahs Handeln kann daher als das Gegenteil zu einem Eiruv betrachtet werden. Ein Eiruv bringt die Leute zusammen, Korah suchte das Volk zu entzweien. Korahs Absicht war, die Einheit zu zerstören, ein Eiruv wird auf einem gesetzmäßigen Konstrukt der Einheit erbaut. Ein Eiruv könnte auch Einheit fördern, indem er Einzelnen und Familien dabei hilft, die Grenzen ihres Heimes zu verlassen und sich in Behaglichkeit unter andere zu mischen.

Mit einem nicht auf Einheit basierenden Eiruv haben wir nicht mehr als individuelle Hinterhöfe, im Hebräischen bekannt als „Hazerot." Auf diese Weise – so erklärt der Hiddushei Harim – ist Hazerot eine Anspielung auf Korahs spalterische Absicht.

Wir könnten noch hinzufügen, dass der Eröffnungsvers von Deuteronomium nicht nur auf eine historische Episode anspielt, sondern auf die beständige Herausforderung hinweist, die Einigkeit darstellt – ein hehres Ziel, das, so hoffen und beten wir, sich in unseren Tagen noch verwirklichen wird.

PARASCHAT
VA'ETCHANAN

Und ich bat

Deuteronomium 3,23-7,11

ואתחנן

VA'ETCHANAN

TORAHLEKTION VON
RABBI YEHOSHUA FRIEDMAN

WEISHEIT AUS DER SICHT DER NATIONEN

MOSES ABSCHIEDSREDE AN die zweite Generation nach dem Auszug aus Ägypten wird aus dem Buch Deuteronomium vorgelesen. Sie war gedacht als Einstimmung auf den Einzug in das Land Israel. Aus diesem Grunde möchte ich über eine Schwierigkeit sprechen, die ich anfangs beim Verständnis dieses Torahabschnitts hatte. Angemessenerweise, bekam ich ein größeres Verständnis für diese Worte, während ich mich dann im Lande selbst niederließ.

Die Torah sagt (Deuteronomium 4,1-8):

> Und nun, Israel, höre die Satzungen und Rechtsvorschriften, die ich euch zu tun lehre, damit ihr lebt und hineinkommt und das Land besitzt, das euch der HERR, der Gott eurer Väter, gibt. Ihr sollt nichts hinzutun zu dem Wort, das ich euch gebiete, und ihr sollt auch nichts davon wegtun, damit ihr die Gebote des HERRN, eures Gottes, haltet, die ich euch gebiete. Eure Augen haben gesehen, was der HERR wegen des Baal-Peor getan hat. Denn alle, die dem Baal-Peor gefolgt sind, hat der HERR, dein Gott, aus deiner Mitte vernichtet! Aber ihr, die ihr an dem HERRN, eurem Gott, festhieltet, lebt heute alle noch. Seht, ich habe euch Satzungen und Rechtsvorschriften gelehrt, wie mir der HERR, mein Gott, geboten hat, dass ihr so tun sollt inmitten des Landes, in das ihr kommt, um es zu besitzen. Deshalb haltet sie und handelt danach; denn das ist eure Weisheit und euer Verständnis in der Sicht der *Völker. Wenn sie alle diese* Satzungen *hören, werden sie sagen:* ‚Gewiss, dieses große Volk ist ein weises und verständiges Volk!' Denn welches große Volk gibt es, das Gott so nahe bei sich hat, wie der HERR, unser Gott, es ist, wann immer wir ihn anrufen?

Als ich, als junger Jude, zur Einhaltung der Torah zurückfand und zum ersten Mal diesen Vers mit Interesse zu lesen begann, dachte ich: „Wow! Die anderen Völker werden erkennen, wie gerecht die Gesetze der Torah im Vergleich zu ihren eigenen Gesetzen sind. Sie werden die Weisheit der jüdischen Einstellungen bezüglich sozialer Gerechtigkeit, Ehe und Familie und anderen menschlichen Werten schätzen lernen.“

Das war zu einer sehr optimistischen Zeit, für mich persönlich und für das Land Israel. Juden wurden immer noch in der Welt respektiert, während der Staat Israel sich noch im Glanz des wunderbaren Sieges im Sechs-Tage-Krieg des Jahres 1967 sonnte. Die Verse der Schrift klangen wie die Boten einer endgültigen, sehr nahen Erlösung. Ich fand eine rabbinische Aussage zu dem Vers, die mir in ihrer Sichtweise eher beschränkt erschien.

Der Babylonische Talmud, Traktat Shabbat 75a, sagt: „Wovon leiten wir ab, dass ein Mensch die Zyklen des Kalenders berechnen soll? Wie es heißt: ,Denn das ist eure Weisheit und euer Verstand in den Augen aller Völker. Welche Weisheit besteht in den Augen aller Völker? Das ist die Berechnung der Zyklen des Kalenders.“

Ich war schockiert! Warum glaubten die Rabbiner, dass aus all der Weisheit der Torah – Gerechtigkeit, Moral, gesundes Familienleben, Persönlichkeitsentwicklung – die einzige Weisheit, die Nichtjuden zu schätzen wissen würden, der Kalender wäre? Ich interpretierte das so, dass obwohl die Nationen Israel hassen, sie wider Willen zugeben müssen, dass wir Astronomie verstehen und unser Kalender funktioniert. Ist das alles, was die Heiden nach Ansicht der Rabbiner verstehen könnten? Für mich, mit meiner liberalen Ausbildung, war das schwer zu schlucken. Aber über die längste Zeit der Geschichte sind viele Gruppen von Menschen gar nicht sonderlich beeindruckt gewesen von G-ttes Volk und G-ttes Torah – Antisemitismus gibt es schon lange auf der Welt. Ich war enttäuscht, aber für ungefähr die nächsten sechs Jahre bekam ich keine weiteren Antworten auf meine Fragen und ließ sie erst einmal auf sich beruhen.

In Deuteronomium 1,5 sagt die Torah uns: „Jenseits des Jordans, im Lande Moab, begann Mosche, die Torah zu erklären und sprach (…).“

Mosche erhielt die Torah am Sinai und 40 Jahre lang lehrte er sie den Kindern Israels in der Wüste. Vor seinem Tode rekapitulierte er seine Lehren in einer Form, angepasst an die neue Generation, die jetzt kurz davorstand, das Land Israel zu betreten. Das Überraschende dabei ist, dass Mosche alles nicht nur seinem eigenen Volk vorträgt, sondern der ganzen Welt, und das in allen Sprachen der Welt. Unsere Weisen sagten, dass Hashem allen Nationen der Welt die Torah anbot, aber nur Israel sie annahm. Dennoch erklärt Mosche die Torah in allen Sprachen der Welt. Geschieht das für die Nationen selbst, für den Zeitpunkt, wenn sie bereit sind, sie anzunehmen? Oder ist es vielleicht für die Israeliten, die eines Tages in anderen Ländern im Exil leben werden und nicht genügend Hebräisch verstehen, um sie im Original zu lesen? Oder ist es beides? Egal, warum musste die Torah in den 70 Sprachen der damaligen Zeit erklärt werden, wenn niemand sie wollte oder eine Übersetzung brauchte?

In Kapitel 27 von Deuteronomium erfahren wir, dass nach der Überquerung des Jordans das Volk die Gebote der Torah auf Steine schreiben sollte, die es mit Kalk übertünchen sollte. Es ist nicht ganz klar, ob die Schrift auf dem Kalk stehen sollte oder auf den Steinen und dann mit Kalk übertüncht wurde. Sind die Worte eingeritzt und mit Kalk überstrichen, bedeutet das, dass die Torah darauf wartet, dass die Nationen bereit sind, sie aufzunehmen. Sind die Worte nur auf den Kalk geschrieben, so werden sie verwittern. Das würde bedeuten, dass die momentane Wirkung der Torah auf die Welt nur vorübergehender Natur ist, ein Ergebnis der Wunder, die der Allmächtige durch Mosche gewirkt hat. Die tatsächliche Auswirkung der Torah auf die Welt wird erst am Ende der Zeit deutlich werden. Rashi (1040-1105) erwähnt hier ebenfalls, dass die Worte in allen 70 Sprachen geschrieben werden sollten.

Im Buch Josua, am Ende des 8. Kapitels, vollzieht Josua die von Mosche in Deuteronomium 27 befohlene Zeremonie mit den zwölf Steinen. Unter den verschiedenen Kommentatoren herrschen unterschiedliche Auffassungen bezüglich dessen, was auf den Steinen aus Vers 32 stehen sollte. Einige sagen, dass nur die Zehn Gebote auf die Steine geschrieben wurden, andere sagen die 613 Gebote und zu guter Letzt sagen einige, dass das ganze Buch der Torah auf diese Steine geschrieben wurde. Diese unterschiedlichen Interpretationen bezüglich dessen, was aufgeschrieben werden sollte, stehen wohl in Zusammenhang mit der Frage, ob die Übersetzungen zum Nutzen der Israeliten oder zum Nutzen der Nationen gedacht waren. Diese Texte ließen mich mit einer unbeantworteten Frage zurück.

In der Zwischenzeit ging unser Leben weiter. 1980 schlossen meine Familie und ich uns der neuen Gemeinde von Kochav Hashachar an. Der Ort, wo wir unsere Gemeinde aufbauten, war ursprünglich ein Außenposten von Nachal gewesen. Nachal ist eine hebräische Abkürzung für kämpfende Pionierjugend. Die IDF stellten diese Außenposten auf, um dort strategisch wichtige Gebiete zu besiedeln, die aber noch nicht ausreichend für eine zivile Besiedlung entwickelt waren. Eine Einheit der Armee bewachte das Land und baute eine Infrastruktur auf, die eine zukünftige Übernahme dieser Gebiete durch Zivilisten zulassen würde. Damit war die Erwartung verbunden, dass mit der Zusammenarbeit von Siedlerbewegungen die Außenposten sich zu Kibbutzim oder Moshvim[77] entwickeln würden. Als aber im Jahre 1980 die Zeit kam, Kochav Hashachar in eine zivile Nutzung zu übergeben, waren die Kibbutz-Bewegungen, die mit der IDF kooperiert hatten, um in Nachal einen Außenposten einzurichten, aus unterschiedlichen Gründen nicht mehr an einer Besiedlung von Kochav Hashachar als einem Kibbutz interessiert. Dagegen aber freuten sich religiöse Siedler der Gush Emmunim-Bewegung über diese Gelegenheit, weil sie es als eine Pflicht und ein Privileg ansahen, das biblische Kernland von Israel zu besiedeln und dort in einer schönen Lage eine Gemeinde aufzubauen.

Dort gab es auch eine Handvoll junger verheirateter Paare und ein paar Singles, die einen spirituellen Leiter, einen Rabbiner, suchten aber wir hatten noch keinen. Wir fuhren jeden Tag zum Studium oder zur Arbeit, sorgten für unsere Familien und schoben Wachdienste; wir waren ziemlich erschöpft. Zur Unterweisung hatten wir am Sabbat oft Rabbiner und andere Mentoren zu Besuch.

Als Kochav Hashachar plante, den berühmten Rabbi Yehoshua Zuckerman als Gast zu empfangen, äußerten unsere Nachbarn – alles junge, neu verheiratete Paare – ihre Sorge, wer wohl den Rabbi mit seiner Familie, die 12 Kinder und seine ältere Mutter umfasste, aufnehmen könnte. Wir wohnten in ziemlich kleinen Quartieren. Keiner dieser jungen Israelis hatte je eine so große Anzahl von Personen in seinem Zuhause beherbergt. Wir lebten unter ziemlich primitiven Bedingungen mit gelegentlichen Warnungen, das Wasser aus dem Hahn abzukochen, Elektrizität wurde mit Hilfe eines lautstarken Generators erzeugt und wir hatten auch keine Telefone (1980 – Sie erinnern sich: keine Mobiltelefone). Einige Frauen, die kürzlich eine Geburt gehabt hatten, waren anschließend für einen Monat zu ihren Müttern gezogen. Meine Frau, deren Mutter in den Vereinigten Staaten lebte, dachte nicht daran, nach Hause zu fahren. Hier war zu Hause. Kürzlich hatten wir noch für unsere Freunde aus der Yeschiva Partys gefeiert und wir wussten, wie man unter beengten Umständen Leute unterbringt. Die Jahre, die wir eine halbe Weltreise weit von unseren Eltern verbracht hatten, vermittelten uns wohl

---

77 Kibbutzim oder Moshvim sind kooperative Dörfer in Israel.

ein etwas übertriebenes Selbstvertrauen in unsere Gastgeberfähigkeiten, aber unsere Nachbarn konnten ja mit Essen aushelfen.

Plötzlich saß ich, Seite an Seite, neben einem hoch geachteten Rabbi und mir wurde klar, dass ich jetzt die goldene Gelegenheit hatte, dem Rabbi meine seit sechs Jahren unbeantwortete Frage zu stellen. „Rabbi, warum bagatellisiert die Gemara[78] diesen Vers, indem sie die Weisheit auf die Astronomie reduziert?"

Rav Zuckermans Antwort war verblüffend. „Was heißt, bagatellisiert? Die Zeiteinteilung ist von lebenswichtiger Bedeutung. Die alten Heiden opferten ihre jungfräulichen Töchter in dem verzweifelten Versuch, die richtige Aussaatzeit zu treffen. Da kommt dieser kleine, Hebräer daher und schaut nur nach der Sonne, dem Mond und ein paar astronomischen Tabellen und weiß sofort Bescheid, wann es Zeit ist, zu säen und zu ernten. Das war revolutionär, sowohl im Denken als auch in der Praxis. Zeiteinteilung ist lebenswichtig. Der hebräische Kalender ist ein Geschenk und ein Gebot von G-tt. Er ist perfekt auf das Volk Israel und das Land Israel abgestimmt. Wir haben ihn uns nicht selber ausgedacht. Selbst heute noch sind die Menschen um ihre Zeiteinteilung besorgt, im Geschäftsleben, im Krieg, in allem, was sie auch immer für entscheidend halten für ihren Erfolg."

Rav Zuckerman machte mir klar, wie wichtig der Kalender und die Zeiteinteilung für die Entwicklung der Zivilisation war. Vielleicht hatte ich es versäumt, die Wichtigkeit der Zeiteinteilung richtig zu schätzen, da ich ein eingefleischter Zauderer bin. Aber jetzt machte alles plötzlich einen Sinn. Die Prophezeiung lehrt uns, dass in Zukunft die Nationen der Welt Israel und auch die übrige Torah wertschätzen werden, wie geschrieben steht (Sacharjah 8,22-23):

> Siehe, viele Völker und mächtige Nationen werden kommen, den HERRN der Heerscharen in Jerusalem zu suchen und die Gunst des HERRN zu erflehen. So spricht der HERR der Heerscharen: In jenen Tagen wird es geschehen, dass zehn Männer aus allen Sprachen der Nationen den Rockzipfel eines Mannes, eines Juden, festhalten und sagen: ‚Wir wollen mit euch gehen, denn wir haben gehört, dass Gott mit euch ist!'

---

78 Gemara – der zweite Teil des Talmuds, hauptsächlich bestehend aus zeitgenössischen Kommentaren zur Mischnah. (Mischnah - der erste Teil des Talmuds; eine Sammlung von frühen mündlichen Interpretationen der Schriften, zusammengestellt um 200 n.Chr)

PARASCHAT
EIKEV

Als Folge

Deuteronomium 7,12-11,25

עקב

EIKEV

TORAHLEKTION VON

RABBI SHLOMO RISKIN

Was ist Aufgabe Gottes und was ist Aufgabe des Menschen?

Wenn deine Herden und dein Kleinvieh sich mehren und dein Silber und Gold sich mehrt und alles, was du hast, viel geworden ist; dann könnte dein Herz überheblich werden und du könntest Gott deinen HERRN vergessen. Deuteronomium 8,13-14

Eine der schwierigsten Fragen, mit denen sich die Theologen beschäftigen, ist der freie Wille. Es ist klar, dass es den freien Willen, das zu tun, was einem gefällt, geben muss, wenn wir dem Handeln des Menschen, in einem von Gott geschaffenen Universum, Sinn und Bedeutung beimessen wollen. Wie könnten wir sonst Gutes belohnen und Böses bestrafen, den Heiligen loben und mit dem Sünder ins Gericht gehen?

Andererseits stellt der freie Wille eine Herausforderung für die Allwissenheit Gottes dar, die definitionsgemäß schon alles im Voraus wissen muss. Wenn Gott schon vorher weiß, was geschehen wird, heißt das nicht doch, dass die Entscheidungen, die wir treffen, schon vorher in irgendeinem Computer im Himmel festgelegt sind und dass es eigentlich doch keinen freien Willen gibt?

Wenn wir uns dem Abschnitt dieser Woche, *Eikev,* zuwenden, möchte ich zwei Interpretationen eines biblischen Schlüsselverses anbieten. Die erste tendiert zu der Sicht des Universums, wo Gott der Einzige ist, der die Dinge geschehen lässt und auf diese Weise die menschlichen Entscheidungen für Gottes Rolle in der Geschichte kaum von Bedeutung sind. Mit einer etwas anderen Betonung aber lässt sich zeigen, dass derselbe Vers genau den entgegengesetzten Gedanken hervorbringt: Nicht allein Gottes Rolle ist zentral, sondern auch die des Menschen. Meine Sichtweise, wie Du vielleicht aus vielen früheren Kommentaren vermuten kannst, ist eher in enger Übereinstimmung mit der zweiten Ansicht.

In den zu untersuchenden Versen (Deut. 8,11-18), tritt die Torah denen gegenüber, die ihren Erfolg und Reichtum ihren eigenen Bemühungen zuschreiben. Das ist ein klassischer Fall. Der Tag wird kommen, da werden die Israeliten in herrschaftlichen Häusern wohnen, mit Gold und Silber geschmückt, umgeben von Weingärten und Kleinvieh und sie werden sich der Kraft ihrer Macht und der Klugheit ihres Verstandes rühmen. Sie werden so beeindruckt von sich selbst sein, dass sie vergessen, dass sie in der trockenen, schlangen- und skorpionverseuchten Wüste nie überlebt hätten, wären Gottes Wundergaben, das Manna, die schützende Wolke und die wegweisende Feuersäule nicht gewesen. Wie geblendet werden sie hochmütig behaupten: „Meine Kraft und die Macht meiner Hände hat mir all meinen Wohlstand gebracht" (8,17). Gott aber warnt das Volk „gedenke des HERRN deines Gottes, denn Er ist es, der dir Kraft gegeben, Reichtum zu erwerben, damit Er Seinen Bund aufrechterhalten kann, den Er deinen Vätern geschworen hat." (8,18)

Für Nahmanides (1194-1270) bedeutet dieser Vers, was immer der Einzelne auch denken mag, was er selbst erreicht hat, in Wahrheit hat Gott es erreicht. Allerdings vermeidet dieser große jüdische Kommentator und Philosoph eine Unterscheidung zwischen übernatürlich und natürlich.

In einem früheren Abschnitt (Ex. 13,16) schreibt Nahmanides, dass ein Mensch zu der Einsicht kommen muss, dass es die versteckten, alltäglichen Wunder gibt, die wir gewöhnlich einfach übersehen: „Niemand kann Anteil haben an der Torah von Moses unserem Lehrer, es sei denn er glaubt, dass all unser Handeln und alles Geschehen wunderbar, d.h. von Gott gewirkt, ist und dass es keine natürliche oder gewöhnliche Ordnung der Welt gibt."

Was Nahmanides hier sagt, ist, dass die meisten Menschen schnell dabei sind, die göttliche Rolle in den überwältigenden und scheinbar übernatürlichen Wundern in der Torah anzuerkennen, in der großartigen Gestaltung der Flucht aus Ägypten, den zehn Plagen und der Teilung des Roten Meeres. Sie sind jedoch nicht bereit, zu erkennen, dass alles im Leben wie auch in der Torah, ein Wunder ist. Wenn Nahmanides sagt, „es gibt keine natürliche oder gewöhnliche Ordnung der Welt", sagt er, so glaube ich, dass auch natürliche Ereignisse übernatürlich (Wunder) genannt werden sollten, von dem Einen veranlasst, der über der Natur steht und dass das, was wir als gewöhnliche Ordnung der Welt betrachten, in Wirklichkeit ganz ungewöhnlich und sogar übernatürlich ist. Alles geschieht in Folge des göttlichen Willens, vom Sonnenuntergang bis zum Wachstum der Pflanzen, der Geburt eines Kindes, dem menschlichen Verstand und der individuellen Kreativität. Gott lässt die Dinge geschehen – nicht wir. Man betrachte nur den *Ascher Yatzar* Segen, den wir sprechen, nachdem wir normale Körperfunktionen ausgeübt haben und dann schließen mit den Worten; „Gepriesen bist Du, O Gott, der Heiler allen Fleisches, der Du wunderbare Dinge tust!"

Das ist die göttliche Botschaft an die Kraftprotze, die selbsternannten menschlichen Herren des Universums, die wir vorher erwähnt haben. Jeder von uns muss verstehen, dass das, was wir erreicht zu haben glauben, in Wahrheit ein Ergebnis des göttlichen Willens ist. Hätte Gott es nicht geschehen lassen wollen, wäre es nie geschehen. *„A mentch tut, der Aibischter tut uff"* (Der Mensch tut, aber Gott vollendet), heißt das jiddische Sprichwort.

Nach allem was wir bis jetzt bezüglich der Vorstellung eines Universums gesagt haben, in dem Gott und nur Gott, die allein treibende Kraft ist, scheint immer mehr von jeglicher Hoffnung, die wir bezüglich eines freien Willens noch gehegt haben, zu bröckeln. Es gibt aber noch einen anderen Standpunkt, den von Maimonides (1135-1204). Vielleicht finden wir in seinen Worten einen Hinweis, der die Bedeutsamkeit einer freien Wahl bestätigt, auch in einer Welt, deren Gegebenheiten auf jeglicher Ebene der Existenz die Handschrift Gottes tragen.

In der letzten Mischna[79], im vierten Kapitel des Traktates Pesahim, lesen wir einen Bericht über sechs Maßnahmen, die König Hiskia ergriff, von denen drei das Lob der Weisen hervorriefen und drei Kritik. Unter denen, für die er gelobt wurde, war das Verbergen eines Werkes, genannt das *Buch der Heilungen*. Warum das lobenswert war, spricht Raschi (1040-1105) an und meint dazu, dass die Weisen in dem Handeln des Königs den Wunsch erkannten, das Volk davon abzuhalten, in ihrem Bemühen um Gesundheit Gott zu ignorieren. Hätte es weiterhin einen Zugang zu dem Buch der Heilungen gegeben, hätten die Menschen sich in Zeiten der Krankheit mehr auf seine Rezepte verlassen als auf den Schöpfer des Universums.

Maimonides widerspricht dem offen und greift die Ansicht, ein Buch erlaubter Heilverfahren hätte aus dem Umlauf genommen werden müssen, um mehr Menschen dazu zu bringen, sich in Zeiten von Krankheit allein auf Gott zu verlassen, als „sinnlos und verrückt" an. Stattdessen steht dieser große Weise auf dem Standpunkt, dass das *Buch der Heilungen* sowohl wirkungslos als auch götzendienerisch war. Man stelle sich einen armen Menschen vor, der sein Unwohlsein des Hungers mit dem Backen eines Brotes behandelt; unterlässt er es dann, dem Allmächtigen in seinem Dankgebet nach dem Essen zu

---

79 Mischnah - der erste Teil des Talmuds; eine Sammlung von frühen mündlichen Interpretationen der Schriften, zusammengestellt um 200 n.Chr

danken? Es ist ja gerade der Segensspruch des Dankgebetes nach dem Essen, den die Bibel uns zu sprechen aufträgt! Das Dankgebet nach dem Essen ist die Mutter aller Gebete!

Das Gegenteil ist der Fall: Wer den Segensspruch nach dem Brot spricht, dankt Gott ja gerade dafür, dass Er für die landwirtschaftlichen, physischen und intellektuellen Mittel sorgt, Weizen in Brot zu verwandeln. Immerhin erschuf Gott die Welt mit dem unbehandelten Korn und den Pflanzen und Er erschuf den Menschen mit seinem physischen und intellektuellen Potenzial. Es ist allerdings unsere Aufgabe, das Potenzial zu erkennen und die richtigen Ergebnisse zu erzielen. Gott legt den Grund, wir müssen das Produkt verwirklichen. (Maimonides, Kommentar zur Mischna, Pesahim, Kapitel 4, letzte Mischna)

Nahmanides sieht im Menschen den Beauftragten, durch den das Göttliche wirkt; Maimonides sieht den Menschen als vollwertigen Partner Gottes bei der Aufgabe, die Welt zu verbessern und letztendlich zu vervollkommnen.

Interessanterweise kann der Vers: „Sondern du sollst des HERRN, deines Gottes, gedenken; denn Er ist es, der dir Kraft gegeben, Reichtum zu erwerben, damit Er Seinen Bund aufrechterhalten kann, den Er deinen Vätern geschworen hat, wie es heute geschieht" auf beiderlei Weise verstanden werden. Aus nahmanidischer Sicht betont der Vers die menschliche Gebrechlichkeit und göttliche Leistung; er kann aber auch mit maimonidischem Filter gelesen werden, der uns nur daran erinnert, dass die Quelle aller Kraft und aller Talente immer noch der Schöpfer des Universums ist. Mir erscheint es so, als ob der Gebrauch des Wortes „Bund" eine Gegenseitigkeit ausdrückt, eine Partnerschaft. Gott wird Israel nicht gedeihen lassen, wenn es nicht selbst die angemessene Tatkraft und Verantwortung übernimmt. Gott stellt die Kraft, das Wissen, die Fähigkeit und das Potenzial zur Verfügung, aber, ob es gelingt, hängt von unserer Leistung ab.

Das schließt sicherlich auch mit ein, dass wir Gott die Ihm gebührende Anerkennung geben und seinen Teil an unserem Potenzial und an dem Potenzial der Welt erkennen, aber auch unsere eigene ethische, moralische und religiöse Verpflichtung sehen, seinen Willen zu tun.

Aus *Torah Lights: Devarim* von Rabbi Shlomo Riskin; mit Genehmigung von Maggid Books, einer Abteilung der Koren Publishers Jerusalem

PARASCHAT
RE'EH

Siehe!

Deuteronomium 11,26-16,17

ראה

RE'EH

TORAHLEKTION VON

RABBI MOSHE GOLDSMITH

ERLEBE HEUTE SCHON DIE KOMMENDE WELT

DER BERÜHMTE RABBI Yehudah Halevi (1075-1141) bespricht in seinem *magnum opus*, der Kuzari, den Unterschied zwischen dem Judentum und anderen Religionen. Dort stellt er die Frage: „Warum betont die Torah nicht die Belohnung, die die Gerechten in der Kommenden Welt erwartet?" Stattdessen beschreibt die Torah die Segnungen, die man in dieser Welt erhält. Entsprechend dem Peschat (die einfache, wörtliche Auslegung) wird die Kommende Welt ignoriert, obwohl das Thema in der mündlichen, rabbinischen Überlieferung groß und breit diskutiert wird.

Im Folgenden sollen einige Beispiele der Belohnungen, die, laut Torah, in dieser Welt erlangt werden können, genannt werden:

> „Und Ich will dir und deinen Nachkommen nach dir das Land geben, in dem du als Gast gewesen bist, das ganze Land Kanaan, zum ewigen Besitz, und Ich will ihr Gott sein." (Genesis 17,8)

> „Wenn ihr nun meine Satzungen beachtet und meine Gebote befolgt und sie tut, so will ich euch Regen geben zu seiner Zeit, damit das Land seinen Ertrag gibt und die Bäume auf dem Felde ihre Früchte tragen werden. Und die Dreschzeit wird dauern bis zur Weinlese, und die Weinlese bis zur Saatzeit. Ihr werdet euer Brot in Fülle essen und in Sicherheit wohnen in eurem Lande. Ich will dem Land Frieden geben, sodass ihr euch niederlegt und niemanden fürchten müsst. Ich will die schädlichen Tiere aus eurem Land ausrotten, und kein Schwert wird über euer Land kommen." (Levitikus 26,3-6)

> „ … so wird Er eurem Lande Regen geben zu seiner Zeit, Frühregen und Spätregen, dass ihr euer Korn, euren neuen Wein und euer Öl einsammeln könnt. Er wird euch Grass auf euren Feldern geben für euer Vieh und ihr werdet essen und zufrieden sein." (Deuteronomium 11,14)

Die Torah betont in den obigen Versen, dass Deine Belohnung für das Wandeln auf dem rechten Pfad als eine *materielle* Belohnung in *dieser* Welt, und zwar im Lande Israel, erfolgt. Rabbi Yehuda Halevi erklärt dazu weiter, dass jemand, der ein Leben in wahrhaft spiritueller Verbindung zu Hashem führt, *noch während er in dieser Welt lebt,* eine Nähe zur Kommenden Welt erlangen kann. Durch die wahren Propheten war das Volk Israel in ständiger Verbindung mit der höheren Welt, noch während sie in dieser Welt lebten, denn es wandelten auch Engel unter ihnen.

Der Tempel sollte das Zentrum göttlicher Prophezeiung und Anbetung hier in *dieser* Welt sein, wo die *untere* und die *obere Welt* zusammenkommen. Das war genau, worum es in Jakobs Traum mit der Leiter ging. (Siehe Genesis 28,12)

Rabbi Kook (1865-1935) erklärt, dass während der Zeit des Ersten Tempels *die Kommende Welt* keine besondere Betonung erfuhr, da es jeden Tag Wunder und Prophezeiung gab. Zu jener Zeit war es selbstverständlich für die Nation Israel, schon in *dieser* Welt eine spirituelle Verbindung zu Hashem zu empfinden. Aus diesem Grund gab es keinen Anlass, den Blick auf *das Leben nach dem Tod* zu richten.

Während der Zeit des Zweiten Tempels aber und in den 2000 Jahren des Exils, wo die Prophezeiung endete und es keine Wunder mehr gab, begann das Volk, seinen Blick mehr auf die Kommende Welt zu richten; ein spirituelles Vakuum musste gefüllt werden. Wenn die Sonne scheint, braucht man keine Kerze, nur wenn Dunkelheit herrscht, verlangt man nach dem Licht einer Kerze.

Der berühmte Rabbi Meir Leibush Weiser (1809-1879), bekannt als der Malbim, eröffnet seinen Kommentar mit der Erklärung, dass bis zu der Paraschat dieser Woche, Re'eh (Deuteronomium 11,26), die Torah ausführlich den Lohn für das Befolgen der Mitzvot und die Strafen für ihre Missachtung beschreibt. Der Lohn ist das Ererben des Landes und ein erfolgreiches und friedliches Leben, sowohl in materieller als auch in spiritueller Hinsicht. Die Strafe ist die Verbannung aus dem Land und Verfolgung im Exil durch die heidnischen Nationen.

Dann nimmt der Malbim Bezug auf die Worte des Rav Yehudah Halevi und erklärt, dass sie präzise die Bedeutung der einführenden Worte des Abschnitts für diese Woche wiedergeben:

> „Siehe, ich lege euch **heute** vor Segen und Fluch – Segen, wenn ihr auf die
> Gebote des HERRN, eures Gottes hört, die ich euch **heute** gebiete; und

> Fluch, wenn ihr nicht auf die Gebote des HERRN, eures Gottes hört, sondern euch abwendet von dem Wege den ich euch **heute** gebiete, indem ihr anderen Göttern folgt, die ihr nicht gekannt habt." (Deuteronomium 11,26-28)

Wenn wir uns den obigen Vers genau anschauen, sehen wir, dass das Wort „heute" dreimal benutzt wird. Die Torah, die Worte nicht nutzlos verwendet, hätte **heute** auch nur einmal benutzen können. Der Grund für die Betonung dieses Wortes, so erklärt der Malbim, liegt darin, dass betont werden soll, dass wir durch das Befolgen der Torah bereits in dieser **heutigen** Welt Hashems Segnungen verdienen können und die heutige Welt nicht verlassen müssen, um die Göttliche Welt zu erfahren. Hier in Itamar, genau an der Stelle, wo sich die Paraschat dieser Woche abspielt, erschallt die Botschaft deutlicher als sonst wo auf der Erde.

> „Es soll geschehen, wenn der HERR, dein Gott, dich in das Land bringt, es in Besitz zu nehmen, dass du den Segen auf dem Berg Garizim gibst und den Fluch auf dem Berg Ebal." (Der *Segen* auf dem Berg Garizim bezieht sich auf die Annahme des Bundes und der *Fluch* bezieht sich auf seine Ablehnung) „… diese Berge liegen jenseits des Jordans, westlich des Weges gegen Sonnenuntergang, im Land der Kanaaniter, die in Aravah wohnen, gegenüber Gilgal, bei den Eichen von Moreh." (Deuteronomium 11,29-30)

Diese Verse beschreiben die Aussicht von meinem Hinterhof aus hier in Itamar. Dies ist der Ort, zu dem Hashem zuerst Abraham sandte und später Josua. Ich fühle mich privilegiert, ich und alle, die wie ich beschlossen haben, hier zu wohnen, wo wir den Segen **heute** schon empfangen können, wenn wir durch den Aufbau und die Verteidigung des Landes Israel ein spirituelles Leben führen.

Ein entscheidender Augenblick für das Volk Israel war die Erneuerung des Bundes, als sie die Torah im Lande erhielten. Anders als am Berg Sinai, wo Moses auf dem Berge war und das Volk an seinem Fuße, waren diesmal alle zwölf Stämme oben auf dem Berg. Sechs Stämme auf dem Berg Garizim und sechs auf dem Berg Ebal, während die Oberhäupter unterhalb im Tale standen. Mit dieser Anordnung wollte G-tt uns wohl zeigen, dass nicht nur die Propheten und spirituellen Oberhäupter in diesem Lande die höheren

Welten erreichen können, sondern dass ganz Israel sich auf den Gipfel des Berges begeben und die Himmel berühren kann, wenn sie ein spirituelles Leben führen und fortwährend an der Entwicklung des kostbaren Landes Israels, unserem Erbe, arbeiten.

PARASCHAT
SCHOFTIM

Richter

DEUTERONOMIUM 16,18-21,9

שפטים

SCHOFTIM

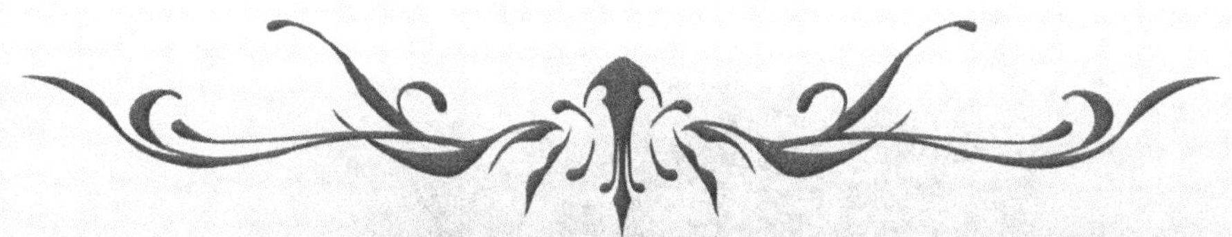

TORAHLEKTION VON

RABBI CHANAN MORRISON

Die Torahrolle des Königs

WÄHREND DIE TORAH jedem Israeliten befiehlt, eine Torahrolle zu schreiben, gibt es eine Person, die dazu verpflichtet ist, eine zweite Torahrolle anzufertigen[80]. Überraschenderweise ist es weder der Hohepriester noch das Oberhaupt des Sanhedrin[81]. Es ist der König, dem befohlen wird, eine zweite Torahrolle während seiner Regierungszeit zu schreiben und diese allezeit bei sich zu haben. (Deut. 17,18-19; Sanhedrin 2,4)

Was ist die Bedeutung dieser beiden Torahrollen, der des Einzelnen und der des Königs?

Persönliche Torah und Gemeinsame Torah

Das Volk Israel empfing die Torah am Sinai auf zweierlei Ebenen. Jeder Einzelne erklärte sich einverstanden, als Mitglied des Volkes Israel den Gesetzen der Torah zu folgen. Gleichzeitig nahmen sie alle auch als gesamtes Volk Israel die Torah an. Damit waren die moralischen Anweisungen auch für Israels nationale Institutionen, das Rechtssystem, die Regierung, die Armee usw. bindend.

Die Beachtung der Torah auf nationaler Ebene ist jedoch um ein Vieles umfassender als die individuelle Befolgung der Torah. Die Torah und ihre Mitzvot wurden erlassen, um die Menschheit zu läutern und zu erheben. Der Vorgang der Erhebung einer ganzen Nation mit ihren politischen Erfordernissen und Sicherheitsbedürfnissen ist weitaus komplizierter, als der Prozess der individuellen Erhebung.

Als Einzelne gehen wir Angelegenheiten der zwischenmenschlichen Moralität mit einem angeborenen Gerechtigkeitssinn an. In Bezug auf staatliche Angelegenheiten muss die Menschheit allerdings noch einen Konsens

---

80 *Sanhedrin* 91b, basierend auf Deut. 31,9. Der *Schulchan Aruch* (Yoreh Dei'ah 270,2) jedoch zitiert die Auffassung von Rabbeinu Asher (dem Rosh), dass „es heutzutage eine Mitzvah ist, Bücher über den Pentateuch, Mischnah, Talmud und ihre Kommentare zu schreiben," da wir heute nicht mehr direkt in der Torahrolle studieren. (Die Autoritäten sind sich uneins, ob es heute nicht doch noch eine Mitzvah gibt, eine Torahrolle zu schreiben, s. Shach and Taz a.a.O.)

81 *Sanhedrin* war das Höchste Jüdische Gericht, mit Sitz in Jerusalem.

erlangen. Darüber hinaus ist die Neigung zu moralischen Fehltritten – und die Schwere solcher Fehltritte – auf nationaler Ebene weit größer. Infolgedessen gehen alle Vorstellungen von Gut und Böse, von Korrektheit und Ungerechtigkeit häufig inmitten des Tumultes politischer Angelegenheiten und nationaler Interessen verloren.

Die Größe des messianischen Königs liegt in seiner Fähigkeit, die ethischen Ideale der Torah auch auf politischem Gebiet zu erfüllen. Im Buch Ruth lesen wir von der Gründung der messianischen Dynastie, die mit dem Geschlecht Davids, des Königs Israels, endet. Warum ist es Brauch, das Buch Ruth zum Fest von Schavuot zu lesen? Weil die Geschichte vom Ursprung der davidischen Dynastie uns daran erinnert, dass wir auch die zweite Ebene des Gesetzes der Torah für die gesamte Nation am Sinai angenommen haben.

Rav Kook (1865-1935) mahnte zur Vorsicht bezüglich der moralischen und spirituellen Gefahren des politischen Lebens:

> Wir dürfen der Tendenz zur Parteienbildung, die den Beginn einer politischen Bewegung am stärksten bedroht, nicht erlauben, uns davon abzuhalten, Gerechtigkeit und Wahrheit zu suchen, die ganze Menschheit zu lieben, sowohl als ganze als auch jeden Einzelnen, das Volk Israel zu lieben und die heiligen Pflichten, die einzigartig sind für Israel. Wir sollen nicht nur heilige Einzelpersonen sein, sondern auch, und ganz besonders, „ein königliches Priestertum und eine heilige Nation."

Aus *Silver from the Land of Israel*, S 221-222. Adaptiert von *Ma'amarei HaRe'iyah*, S.173-174.

KI TEIZEI

Wenn du hinausgehst

Deuteronomium 21,10-25,19

כי-תצא

KI TEIZEI

TORAHLEKTION VON

RABBI NATHAN LOPES CARDOZO

DER KAMPF UM EINE 4 000 JAHRE ALTE EHE

INE EHE HAT VIELES mit dem Privileg gemein, im Lande Israel zu leben. Nach Sarahs Tod kauft Abraham ein Grundstück, einschließlich der Höhle Machpelah, um sie dort zu begraben. Als er zu Ephron, dem Besitzer dieses Landes, spricht, sagt er: „Ich gebe dir das Geld für dieses Feld, nimm es von mir *(kach mimeni)* und ich will meine Tote dort begraben" (Genesis 23,13). Ephron nimmt das Geld und Abraham wird der offizielle Besitzer des Feldes und damit zum Herrn über einen Anteil im Land Israel.

Der Talmud bringt dieses Ereignis in Zusammenhang mit der Einrichtung der Ehe[82]. In Deuteronomium lesen wir: *Ki yikach ish isha* – „Wenn ein Mann eine Frau [zur Ehefrau] nimmt *(yikach)* ..." (Deuteronomium 22,13). Da die gleiche Wortwurzel – „nehmen" *(kach*/yikach) – in Genesis und Deuteronomium gebraucht wird, ziehen die talmudischen Weisen den Schluss, dass man seine Frau auf die gleiche Weise „erwerben", d.h. heiraten sollte, wie man ein Stück Land im Lande Israel kauft. Das heißt, erwerben mit Geld oder mit einem Wertgegenstand, wie zum Beispiel einem Ring. Das ist eine Anwendung der hermeneutischen Regel, bezeichnet als *geserah schavah*, was soviel bedeutet wie ein Argument aufgrund von Analogie. Vom Gebrauch zweier identischer Wörter in verschiedenen Abschnitten, selbst wenn sie in völlig unterschiedlichen Zusammenhängen gebraucht werden, leitet diese Regel ab, dass eine gesetzliche Regelung für die eine Sache auch für die andere gilt.

Diese talmudische Regel hat verständlicherweise viel Kritik hervorgerufen. Wie kann man diese beiden Fälle miteinander vergleichen? Ist das Heiraten einer Frau vergleichbar mit dem Kauf von einem Stück Land? Das scheint geradezu beleidigend und in völligem Widerspruch zu dem, worum es in der Ehe überhaupt geht. Nirgendwo finden wir, dass das jüdische Gesetz einem Mann erlaubt, seine Frau wie einen Besitz zu behandeln. Tatsächlich ist es so, dass, sollte ein Mann dies tun, die Frau eine sofortige Scheidung verlangen

---

82 Kidduschim 2a

kann. Das jüdische Gesetzt widerspricht jeglichen solchen Vergleichen, warum also diese Analogie?

Viele ausgezeichnete Erklärungen sind hierfür gegeben worden und ohne ihre große Wichtigkeit und Wahrheit in Abrede zu stellen, wollen wir einen neuen Ansatz vorschlagen. Es mag durchaus sein, dass die Weisen durch den Vergleich mit einem Ehebund die Heiligkeit des Landes betonen wollten. Der Kauf eines Stückes Land in Israel ist nicht vergleichbar mit dem Kauf eines Stückes Land irgendwo sonst in der Welt. Im Falle Israels heiratet man das Land! Das Land wird zu einem liebenden Partner und die Liebe zu diesem Stück Land ist von einer einzigartigen Natur. Israeliten behandeln das Land, als sei es eine lebendige Person, mit der sie eine tiefe persönliche und emotionale Beziehung verbindet. Wir haben hier kein Verhältnis zu einem Besitz, sondern vielmehr zu einer lebendigen Einheit mit einer *Neschama*[83]. Unsere Liebe für das Land Israel ist nicht zu vergleichen mit der von Eingeborenen anderer Länder beschriebenen Liebe. Wie eine Ehe ist es ein Bündnis; und ein Bündnis gründet auf Verpflichtungen, nicht auf Rechten. Es ist ein Gelöbnis und an einem Gelöbnis übt man keinen Verrat. So, wie man seiner Braut bei der Hochzeitszeremonie einen Wertgegenstand gibt, als symbolischen Ausdruck für seine Opferbereitschaft um ihretwillen, so bezahlt man für das Land mit einem finanziellen Opfer. So, wie man bei der Eheschließung für hohe und hehre Ziele eintritt, so gelobt man dem Heiligen Land, *Keduschah* (Heiligkeit) zu erlangen, um sich selbst in einen würdigeren Menschen zu verwandeln und die Welt zu einem besseren Ort zu machen. Die vielen auf das Land bezogenen Gesetze deuten darauf hin, dass man für es sorgen muss, fast so, wie man sich um die Bedürfnisse seiner Frau kümmert. Die Beziehung der Israeliten zum Land Israel ist eine Liebesgeschichte und deshalb können wir uns unmöglich von diesem Land scheiden, auch dann nicht, wenn wir Tausende von Jahren im Exil verbringen. Man lässt seine Frau nicht im Stich! Für andere Nationen mag dies schwierig zu verstehen sein; für einen Israeliten ist es die Luft, die er atmet.

Rabbi Moshe Avigdor Amiel (1883-1946), der frühere Oberrabbiner von Tel Aviv, fügte diesem Gedanken eine weitere Dimension hinzu[84]. So wie ein wertvolles Geschenk des Bräutigams an seine Frau bei der Hochzeitszeremonie nur eine erste Anzahlung ist, so ist ebenfalls der Kauf des Landes nur die erste

---

83 Neschama – „Seele" oder „Geist"
84 Siehe Drashot El Ami, veröffentlicht in Hebräisch von Hotzaat Shem, Jerusalem, 1936

Rate. Niemand sollte annehmen, dass Israel ein einfach dazugehörendes Erbe ist, nur weil das Volk Israel es einmal gekauft hat. Man muss es ständig erneut verdienen und ererben. So, wie keine Ehe Bestand haben wird, ohne dass man sich beständig für ihren Erfolg abmüht, so verlangt auch das Land Israel das ständige, spirituelle Bemühen, den Besitz und das Wohnrecht darin zu verdienen. Alles andere wird zur Scheidung führen.

Das ist es, wofür unsere Soldaten kämpfen: Eine 4 000 Jahre alte Ehe.

Wenn du hineinkommst

כי-תבוא

KI TAVO

TORAHLEKTION VON
RABBI MOSHE GOLDSMITH

Es gibt Herzen aus Stein, aber es gibt Steine, die Herzen sind (Rav Kook)

Gesegnet mit einem Leben in Itamar auf den Gebirgszügen von Shomron[85], habe ich das herrliche Privileg, täglich die in der Torah erwähnten Berge zu sehen – den Berg Garizim und den Berg Ebal, die berühmten Berge des Segens und des Fluchs, die sich über der Stadt Sichem erheben.

Der Torahabschnitt dieser Woche beschreibt, wie Josua das Volk Israel in das Versprochene Land führte. Diese Abhandlung wird ihren Blick auf zwei der drei Ereignisse richten, die dort auf den Bergen stattgefunden haben. Diese Ereignisse wurden überschattet von der Einrichtung des Bundes der gegenseitigen Verantwortung, die auf jedem Mitglied des Hauses Israel liegt. Die beiden oben erwähnten Ereignisse sind der Bau des Altars auf dem Berg Ebal und die Beschriftung der Steine mit der Torah (s. Deuteronomium 27).

Als die Israeliten den Jordan überquerten und das Land Israel betraten, wurde ihnen aufgetragen, Steine aus dem Fluss zu nehmen und sie in ihrem Lager in Gilgal als Monumente aufzurichten. Diese Steine sollten für die kommenden Generationen als Gedenksteine dienen, ein Meilenstein in der Geschichte Israels, ein Gedenken an das lang ersehnte Ereignis der Überquerung des Jordans in das Versprochene Land. Zusätzlich zu diesen Steinen hatte Josua auch Steine an der Stelle entlang des *für die Dauer der Überquerung* trockenliegenden Flussbetts gelegt, wo die Kohanim[86] gestanden hatten, während sie den Durchzug der Nation überwachten.

Gleich nach dem Betreten des Landes machte Josua sich daran, die Anweisungen in unserer Paraschat zu befolgen und befahl, die gesamte Torah auf Stein zu schreiben und den Altar auf dem Berg Ebal zu errichten. Nach unserer Tradition waren die Steine, die aus dem Jordan genommen wurden, die Steine, die mit der gesamten Torah beschriftet wurden und mit denen der Altar errichtet wurde. Diese Steine wurden später zum israelitischen Lager

---

85 Shomron - Samaria
86 Cohanim - Priester

in Gilgal gebracht und für das Monument, von dem vorher die Rede war, verwendet.

Die Idee, die Torah auf Stein zu schreiben, kam nicht von Josua – die Zehn Gebote wurden in Stein geschrieben und – eine Tatsache, die nicht so sehr bekannt ist: Mosche Rabeynu schrieb die Torah im Lande Moab auf Stein, bevor er starb. Unsere Weisen ergänzen noch, dass die gesamte Torah von Mosche sowohl auf Hebräisch als auch in den siebzig Sprachen der Nationen geschrieben wurde. Auf gleiche Weise schrieb auch Josua die Torah auf dem Berge Ebal in siebzig Sprachen für die siebzig Nationen.

Ein kurzer Abschnitt im Talmud, im Traktat Sotha 35B, beinhaltet eine Diskussion zwischen Rabbi Shimon und Rabbi Yehudah. Die Rabbis diskutieren zwei Möglichkeiten des Verständnisses, wie die Torah auf die Steine geschrieben wurde. Laut Rabbi Yehudah wurde die Torah auf Stein geschrieben und anschließend mit Kalk überstrichen. Rabbi Shimon fragt Rabbi Yehudah: „Wenn das der Fall ist, wie haben die Nationen dann die Torah gelernt?" Rabbi Yehudah antworte: „G-tt gab ihnen die Einsicht, ihre professionellen Schriftgelehrten zu rufen, die den Kalk entfernten und die Torah mitnahmen (und so allen Nationen den Zugang zur Torah eröffneten). „Deshalb wurden sie," laut Rabbi Yehudah, „bestraft, weil sie sie hätten studieren sollen, anstatt sie zu übertreten."

Rabbi Shimon dagegen sagt, die Torah wurde auf den Kalk geschrieben, sodass die Nationen sie klar und deutlich sehen konnten. Auf dem unteren Teil der riesigen Steine auf denen die Torah geschrieben war, stand der folgende Vers, zur besonderen Betonung wiederholt: „**dass sie euch nicht lehren nach all ihren abscheulichen Dingen zu tun, die sie für ihre *Götter* getan haben, so dass ihr nicht sündigt gegen den HERRN, euren Gott.** (Deuteronomium 20,18) Dieser Vers erklärt Israels legitimes und moralisches Recht gegen die siebzig Nationen Krieg zu führen. Sollten die Nationen den Aufruf Israels zum Frieden nicht annehmen (s. Vers (ibid.20,11)), was auch bedeutete, dass sie den Moralkodex Noahs annehmen mussten, würde Israel gegen sie Krieg führen. Davon leiten wir ab, dass die Nationen des Landes nicht aus dem Land vertrieben worden wären, hätten sie ihre barbarischen Praktiken aufgegeben.

Es ist wichtig, zu betonen, dass die Torah vor den Nationen zur Ansicht ausgestellt wurde, bevor Josua den Krieg gegen die 31 Könige begann, um das Land einzunehmen. Hashem wollte sie durch das Licht der Torah dazu inspirieren, ihre götzendienerischen Wege zu verlassen. Aus dem gleichen, gerade genannten Grunde schrieb auch Mosche vor seinem Tod die Torah in 70 Sprachen auf. Mosche hatte den Prozess der Verkündigung an die Nationen begonnen und später auf der anderen Seite des Jordans wurde Josua aufgetragen, das Gleiche auf dem Berg Ebal zu tun.

Es muss darauf hingewiesen werden, dass dies nicht das erste Mal war, dass die Nationen die Gelegenheit geboten bekamen, die Torah anzunehmen. Auf dem Berg Sinai, so haben wir erfahren, bot Hashem die Torah jeder Nation auf Erden an, doch alle weigerten sich, sie zu akzeptieren. Offensichtlich war es Hashems g-ttlicher Plan, dass das Verhalten der Nationen durch ihre letztendliche Annahme der Torah korrigiert werden würde.

In der Tat hat das spirituelle Licht der Torah, das von den höchsten Orten von oben herabscheint, die Macht, alle Reiche der Schöpfung einschließlich des Unbelebten-, des Pflanzen- und des Tierreiches zu vereinen. Diese Einheit wird dadurch symbolisiert, dass die Torah auf Stein, dem Unbelebten, geschrieben wurde, von G-tt auf dem Berg Sinai und von Mosche, der sie vor seinem Tod sowohl auf Stein als auch auf Pergament, also dem Tier, schrieb und schließlich auch von Josua, der Mosches Tradition beim Einzug in das Land Israel weiterführte. Das Pflanzenreich wird durch die Tinte repräsentiert, die aus Pflanzen gewonnen und für das Schreiben der Torah benutzt wird.

Trotz großer Fortschritte in Wissenschaft und unserer Kenntnis des Universums ist unser Wissen und Verstehen zwergenhaft gegenüber der Unkenntnis der wahren Natur des Kosmos. Während der religiöse Glaube schwindet, wächst die Arroganz des Menschen, der sich einbildet, alles zu wissen, was man wissen kann. Es gibt jedoch einen riesigen spirituellen Schatz, der vor ihm verborgen bleibt, weil er es vorzieht, in Unkenntnis zu bleiben.

Das hebräische Wort für Stein ist „Even" (אבן) und es enthält die ersten beiden Buchstagen des hebräischen Alphabets. Das Wort *Alphabet* stammt von Aleph (א) Beit (ב). Der Buchstabe Nun (ן) hat den numerischen Wert von fünfzig. Dieser repräsentiert die fünfzig Tore des Verständnisses der Torah, das durch das *Aleph Beit* vermittelt wird.

Steine werden in unseren esoterischen Lehren als Buchstaben bezeichnet. „*Even*" steht auch für die Beziehung zwischen Eltern und Kind. *Aleph* ist der erste Buchstabe von Mutter und Vater im Hebräischen und *Beit Nun*, „Ben" heißt Kind.

Jakobs Fortgang aus dem Land Israel wird wie folgt beschrieben: „*Er kam an einen gewissen Ort, und verbrachte dort die Nacht, denn die Sonne war untergegangen und er nahm einen der Steine von diesem Ort und legte ihn unter sein Haupt und legte sich an jenem Ort nieder.*" (Gen.28,11)

Bevor Jakob ins Exil ging, musste er sich mit den Steinen des Landes Israel verbinden, die für eine immerwährende, spirituelle und physische Verbindung zwischen ihm und den Vorfahren seiner Familie und dem Land Israel stehen.

„Denn deine Knechte erfreuen sich an Zions Steinen und bevorzugen seinen Staub." (Psalm 102,15)

Laut Rabbi Yehudah, wie bereits erwähnt, war die Torah, auch wenn sie zur Ansicht ausgestellt war, jedoch mit Kalk übertüncht. Möglicherweise sollte uns damit zu verstehen gegeben werden, dass man hart und fleißig arbeiten muss, wenn man die Torah studiert: Sie ist unermesslich tief und wir müssen die Schichten, eine nach der anderen, abschälen, dass sie uns nicht ihre tiefsten Wahrheiten noch verbergen.

Rabbi Shimon andererseits vertritt den Standpunkt, dass die Torah deutlich sichtbar geschrieben stand und er stellt uns einen anderen Ansatz vor: Man muss die Leute langsam an die Torah heranführen, indem man sie zuerst die grundlegenden, leicht verständlichen Gedanken lehrt.

In der Zwischenzeit haben leider beide Ansätze darin versagt, die Nationen zur Reue und zur Besserung ihrer selbst zu bewegen.

Abschließend können wir festhalten, dass die Ereignisse auf Garizim und Ebal das Zusammenweben dreier fundamentaler Schnüre beinhalteten: Die Torah, das Land und das Volk. Das Verflechten dieser drei Schnüre schuf ein kraftvolles Seil, das die Nationen aus ihrem Morast des Götzendienstes ziehen sollte.

Auch wenn sich die Endzeitvision unseres Propheten nicht in den Zeiten des ersten und zweiten Reiches erfüllt haben, so beginnen wir jetzt Zeichen ihrer Erfüllung zu erkennen. Nie zuvor in unserer langen Geschichte haben wir ein so stark anwachsendes Interesse an Israel, seinem Volk und an seiner Torah gesehen.

Wie von unseren Propheten beschrieben:

„Und es wird geschehen, am Ende der Tage wird der Berg des Hauses des HERRN am Haupte aller Berge stehen und erhaben sein über die

Hügel, und alle Nationen werden zu ihm strömen und viele Völker werden hinziehen *und sagen: „Kommt, lasst uns hinaufgehen zum Berge des HERRN, zum Hause des Gottes Jakobs, dass er uns lehre seine Wege und dass wir gehen auf seinen Pfaden!" Denn von Zion wird die Torah ausgehen und das Wort des HERRN von Jerusalem."* (Jesajah 2,2-3)

So spricht der HERR der Heerscharen: In jenen Tagen wird es geschehen, dass zehn Männer aus allen Sprachen der Nationen den Rockzipfel eines Mannes, eines Juden, festhalten und sagen: ,Wir wollen mit euch gehen, denn wir haben gehört, dass Gott mit euch ist!'" (Sacharja 8,23)

PARASCHAT
NITZAVIM

Ihr steht

DEUTERONOMIUM 29,9-30,20

נצבים

NITZAVIM

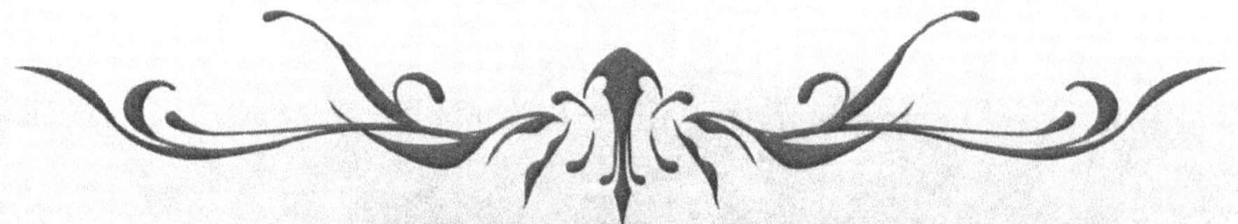

TORAHLEKTION VON

RABBI GEDALIA MEYER

Freier Wille

„Siehe Ich habe Euch heute das Leben und Gutes, Tod und Böses gegeben… Ich rufe heute Himmel und Erde zu Zeugen gegen euch: Ich habe dir Leben und Tod, Segen und Fluch gegeben; so erwähle nun das Leben, auf dass du lebst, du und deine Nachkommen indem du den HERRN, deinen Gott, liebst, seiner Stimme gehorchst und an ihm festhältst; denn Er ist dein Leben und Verlängerung deiner Tage, die du wohnen darfst im Lande, das der HERR euren Vätern, Abraham, Isaak und Jakob, zu geben geschworen hat." (Deuteronomium 30,19-20).

NITZAVIM IST EINE äußerst kurze Paraschat, die nur aus 40 Versen besteht. Sie ist nicht die kürzeste in der Torah, denn die nächste enthält nur 30 Verse. Aber in diesen 40 Versen können wir einen wahren Schatz an Gedanken der Torah finden. Sie berichtet in diesem Abschnitt über den Abschluss eines neuen Bundes zwischen Gott und den Israeliten. Es geht um die Warnung vor einem zukünftigen Versagen in der Einhaltung des Bundes; um die schrecklichen Folgen eines solchen Versagens – Exil und Fluch, aber auch um das Versprechen einer letztendlichen Erlösung, einschließlich der Rückkehr aus dem Exil und der Erneuerung des Bundes. Das scheinbar wunderbare Schicksal des Volkes Israel – die unglaublich lange Zerstreuung und das ebenso unglaubliche Einsammeln in ferner Zukunft – sind mit solcher Einfachheit und Klarheit in ein paar Dutzend Versen dargestellt, dass es sich wie ein Zeitungsartikel liest.

Aber es gibt noch mehr, denn die letzten sechs Verse dieser Paraschat handeln von einem Thema, auf das nie zuvor in der Torah hingewiesen worden ist. Es ist ein Thema, das auch später nie wieder in der *übrigen Versen der* Bibel angesprochen wird. Einerseits ist es ein Thema, das so offensichtlich ist, dass man sich wundert, warum die Torah es überhaupt erwähnt. Andererseits ist es ein Thema, das so wichtig für das Wesentliche am Menschsein überhaupt ist, dass man sich wundert, warum es nur einmal erwähnt wird. Was ist dieses ungewöhnliche, aber überaus wichtige Thema?

Es ist das Thema des freien Willens. Du liest richtig, der freie Wille wird in der Torah besprochen. Er wird ein einziges Mal angesprochen und das in einer sowohl tiefgreifend ernsten aber auch verstörend einfachen Form. Die oben erwähnten Verse sind der Kern dessen, was die Torah zum freien Willen zu sagen hat. Die Aufforderung „Wähle das Leben" ist der Kern der beiden Verse.

Dieses Thema verdient, im Detail besprochen zu werden. Der freie Wille ist etwas, dass die meisten von uns für selbstverständlich halten. Es ist so unbestreitbar offensichtlich für den menschlichen Verstand, dass man es sich kaum anders vorstellen kann. Gleichzeitig wurden aber auch immer die heißesten Debatten um diesen Aspekt des menschlichen Daseins geführt. Haben wir wirklich einen freien Willen? Die Fragestellung im Altertum und im Mittelalter bezüglich des freien Willens drehte sich um den unübersehbaren Widerspruch, den er zu Gottes Macht darstellte. Wenn Gott allmächtig und allwissend ist, wie könnte dann etwas so Irdisches, wie ein sterblicher Mensch, überhaupt die Möglichkeit haben, etwas unabhängig von Gott zu tun. Wenn Gott die Natur, das Leben, den Tod und das Schicksal der Welt unter Kontrolle hat, wie könnte dann ein ganz normaler Mensch die Macht haben, sich für etwas zu entscheiden, wofür Gott sich nicht entschieden hat? Das war das Ausgangsproblem, das die größten Köpfe der monotheistischen Religionen – vom Judentum zum Christentum und Islam – irritiert hat. Wegen dieses Problems sahen sich einige gezwungen, den Gedanken an den freien Willen, trotz seiner nicht abzustreitenden Realität im menschlichen Dasein, zu verwerfen. Andere sahen sich gezwungen, einzugestehen, dass es in Gottes Allmacht und Vollkommenheit einen Schwachpunkt gäbe, trotz der theologischen Schlussfolgerungen eines solch radikalen Schrittes.

In der heutigen Zeit, in der Gott im wissenschaftlichen und philosophischen Verständnis der Realität keine wichtige Rolle mehr spielt, hat die Fragestellung eine andere Form angenommen. Wir sind nur durch Zufall hier auf dieser Erde, ohne Schöpfer und ohne eine letztendliche Bestimmung. Unser gesamtes Dasein ist erklärbar geworden durch das Wirken von natürlichen und physischen Kräften. Es gibt absolut keinen Raum für etwas so Unnatürliches und Ungreifbares wie den freien Willen. Welche natürliche Erklärung könnte es denn überhaupt für so etwas Unnatürliches geben? Ihn einfach spirituell zu nennen hilft da nicht weiter, denn das bringt den Begriff nur in Verbindung mit einem ansonsten nicht erklärbaren Phänomen. Deshalb darf es den freien Willen gar nicht geben. Er kann nicht mit den bekannten physischen Gesetzen erklärt werden, also kann es sich nur um eine Illusion handeln.

Hinzu kommt, dass die neuesten neurologischen Erkenntnisse behaupten, dass sie diese scheinbar offensichtliche Schlussfolgerung des modernen Denkens über den freien Willen bestätigen können. Computergestützte Hirnuntersuchungen, mit dem Ziel, den Augenblick einer Entscheidungsfindung nachzuvollziehen, scheinen zu beweisen, dass diese durch die physischen Eigenschaften des Gehirns entsteht und nicht durch eine geheimnisvolle Einheit wie ‚Seele‘ oder ‚Geist‘ getroffen wird. Diese Ergebnisse stellen für die Welt der Wissenschaft keine Überraschung dar, ist sie doch darauf aus, zu zeigen, dass der Mensch nicht mehr ist als ein komplizierter Stein. Sie verblüffen andererseits jeden, auch die Wissenschaftler selbst, da sie der menschlichen Erfahrung zutiefst widersprechen. Wir denken, dass wir Entscheidungsmöglichkeiten haben und wir fühlen, dass sowohl unsere Entscheidungen als auch wir selbst von Bedeutung sind. Wir glauben, dass das Leben selbst wertvoll und von großer Bedeutung ist und vielleicht sogar mit einer letztendlichen Konsequenz. Etwas anderes zu behaupten, erscheint uns menschenunwürdig und falsch.

Zu all dem stellt die Torah eine einfache Wahrheit fest: „Ich habe euch Leben und Tod, Segen und Fluch gegeben, so wähle das Leben, auf dass du lebst, du und deine Nachkommen.“ Die absolute und unbestreitbare Natur des menschlichen freien Willens ist in dieser Aussage enthalten. Es ist die Fähigkeit, zwischen Leben und Tod zu wählen, Segen oder Fluch und Gut oder Böse. Diese Wahlmöglichkeit wird zuallererst als ein Geschenk beschrieben. Sie ist ein Geschenk Gottes, nicht eine ‚natürliche‘ Fähigkeit. Die Wissenschaftler haben in dem Punkte recht, es gibt nichts Natürliches am freien Willen, wie natürlich er uns auch immer erscheinen mag. Er ist ein Geschenk Gottes.

Wir können wählen, es zu gebrauchen, oder es abzulehnen. Die Torah beschreibt in äußerst ernster Weise, was dabei auf dem Spiel steht: Leben oder Tod, Segen oder Fluch, Gut oder Böse. Das göttliche Geschenk sollte nicht auf alltägliche Dinge wie Essen und Bequemlichkeit verschwendet werden. Es war gemeint für die wirklich großen Dinge, die Dinge, die im Leben Bedeutung haben. Aber freier Wille wird auch für die banalen

Dinge gebraucht. Er deckt alles ab, von der Wahl zwischen Cola und Sprite bis hin zur ernstesten moralischen Auseinandersetzung. Jedes Mal, wenn wir mit unserem freien Willen eine echte Wahl treffen, wählen wir zwischen Leben und Tod und Gut und Böse. Im Moment der Entscheidung mag es uns nicht allzu wichtig vorkommen, nutzen wir aber wirklich die Macht des freien Willens, wird sie auch immer etwas von einer lebenswichtigen Bedeutung für uns haben.

Was die antiken und modernen Fragestellungen zum freien Willen angeht, verwirft die Torah das Thema mit einer einfachen Aussage: Wir haben freien Willen. Wir können ihn gebrauchen, wenn wir wollen. Er kommt von Gott. Wir bestimmen unser moralisches und spirituelles Schicksal, nicht Gott oder Naturgewalten. Ob Theologen der Vergangenheit oder Wissenschaftler der Gegenwart diese Wahrheit nun in ihrem System erfassen können oder nicht, spielt für die Torah keine Rolle. Theologen und Wissenschaftler müssen dieses Problem für sich selbst lösen. Die Torah stellt nur die Wahrheit fest.

Wir haben freien Willen. Wir können wählen. Wähle das Leben!

PARASCHAT
VAYELECH

Und er ging

Deuteronomium 31,1-31,30

וילך

VAYELECH

TORAHLEKTION VON
RABBI NATHAN LOPES CARDOZO

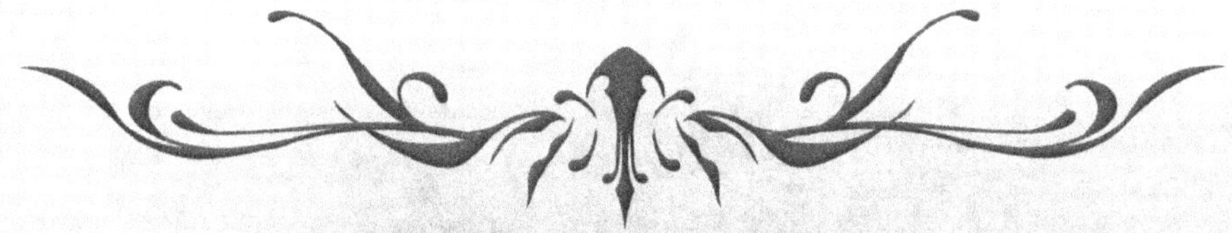

GESANG UND FREUDE IN DER RELIGIÖSEN ERFAHRUNG[87]

„Jetzt, schreibet euch dieses Lied auf, und lehre es
die Kinder Israel" (Deuteronomium 31,19).

IN DIESEM VERS befiehlt Gott Mosche, die Worte der Torah aufzuschreiben und die Kinder Israels zu lehren, wie sie darüber nachsinnen und sie als ihre Richtschnur benutzen sollten. Kommentatoren und Philosophen haben sich über die Jahrhunderte gefragt, warum sie an dieser Stelle ein *Lied* genannt wird?

Kurz nach Mosches Tod und vor der Schlacht um Jericho tritt ein himmlisches Wesen, in Gestalt eines Mannes und mit einem Schwert in den Händen, Josua, dem neuen Oberhaupt der Israeliten, entgegen.

„Josua fragt: ,*HaLanu Ata*? Bist du für uns [oder gegen uns]?' Das göttliche Wesen antwortet: ,Nein, ich bin der Fürst des Heeres Gottes. Jetzt bin ich gekommen!' und Josua wirft sich vor ihm nieder." (Josua 5,13-15)

Der Talmud interpretiert diese ziemlich seltsame und unverständliche Begegnung als eine Allegorie, wobei Josua das bedrohliche Schwert in der Hand dieses Wesens als einen Ausdruck der Unzufriedenheit Gottes mit ihm und der gesamten Nation Israels versteht[88]. Er stellte sich daher die Frage, ob ihre Hingabe an die Torah Gottes zu wünschen übrigließ.

„Hat Gott dich gesandt, weil wir die Torah nicht befolgen, ,die Mosche uns (*lanu*) befohlen hat?', fragt Josua ihn[89]. ,Nein' antwortet die himmlische Gestalt, ,Ich bin nicht gekommen, um deine Hingabe zu kritisieren, sondern das Volk Israel, weil es die Absicht nicht erfüllt hat, die hinter dem Befehl *Jetzt!* stand, wie es in dem Vers heißt: *Jetzt* schreibt euch dieses Lied auf und lehret die Kinder Israels.'"

Was soll das alles heißen? Tatsächlich ist es eine der Hauptfragen des jüdisch-religiösen Lebens. Fühlt man sich der Torah verpflichtet, weil sie

---

87   Basierend auf einer mündlichen Interpretation im Namen des Ponevezher Rav, Rabbi Yosef Kahaneman z"l.

88   Megilla 7a

89   Die Gemara versteht diese Aussage als eine Bezugnahme auf einen Vers, der weitergeht, „…, die das Erbe der Gemeinde Jakobs ist."

ein Erbe (d.h. eine Überlieferung) ist oder weil sie wirklich das Lied unseres Lebens ist? Das Judentum als Erbe funktioniert als komfortabler Lebensstil, ein Erbe, das man gerne weiterführt wegen seiner Geschichte und seiner Wertvorstellungen, aber nicht, weil die ganze eigene Lebensaufgabe damit eng verwoben ist.

Ein Lied jedoch ist etwas völlig anderes. Ein Lied kommt aus dem Inneren, wenn man sich überwältigt und im tiefsten Grunde seiner Seele berührt fühlt. Ein Lied drückt Inhalte aus, die über die Logik der Worte hinausgehen. Ein von Herzen kommendes Lied offenbart das Unaussprechliche, das sich gegen die Strenge des rein verbalen Denkens auflehnt.

Ein solcher Gesang kommt niemals aus der bloßen Hingabe an einen Lebensstil. Wahrer Gesang bricht hervor, wenn das ganze Wesen eines Menschen in seinen tiefen, inneren Dimensionen darin aufgegangen ist. Erst wenn man das Verschwimmen der Grenzen zwischen Handelndem und Handlung, Sänger und Gesang einmal erlebt hat, kann man von einem echten, religiösen Erlebnis sprechen. Man muss in einen Zustand der Ekstase gelangen, in dem man nicht mehr der Sänger ist sondern Gesang.

Das ist der Grund, warum die Torah ein Lied genannt wird. „Jetzt, schreibt euch dieses Lied auf," heißt für einen Israeliten, dass er sich leidenschaftlich darum bemühen muss, sein Verhältnis zum Allmächtigen zu seinem ständigen „raison d'être" – seinem Lebensgesang zu machen. Der Vers ruft den Menschen zu nichts Geringerem auf, als aus seinem Leben ein Kunstwerk zu machen, in dem jeder Augenblick Heiligkeit, Würde und die größtmögliche Schönheit zum Ausdruck bringt.

Ein junger Verehrer fragte einst den Dichter, Rainer Maria Rilke, ob er ein Dichter werden sollte. Rilke erwiderte: „Nur, wenn du nicht leben kannst, ohne ein Dichter zu sein." Genau so verhält es sich mit einem Leben mit der Torah – nur, wenn man sich kein Leben ohne Torah vorstellen kann, wird die Torah zu einem Lied.

PARASCHAT
HAASINU

Höre

Deuteronomium 32,1-32,52

האזינו

HAASINU

TORAHLEKTION VON
RABBI ZELIG PLISKIN

Deine Charaktereigenschaften sind der Schlüssel zu deinem Wachstum wenn Du die Torah studierst.

יערף כמטר לקחי

„Meine Lehre komme auf euch wie Regen." (Deuteronomium 32,2)

Rabbi Chayim Shmuelevitz pflegte zu diesem Vers immer den Vilna Gaon zu zitieren, dass Regen beim Wachstum der Dinge hilft. Was aber wächst? Nur das, was schon vorher da war. Hat jemand Gemüse und Obst im Garten, die gesund sind, wird Regen zu ihrer Entwicklung beitragen. Sind dort aber giftige Pilze, dann wird Regen auch ihnen helfen zu wachsen. Gleichsam wächst, wer die Torah studiert. Es hängt aber von den Charakterzügen des Einzelnen ab, was man dabei wird. Jemand mit noblen Zügen wird zu einer noch nobleren Person werden. Hat aber jemand ungute Charakterzüge, wird er zu einer immer größeren Bedrohung werden, je mehr er die Torah studiert.

Ein arroganter Mensch wird wahrscheinlich noch arroganter, wenn er noch mehr weiß. Ein solcher wird seine Torahkenntnisse wahrscheinlich zur Besserwisserei benutzen. Er wird andern zeigen wollen, dass sie ihm unterlegen sind. Ist jemand gemein, dann wird er, je mehr er weiß, anderen umso mehr Schmerz zufügen wollen. Ist jemand machthungrig, wird er, je mehr Wissen er erlangt, es für richtig halten, andere zu manipulieren. Ein Egoist wird sein Wissen nutzen, seinen Egoismus zu stärken. Auf der anderen Seite wird ein Mensch mit einem positiven Charakter sein Torahwissen dazu benutzen, so vielen anderen zu helfen wie möglich. Er wird sein Wissen bereitwillig mit andern teilen. Je mehr Torah er studiert, desto erhabener wird er werden. Sein gesamtes Verhalten anderen gegenüber wird ein *Kiddusch Hashem*, eine Heiligung des Namens des Allmächtigen sein.

Ein Rabbiner erzählte dem Chazon Ish von den positiven intellektuellen Qualitäten eines jungen Mannes, den seine Schwägerin vorhatte zu heiraten.

Der Chazon Ish unterbrach ihn mit der Frage: „Wird er auch ein guter Ehemann sein?" (*P'air Hador*, Bd.4, S.85)

Die Frau eines jungverheirateten Schülers einer Yeschiva[90] bat ihn, den Abfall nach draußen zu bringen, aber er fand es unpassend für jemanden, der die Torah studiert, sich mit Abfall beschäftigen zu müssen. Er wandte sich an seinen Rosch Hayeschiva[91] und bat um dessen Meinung. „Ja, es ist nicht angebracht für jemanden wie dich, den Abfall nach draußen zu bringen," antwortete der angesehene Rosch Hayeschiva. Am nächsten Tag klopfte es an der Tür des Hauses des jungen Mannes. Zu seiner Überraschung war es der Rosch Hayeschiva. „Könntest du mir sagen, wo ihr euren Abfall aufbewahrt," sagte der Rosch Hayeschiva, „ich bin gekommen, um ihn für dich nach draußen zu bringen."

Der Allmächtige tut für Dich, was in Deinem besten Interesse ist.

הצור תמים פעלו, כי כל-דרכיו משפט

„Der Fels – makellos ist sein Tun, alle seine Wege sind gerecht." (Deut. 32,4)

Der Chofetz Chayim fragte einmal jemanden, wie es ihm so ginge. „Es würde nicht wehtun, wenn alles ein bisschen besser wäre," antwortete der Mann.

„Wie kannst du das wissen?" Wollte der Chofetz Chayim wissen. „Der Allmächtige weiß es besser als du. Er ist gnädig und mitfühlend. Wenn er dächte, dass es gut wäre für dich, wenn die Dinge besser gingen, dann würde er sie ganz sicher besser laufen lassen für dich. Ganz bestimmt sind die Dinge gut für dich, so wie sie sind." (*Chofetz Chayim al Hatorah*, S.284)

Die Dinge laufen nicht immer so, wie wir es gerne hätten, aber immer sind sie zu unserem Wohle. Dieses Bewusstsein wird Dir ein erhebendes Gefühl im Leben vermitteln. Du hast jedes Recht zu versuchen, Deine Situation zu verbessern. Aber wann immer Du alles versucht hast und die Situation immer

---

90 Yeshiva - Torahschule
91 Rosch Yeshiva - Leiter der Torahschule

noch nicht ist, wie Du es wünscht, dann arbeite daran, Dir zu verinnerlichen, dass der Allmächtige tut, was in Deinem besten Interesse ist.

Sei darauf bedacht, alle Deine Gaben und Eigenschaften nur in positiver Weise einzusetzen.

צור ילדך, תשי; ותשכח, אל מחללך.

„Den Allmächtigen, der dich gezeugt, hast du nicht beachtet und hast Gott vergessen, der dich geboren. (Deuteronomium 32,18)

Der Dubner Maggid erklärte diesen Vers mit einem Gleichnis: Ruben schuldete Simon eine große Summe Geld und hatte nicht genügend Mittel, um seine Schulden zu bezahlen. Sein Gläubiger bedrängte ihn sehr und er wusste nicht, was er tun sollte. Er wandte sich daher an seinen engen Freund Levi und bat um Rat. Levi riet ihm, sich beim nächsten Mal, wenn Simon käme, wie von Sinnen zu benehmen und Simon müsse ihn dann in Ruhe lassen. Diesem Rat folgend macht er alle möglichen seltsamen Laute und Bewegungen als Simon bei ihm war und es funktionierte bestens. Simon ließ ihn in Ruhe. Am nächsten Tag fragte Ruben Levi, ob er ihm für ein paar Tage eine größere Summe Geld leihen könnte. Eine Woche später forderte Levi Ruben auf, ihm das Geld zurückzugeben aber Simon benahm sich völlig verrückt. Levi wurde zornig und schrie ihn an: „Ich war es, der dir die Idee gegeben hat, es so zu machen. Es ist echte Chutzpah (Frechheit), das gegen mich zu verwenden.“

Der Allmächtige hat die Vergesslichkeit als Wohltat für Leute geschaffen, die in der Vergangenheit gelitten haben. Könnte sich jemand immer deutlich an jede Kleinigkeit der Leiden, die ihm in seinem Leben begegnet sind, erinnern, fände er es wohl schwierig, mit dem Leben zurecht zu kommen. Wegen der Erinnerung des vergangenen Leides könnte er sich nicht an den positiven Dingen des Lebens erfreuen. Dadurch, dass man seine Missgeschicke im Leben vergessen kann, kann man ein glückliches Leben führen, auch wenn man in der Vergangenheit gelitten hat. Vergesslichkeit kann jedoch auch eine sehr negative Eigenschaft sein, wenn man den Allmächtigen und seine Verpflichtungen Ihm gegenüber vergisst. Das, so sagt der Dubner Maggid, ist die Botschaft unseres Verses. Der Allmächtige hat die Vergesslichkeit (*teschi,* so Raschi, bedeutet Vergesslichkeit) geschaffen. Er hat das getan zu Deinem Wohle, aber leider kann sie auch gebraucht werden, um Ihn zu vergessen. (*Ohel Yaakov*)

Jede Eigenschaft kann zum Guten und zum Bösen benutzt werden. Deine Aufgabe ist es, alles, was Dir gegeben wurde, auf positive Weise zu nutzen.

BIST DU VERSUCHT ETWAS FALSCHES ZU TUN, DENKE AN DAS POSITIVE, DAS DU STATTDESSEN TUN KANNST.

עַל אֲשֶׁר מְעַלְתֶּם בִּי, בְּתוֹךְ בְּנֵי יִשְׂרָאֵל, בְּמֵי- מְרִיבַת קָדֵשׁ, מִדְבַּרְצָן —
עַל אֲשֶׁר לֹא-קִדַּשְׁתֶּם אוֹתִי, בְּתוֹךְ בְּנֵי יִשְׂרָאֵל.

Der Allmächtige sagte Mosche, dass er das Land Israel nicht betreten werde:

> „Denn du hast dich an Mir versündigt inmitten der Kinder Israels an den Wassern von Meribat-Kadesch, in der Wildnis von Zin, denn du hast mich nicht geheiligt inmitten der Kinder Israel." (Deuteronomium 32,51)

Rabbi Meir Simcha Hacohen erklärt, dass in diesem Vers auf die Begriffe *Din* und *Cheschbon* Bezug genommen wird. *Din* ist das Urteil über das, was man getan hat. Deshalb erwähnt der erste Teil des Verses, dass Mosche gegen den Allmächtigen gesündigt hat. Der zweite Teil des Verses ist *Cheschbon*, d.h., die Berechnung dessen, was man hätte erreichen können, hätte man richtig gehandelt. Deshalb sagt der Vers: „Weil du Mich nicht geheiligt hast." Das bedeutet, hätte Mosche getan, was richtig gewesen wäre, zu dem Felsen zu sprechen, anstatt ihn zu schlagen, hätte er das Verdienst eines großen *Kiddusch Hashem* erlangt. (*Meschech Chochmah*)

Bevor Du etwas Falsches tust, bedenke zweierlei: Erstens: „Welcher Schaden entsteht durch das, was ich im Begriff bin zu tun?" Dann frage Dich: „Was könnte ich in dieser Zeit und mit dieser Energie an Positivem tun?" Manche Menschen lassen sich eher motivieren von der Furcht davor, etwas Falsches zu tun, während andere sich eher motivieren lassen durch den Gedanken an das, was sie gewinnen können mit einer positiven Errungenschaft. Behältst Du beides im Sinn, wirst Du doppelt motiviert sein, das Gute zu tun und Dich vom Bösen fernzuhalten. Das Gleiche gilt, wenn Du versuchst, andere zu motivieren, sich von falschem Handeln fernzuhalten; hilf ihnen, ihren Blick auf beides zu richten, den Schaden, den falsches Handeln verursachen kann und den Gewinn, der sich bei rechtem Handeln erzielen lässt.

Aus *Growth through Torah* von Rabbi Zelig Pliskin

PARASCHAT

V'SOT HABERACHAH

Und dies ist der Segen

Deuteronomium 33,1-34,12

וזאת הברכה

V'SOT HABERACHAH

TORAHLEKTION VON

RABBI CHAIM RICHMAN

„Vor den Augen ganz Israels" – Der Segen, wieder von vorne anzufangen

Die Fünf Bücher Moses sind in wöchentliche Abschnitte eingeteilt. Wenn wir die einzelnen Abschnitte lesen, dann studieren wir nicht etwa antike Geschichte; dieses wöchentliche Studium ist nichts weniger als die Geschichte unseres eigenen Lebens, wie es sich bisher entwickelt hat. Jedes Jahr, wenn wir den Zyklus der Torahabschnitte am Fest von Simchat Torah abschließen und die letzte Paraschat V'Sot HaBeRachah im Buch Deuteronomium lesen, erleben wir einen Neustart. Wir beginnen sofort am selben Tag damit, die Torah von Neuem zu lesen und beginnen mit der Paraschat Bereschit, dem Anfang von Genesis.

Wir werden dieses Kreislaufs nicht müde. Es ist ein wunderbares Erlebnis. Jedes Jahr entdecken wir mehr von den Mysterien der Torah, dringen tiefer und tiefer in ihre Geheimnisse ein. Während wir immer reifer werden, können wir immer tiefer blicken und unser sich ständig änderndes Verständnis und unsere Wertschätzung der Torah hilft uns dabei, G-tt noch besser zu dienen, zu allererst dadurch, dass sie uns hilft, bessere Menschen zu werden.

Dieser Neustart ist aber auch recht schwer zu fassen, und der Übergang von Deuteronomium zurück zu Genesis kann einem holprig und beunruhigend erscheinen. Immerhin sind wir bei diesem Zyklus sehr gründlich in unser Studium vertieft gewesen. Allein die letzten vier Torahabschnitte in Deuteronomium finden an Mosches Todestag statt, nachdem er seine Sorge um das Volk Israel so viele Male wiederholt hat und auf die Fallstricke, die in der Zukunft auf sie warten würden, hingewiesen hat. Häufig hat er von den Herausforderungen gesprochen, denen sie begegnen werden, wovon die meisten Ergebnisse ihres eigenen Ungehorsams sein werden. Jetzt in Genesis sind wir wieder bei der Schöpfung, dem Anfang von allem. Dieser Übergang kann uns benommen machen.

Paraschat *V'Sot HaBeRachah* ist Mosches Segen auf die Kinder Israels. Es ist eine prophetische Vision, in der er auf das anspielt, was *über* sein geliebtes Volk hereinbrechen wird. Das geliebte Oberhaupt, das für sein Volk gelebt und es so sehr geliebt hat, ist jetzt dabei, es zu verlassen. Bevor er diese Welt verlässt, muss er ihnen noch eine machtvolle Botschaft mit auf den Weg geben. Wie soll man sich an ihn erinnern? Was ist die kurze und knappe Aussage seines Lebenswerkes im Interesse Israels?

Das Verhältnis, das ganz Israel zu Moses hatte, der überall bekannt ist als Mosche Rabbeinu (Moses unser Meister, unser Lehrer) ist beispiellos. Die Torah selbst bezeugt sein großes Mitgefühl für sein Volk, bis hin zur äußersten Selbstaufopferung. Nach dem Debakel mit dem Goldenen Kalb sagte er: „Wenn Du doch ihre Sünde vergeben könntest! Wenn aber nicht, dann lösche mich aus Deinem Buche, das Du geschrieben hast" (Exodus 32,32). Er war bereit für sein Volk zu sterben, ja, nie existiert zu haben, nur um sein Volk zu retten. Er war *völlig ohne Ego. Das ging so weit*, dass der Allmächtige Selbst Zeugnis ablegt und sagt: „Mosche war der demütigste Mensch auf Erden" (Numeri 12,3).

Das ist der Mosche, der sein Volk aus Ägypten geführt hat. Der Mosche, der den Berg Sinai bestieg und die Torah herabbrachte; der zu zwei verschiedenen Gelegenheiten vierzig Tage und Nächte weder aß noch trank; der den Spionen und ihren boshaften Absichten bezüglich des Landes gegenübertrat, Korach und seinen Mitverschwörern, und den Königen von Ammon und Moab. Nach all diesen Abenteuern, all diesen Mühen, all der spirituellen Hoffnung und Verlangen und den Errungenschaften, dienen die letzten Worte der Torah, die letzten Verse der Paraschat *V'Sot HaBeRachah* als Zusammenfassung seines Lebens, so wie es Israel in Erinnerung bleiben soll. Was ist die Hauptsache, die die Nation von Mosche in Erinnerung behalten soll, wofür er in Erinnerung bleiben möchte? Was hat er für Israel geleistet, das für immer für sie Bestand haben wird? Dass er sie aus dem Haus der Knechtschaft befreit hat oder dass er zum Himmel aufstieg und die Torah empfangen hat? Die überraschende Antwort findet sich in den letzten Versen der Torah:

> „Es stand aber in Israel kein Prophet mehr auf wie Moses, welchen der HERR von Angesicht zu Angesicht kannte, wie bezeugt in all den Zeichen und Wundern, die der HERR ihn in Lande *Ägypten gegen den Pharao und alle seine Knechte* und gegen sein ganzes Land zu tun gesandt hat, (…) mit der starken Hand und der furchterregenden Macht, die Mose **vor den Augen ganz Israels** vollbrachte." (Deuteronomium 34,10-12)

Der heilige Raschi (1040-1105) erklärt, das die Worte ‚vor den Augen ganz Israels' sich auf Mosches Inspiration beziehen, die Tafeln vor ihren Augen zu zertrümmern, da der Vers sagt: „Und ich zerbrach sie vor euren Augen." (Deuteronomium 9,17), „und der Heilige, gepriesen sei Er, stimmte Moses zu, dass es genau das Richtige war, zu tun." (BT Shabbat 87,a).

War das Zertrümmern der Tafeln das Bedeutendste, was Mosche vor den Augen von ganz Israel getan hat? War dies wirklich das einzig Wichtige, das er getan hat und wofür man sich an ihn erinnern sollte?

Die ursprünglichen Tafeln waren mit dem Finger G-ttes beschrieben. Die Tafeln standen für das Potenzial auf einer viel höheren, spirituellen Ebene leben zu können. Laut unserer Weisen wäre Israel auf der erhabenen Ebene der Torahkenntnis geblieben, wären die ursprünglichen Tafeln nicht zerbrochen worden. Unsere Weisen sagen bekanntermaßen, dass niemand jemals etwas vergessen hätte, was er gelernt hätte! Ihre Torahkenntnis wäre in solch tiefer Weise in ihren Seelen verankert worden, dass sie nie vergessen worden wäre. Als aber Mosche vom Berge kam und Zeuge dessen wurde, wie Israel unter dem Einfluss und der Anstachelung durch die Menge des fremden Volkes um das goldene Kalb tanzte, lösten sich die von G-tt Selbst geschrieben Buchstaben von den Tafeln und flogen zurück zum Himmel. Die Steine wurden darauf in seinen Händen so unhaltbar schwer, dass wir lesen: „Es geschah, dass als er dem Lager näherkam und das Kalb und die Tänze sah, da entbrannte Mosches Zorn. Er warf die Tafeln aus seinen Händen zu Boden und zerschmetterte sie am Fuße des Berges." (Exodus 32,19).

War Moses wirklich *ärgerlich*? Der Vers deutet tatsächlich darauf hin, dass sein Handeln ein Wutausbruch war. Das einfache Lesen des Verses verbirgt jedoch ein großes Geheimnis. Mosche zerbrach die Tafeln nicht in einem momentanen Zornesausbruch. Er verlor nicht seine Selbstkontrolle, nicht für einen Augenblick. Vielmehr war die Zerstörung der Tafeln wohlüberlegt, ein gut überlegter Plan zum Wohle seines geliebten Volkes Israel. Und G-tt hieß seinen Plan gut. Es ist deshalb nicht der momentane Verlust der Fassung, sondern genau das Gegenteil. Es war eine Tat beispielloser Wichtigkeit und, wie die Torah im letzten Vers bezeugt, „vor den Augen ganz Israels". Es war wohl die eine wichtigste Tat, die Mosche jemals vollbracht hat, die wir nach seinem und dem Wunsch der Torah für immer in Erinnerung halten sollen. Denn durch diese Tat vermachte Mosche Israel die g-ttliche Fähigkeit, zu vergessen und wieder von vorne anfangen zu können, wobei wir alles vorherige Wissen, alle vorgefassten Meinungen und Ideen abschütteln.

Wären die ursprünglichen Tafeln nicht zerbrochen worden, wäre alles anders gelaufen – auch auf noch höherer Ebene – aber nicht besser. Es stimmt, nicht ein Buchstabe der Torah wäre vergessen worden; das Potenzial für die letztendliche Erlösung wäre sehr groß gewesen; aber Mosche war klar, dass solch eine Erwartung nicht realistisch gewesen wäre. Als er vom Berge kam und das Gelage um das golden Kalb sah, erkannte er mit großem Mitgefühl und tiefer Einsicht, dass sich die Dinge nicht erzwingen lassen. Das Sammeln von Wissen und Lebenserfahrung braucht Zeit. Erkenntnis kann nicht erzwungen werden. Wir müssen in kleinen Schritten an uns selbst arbeiten, Schritt für Schritt, jedes Jahr. Alles, was im Leben eines Menschen geschieht, alles, was wir durchmachen, sind alles wichtige Stationen auf unserem Weg zur Erkenntnis. Enttäuschungen sind auf dem Wege unvermeidbar, aber mutlos darf man nie werden. Wann immer man fällt, muss man wieder aufstehen. Würden wir ständig mit den Fehlern und dem Versagen der Vergangenheit hadern, wären wir davon so überwältigt, dass wir keinen Neuanfang machen könnten.

So ist die Fähigkeit, wieder eine Perspektive zu gewinnen, die Vergangenheit zu vergessen und vorwärts zu schreiten, ein Segen. Das ist das Geheimnis, auf das sich unsere Weisen beziehen, wenn sie von der Heiligkeit des Vergessens sprechen. Diese Fähigkeit kommt daher, dass Mosche die Tafeln zertrümmerte. Das war das eine und gleichzeitig größte Vermächtnis, das er seinem Volk vermachte. Wären die ersten Tafel erhalten geblieben, hätte Israel auf Dauer festgesteckt, wenn auch auf einem exklusiven Niveau, aber es hätte seiner Bestimmung, sich ständig um eine Verbesserung zu bemühen, nicht mehr gerecht werden können. Die neue Ära nach dem Zerbrechen der Tafeln und dem Ersatz durch das zweite Paar brachte die ganz menschliche Fähigkeit mit sich, sich um Korrektur zu bemühen und um Verbesserung und Erkenntnis. Die Aufgabe ist jetzt schwerer, als wären die ursprünglichen Tafeln intakt geblieben – aber der persönliche Erwerb der wahren Torah ist realer, besser verankert, dauerhafter und eindringlicher.

Das ist genau der Grund, warum wir das Lesen von Deuteronomium während der hohen Festtage des Gerichtes beschließen und unmittelbar darauf wieder mit Genesis beginnen. Denn so, wie das Jahr brandneu ist, so wird die gesamte Schöpfung erneuert und jeder Mensch wird erneuert und kann wieder von vorne anfangen, ganz gleich, was wir durchgemacht haben! Wir können immer wieder neu beginnen und erkennen: Ich weiß eigentlich nichts. Ich fange gerade erst an. Wie soll ich jetzt damit anfangen die Schöpfung neu zu lesen? Habe ich das nicht schon einmal gelesen?

Es ist deshalb, weil ich gerade wieder neu erschaffen werde. Das Jahr wird neu geschaffen, die ganze Welt wird neu geschaffen. Ich vergesse alles, was ich gewusst habe, denn es ist ein neues Jahr und was immer ich gewusst habe, spielt jetzt keine Rolle mehr. Ich bin ein neuer Mensch. Und wir wollen nie, nie verzweifeln.

Mosche in seiner Weisheit sah all das voraus und deshalb zerbrach er die Tafeln und ermöglichte jedem von uns, einen Neustart zu machen und die Fehler der Vergangenheit zu vergessen. Was auch immer geschehen ist und was auch immer ich einmal gewusst habe, spielt keine Rolle. Deshalb ist das Letzte, was wir lesen, wenn wir die Torahlesung beschließen, dass Mosche die Tafeln vor den Augen ganz Israels zerbrach und dann fangen wir gleich wieder mit dem Torahlesen von vorne an. Das ist genau das, worum es geht, bei *Teschuva*, der Umkehr von *Rosch HaSchana* und *Yom Kippur* und der Freude an Sukkot! Das ist der Grund, warum wir jedes Jahr zu dieser Zeit die Torah beenden und wieder neu beginnen, weil in G-ttes großer Güte alles wieder auf Null gesetzt wird.

Die Torah wird beendet und neu begonnen; das Jahr endet und das Neue Jahr beginnt. Was auch immer in der Vergangenheit geschah, bleibt in der Vergangenheit. Jetzt ist die Zeit voranzugehen, die Tafeln sind zerbrochen, deshalb können wir – müssen wir – wieder neu beginnen. Wir streben mit unserem ganzen Wesen danach, wahre Menschen zu werden, unnachgiebig daran zu arbeiten und nicht aufzugeben, gerade so, wie G-tt die Schöpfung ständig erneuert. Wir müssen in unseren Herzen glauben und wissen, dass alles stetig neu ist, kein Tag ist wie der andere, kein Jahr wie das vorige, was immer wir zu wissen glaubten, wir beginnen von vorne.

Auf diese Weise ist unser jährlicher Lesezyklus der Torah ein nie endender Möbiusstreifen einer immer wachsenden Selbsterkenntnis und Selbsterkundung. Mosches laserscharfe Antwort auf eine anwachsende spirituelle Krise veränderte alles im Leben von da an. Sie gibt uns die Möglichkeit das Abenteuer der Torah jedes Jahr neu zu beginnen, mit neuen Augen und mit einem reinen Herzen.

DIE FESTTAGE

FESTLEKTION
FÜR

ROSCH HASCHANAH

VON
RABBI LEVI COOPER

DEFEKTE UHREN, DEFEKTE SEELEN

DIE ROSCH-HASCHANAH-ERFAHRUNG WIRD unterstrichen durch den Klang der Schofarstöße: das Erschallenlassen des Widderhorns in der Synagoge ist Teil des Gebetsgottesdienstes. Die Weisen erklären, dass diese Handlung den Allmächtigen an das Binden Isaaks erinnert sowie an die Verdienste der Vorfahren und die hingebungsvolle Treue unserer Vorväter. Die Weisen erklärten auch, dass das Schofar wie ein Wecker wirkt, der die schlummernden Seelen weckt und zu einer Erneuerung unserer Verpflichtung gegenüber Gott aufruft. Historisch gesehen, finden sich Vergleiche mit Uhren zuhauf in der jüdischen Überlieferung.

Als Rabbi Shlomo Shapiro (1831-1893) das Heiratsalter erreichte, reiste er mit seinem Vater, Rabbi Elazar von Lancut (1808-1865), zu einem Treffen mit seiner zukünftigen Braut, Haya Firma Rivka (gest. 1887), der Tochter von Rabbi Yekutiel Shmelke von Sasov (1800-1861). Nachdem man sich auf die Hochzeitsvorbereitungen geeinigt hatte, machten sich der junge Bräutigam und sein Vater wieder auf den Rückweg. Auf dem Heimweg machten sie einen Umweg, um den angesehenen chassidischen Lehrer Rabbi Meir'l von Przemyslany (1783-1850) zu besuchen.

Rabbi Meir'l hieß die Besucher willkommen und im Laufe des Gesprächs bemerkte er die neue Taschenuhr, die der junge Bräutigam trug. Bis auf den heutigen Tag bekommt in vielen traditionellen jüdischen Gemeinden der Bräutigam von seinen zukünftigen Schwiegereltern eine Uhr geschenkt – obwohl das jüdische Gesetz ein solches Geschenk nicht verlangt. Als er die glänzende neue Uhr sah, nutzte Rabbi Meir'l die Gelegenheit, über ihre Symbolkraft zu sprechen:

„Eine Uhr ist wie ein menschliches Wesen: Solange sie neu ist, zeigt sie die Zeit getreulich an, so wie der Uhrmacher es wollte. Vergehen die Jahre, so kann sie kaputt gehen – nicht die Zeiger oder das Glas, aber das feine Balancerad oder die Spiralfeder können verschleißen oder kleine Schmutzteilchen könnten den fragilen Mechanismus stören. Überholung und Neueinstellung könnten nötig werden. Die einzige Lösung ist, sie zum Uhrmacher zu bringen, der sie öffnen und in tausende kleine Teile zerlegen wird, bis er das Problem gefunden hat. Wenn er das Problem erkannt und behoben hat, was zu beheben war, und das Innere gereinigt hat, setzt er alles wieder zusammen. Wieder zeigt die Uhr die Zeit getreulich an."

Rabbi Meir'l erklärte das Gleichnis:

„Das ist die Natur eines Menschen: Gott erschafft die Menschen, damit sie getreu ihr Leben leben. Leider geraten Schmutzteile in unsere feinen, zarten Seelen und stören den spirituellen Mechanismus. Die einzige Lösung ist, unsere Egos aufzubrechen, die Fehler zu erkennen, unsere Seelen zu reinigen und uns dann wieder zusammenzubauen."

Rabbi Meir'l führte das Gleichnis noch einen Schritt weiter und zog einen Vergleich zwischen dem Uhr/Mensch Bild und den *Schofar*stößen an Rosch Haschanah:

„Dieser Vorgang" – er bezog sich auf die Zerlegung und den anschließenden Zusammenbau von Uhr/Seele – „wird widergespiegelt durch die Art und Weise, wie wir das Schofar blasen." Wenn wir das Schofar an Rosch Haschanah blasen, gibt es verschiedene Klangarten: *Teki'ah*, *Schevarim* und *Teru'ah*. Eine Folge von *Schofar*stößen wird eingefasst von einem *Teki'ah* am Anfang und ein *Teki'ah* am Ende. Rabbi Meir'l erklärte: „Wir beginnen mit einem *Teki'ah* – ein einzelner, klarer, ununterbrochener Laut. Wenn wir uns mit den Launen des Lebens auseinandersetzen müssen, werden wir zu einem *Schevarim* – ein unterbrochenes Stoßen, das Stückelung und Verlust von Reinheit und Ganzheit zum Ausdruck bringt. Das ist der Zeitpunkt, wo wir ein *Teru'ah* werden müssen – ein Klang zerstückelt in unzählige kleine Stücke. Erst wenn wir wirklich ein *Teru'ah* geworden sind, können wir die Teilchen wieder rekonstruieren und wieder das *Teki'ah* erschallen lassen. Das deutet darauf hin, dass wir wieder zu dem ursprünglichen, reinen, vereinten und göttlichen Selbst geworden sind.

Damit schloss Rabbi Meir'l das Gleichnis und seine Erklärung ab und hinterließ in den Köpfen aller Anwesenden eine Lehre, während sie noch über die Symbolik der Uhr nachdachten.

Rabbi Meir'l beugte sich dann zum Vater des Bräutigams, Rabbi Elazar von Lancut – der ebenfalls ein chassidischer Lehrer und Nachkomme einer chassidischen Familie war – und fügte in leisem Flüsterton hinzu: „All das habe ich den jungen Burschen hier erzählt, die gerade erst ihre Reise im Dienste des Allmächtigen beginnen. Eine Führungsperson muss allerdings einen anderen Ansatz haben."

Ich kann mir Rabbi Meir'l gut vorstellen, wie er tief in die Augen seines Kollegen Rabbi Elazars von Lancut blickte.

Rabbi Meir'l fuhr fort: „Führungspersönlichkeiten sollten ihre Fehler nicht allen bekannt machen, damit sie bei ihren Schützlingen keine Depression auslösen oder eine düstere Atmosphäre schaffen, die ihre Fähigkeit zu führen untergraben würde. Tatsächlich wird die richtige Herangehensweise für Führungspersonen in einem Torahvers angedeutet: ‚Wenn du die Gemeinde zusammenrufst, dann sollst du langgezogene Töne blasen und keine kurzen‘ (Numeri 10,7).“ Rabbi Meir'l erklärte: „Moses – das Vorbild jüdischer Führerschaft – wurde aufgefordert vor der Gemeinde als *Teki'ah* zu erscheinen, als ein ununterbrochener reiner *Schofar*klang; nicht als ein zerstückelter *Teru'ah*klang.“ So sollten nach Rabbi Meir'l Führungspersonen ihre Unzulänglichkeiten nicht breittreten sondern sollten sich vielmehr als strahlende Vorbilder zeigen, denen alle folgen können.

Wenn ich über die geflüsterten Worte von Rabbi Meir'l nachdenke, muss ich mir die Frage stellen, ob seine Sicht auch für heute noch angemessen wäre. Vielleicht könnte in unserer Zeit ein Führer, der ehrlich seine Schwächen zugibt und der offen über die Schwierigkeiten, mit denen er zu tun hat, spricht, inspirierender und ermutigender sein, als eine makellose – aber unrealistische und letztendlich unehrliche – Persönlichkeit. Die innere Zerrissenheit einer Führungspersönlichkeit ist zweifellos ein Problem, das nicht ignoriert werden sollte. Führungspersönlichkeiten, die bewusst und gewissenhaft sich den Wechselfällen des Lebens stellen, die ihre Unzulänglichkeiten angehen und bemüht sind zu wachsen, sich zu entwickeln und zu verbessern, sind sicher die Führer, denen wir nachzueifern suchen.

FESTLEKTION
FÜR

YOM KIPPUR

VON
RABBI MOSCHE GOLDSMITH

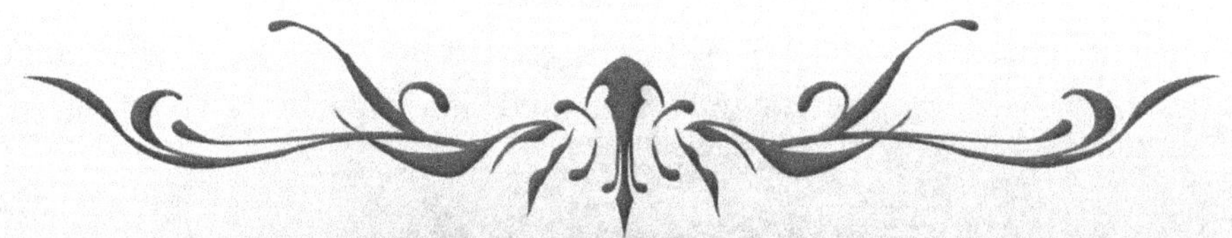

Ein Tag der Versöhnung für alle

MENSCHEN MÜSSEN AN Haschem – den Schöpfer des Universums – glauben. Sie dürfen nichts und niemand anderen anbeten. Wenn man wirklich an G-tt glaubt, Ihn liebt und fürchtet, dessen (deren) Herz wird erfüllt von Scham und Schmerz, wenn er (sie) gesündigt hat. Er (sie) fragt: „Wie konnte ich mich nur von G-ttes Wort abwenden?"

Wahrer Glaube ist gezeichnet von einem ständigen Bewusstsein der Gegenwart G-ttes, die uns umgibt, eine Gegenwart, die in alles, was wir tun, eingeschaltet ist. Dieser Glaube ermöglicht die Erkenntnis, dass im Idealfall unsere Seele auf einer solch hohen Ebene ist, dass wir ein Teil von Haschem Selbst sind. Die Mitzvah der Hingabe und des Glaubens an Haschem ist das, worum es an Yom Kippur geht.

Der Feiertag lehrt uns, dass Menschen sich durch Reue von ihren Sünden reinigen können; das bedeutet Umkehr zu Haschem. Unsere Seelen, spirituelle Einheiten, verlangen danach, Haschem so nahe wie möglich zu sein. Sie sind aber in physische Körper eingepflanzt, die als Bekleidung der Seelen in ihnen dienen. Es ist eine Aufgabe sie rein zu halten. Stell Dir vor Du müsstest einen Flecken auf einem weißen Hemd reinigen – der Fleck ist schwer zu entfernen; er wird fast immer eine Spur hinterlassen. Ähnlich ist es mit der Sünde, wir beflecken das Kleid unserer Seele. Wir verursachen damit, dass sie in unangemessener Kleidung steckt, vergleichbar mit einer Königin in Lumpen.

Interessanterweise sind die Zeichen der Trauer Sack und Asche. Sie weisen darauf hin, dass wir das Erscheinungsbild unserer Seele befleckt haben. Nun könnte es so aussehen, als würde jemand, der das Kleid seiner Seele befleckt hat, für immer einen Makel darauf behalten. Aber nein, an Yom Kippur ist es üblich, weiße Kleider zu tragen, die Reinheit symbolisieren. G-tt sagt uns: *„…an diesem Tag wird Entsühnung für euch geschaffen und ihr werdet gereinigt werden; ihr sollt von allen euren Sünden gereinigt werden vor Haschem."* (Levitikus 16,30)

Hier offenbart die Torah die ungeheure Macht von Yom Kippur – ein unglaubliches Geschenk des Allmächtigen. Er erlaubt uns, unsere Sünden zu bekennen, aufrichtige Reue zu zeigen und den Entschluss zu fassen, unsere

Dummheit hinter uns zu lassen und damit lässt Er uns mit einem reinen Register neu beginnen.

Das Wort für *Reue* im Hebräischen ist verwandt mit dem hebräischen Wort für *zurückkommen, umkehren*. Der Talmud (in Pesachim 54,1) lehrt uns, dass Reue eines der sieben Geschenke war, die der Schöpfung der Welt vorausgingen. Auf diese Weise wurden wir mit der Gelegenheit zur Umkehr zu unserem wahren, ursprünglich reinen Selbst gesegnet. Das Gebet, das wir jeden Morgen beim Aufwachen sprechen – „Haschem, die Seele, die Du mir gegeben hast, ist rein" – ist dazu gedacht, uns zu erinnern, dass jeder Mensch, Jude oder Nichtjude, zu seinem wahren Selbst zurückkehren soll. Das ist es, worum es beim Versöhnungstag geht.

Interessanterweise studieren wir an Yom Kippur im Nachmittagsgottesdienst, Minchah[92], das Buch des Propheten Jona, dessen Geschichte ein paar schwierige Fragen aufwirft. G-tt befiehlt dem Propheten, in die assyrische Stadt Ninive (im heutigen Irak) zu gehen und die Menschen dort darüber zu informieren, dass Er auf ihre Schlechtigkeit aufmerksam geworden ist. Offenbar hofft Haschem auf ihre Reue.

Dennoch wollte Jona Haschems Anweisung nicht gehorchen und ging auf ein Schiff, um zu entkommen. Die Mischnah[93] (Traktat Sanhedrin 11,5) lehrt uns, dass ein Prophet, der seinem Auftrag nicht nachkommt und seine Botschaft nicht an die weitergibt, für die sie gedacht ist, des Todes durch G-ttes Hand schuldig ist. Doch obwohl Jona weiß, dass sein Leben wegen seines Ungehorsams beendet werden wird, ist er entschlossen, die Reue der Leute von Niniveh zu verhindern. Warum?

Nach der jüdischen Überlieferung wusste Jona, dass die Leute von Ninive seinen Ruf zur Reue beachten würden im Gegensatz zum Volk Israel, das die Aufrufe so vieler Propheten, sich zu bessern, gehört und doch nicht bereut hatte. Hinzu kam, dass Jona wusste, dass die Verbannung der zehn Stämme Israels bevorstand und er wollte den drohenden Fall des Königreiches Israel verhindern, von dem er fürchtete, dass dieser unvermeidbar *wäre, wenn die Sünder von Ninive* sich dadurch, dass sie auf Jonas Aufruf zur Besserung hörten, vor Haschem als würdiger erweisen *würden*. *Warum zwang Haschem*

---

92 Minchah – Nachmittagsgebetsgottesdienst
93 Mischnah – der ersteTeil des Talmuds; eine Sammlung von frühen mündlichen Interpretationen der Schriften, die um 200 n.Chr. zusammengestellt wurde.

Jona dann, eine Botschaft an das Volk in Ninive zu verkünden, die dem Volk Israel, Seiner Auserwählten Nation, nur Schaden bringen würde?

Jonas Erfahrung sollte eine wichtige Lektion über die Macht der Reue sein. Wahre Reue kann jede Sünde beseitigen – selbst die allerschwersten Sünden. Man darf die Hoffnung darauf, dass ein Mensch zur Reue und zu Haschem zurückkommen kann, nie aufgeben. Durch Jona lehrt uns G-tt, dass wir erwarten können, dass eines Tages alle Nationen auf Erden bereuen und zu Ihm zurückkehren werden.

Jonas Geschichte ist eine Erinnerung daran, dass wir ein Licht sein sollen für die Nationen. Als Auserwähltes Volk ist es unsere Aufgabe, die Menschheit durch unseren positiven Einfluss zur Rechtfertigung zu führen. Jona versuchte diesen Auftrag, Licht für die Nationen zu sein, zu umgehen, indem er sich mit einem Schiff auf die Flucht machte. Ironischerweise zeigt sein Umgang mit den Menschen an Bord, wie das Verhältnis zwischen Israel und den Nationen entwickelt werden soll.

Unsere Weisen lehren, dass Menschen aus allen siebzig Nationen auf diesem Schiff waren. Jeder betete zu seinen falschen Göttern, dass sie das Meer, das drohte das Schiff kentern zu lassen, beruhigen sollten. Aber ihre Gebete blieben ohne Antwort. Damit, dass Jona dazwischentrat und mit seinem Sprung über Bord bewies, dass G-tt den Sturm stillen würde, hatte er ihnen den Wahren G-tt, den G-tt Israels, nachdrücklich vorgestellt.

Vor einiger Zeit las ich das Buch Jona, Kapitel 1, Verse 5, 10 und 16. Wir erkennen hier eine fortschreitende Furcht vor G-tt, je weiter die Ereignisse voranschreiten. In Vers 5 lesen wir, die Seeleute „fürchteten sich und riefen zu ihren Göttern," in Vers10 „sie hatten eine große Furcht," dann schließlich in Vers 16 „sie hatten eine große Furcht vor **Haschem**." Ich glaube, dass eben diese Veränderung bei den Seeleuten Jonas letztendlichen Erfolg bei der Erfüllung eines Teils seines g-ttlichen Auftrags, die Nationen zu erheben und sie zum G-tt Israels, dem G-tt des ganzen Universums zu bringen, deutlich macht. Dies ist ein Vorläufer der Erfüllung des messianischen Traumes, wenn alle Nationen zu Anbetern des Einen Wahren G-ttes werden.

Eine Anspielung auf diesen Auftrag finden wir auch im nächsten Teil der Geschichte Jonas, als er von einem Fisch geschluckt wird. Im Hebräischen wird das Wort Fisch – Daled, Gimel – buchstabiert. Der numerische Wert ist 7 – Daled ist 4 und Gimel ist 3. Das deutet darauf, dass die 70 Nationen versuchen werden, uns zu verschlingen, wenn, Gott bewahre, wir unseren Auftrag, ein Licht für die Nationen zu sein, vernachlässigen.

Abschließend sei noch erwähnt, dass Yom Kippur eine persönliche Seite hat, die besonders das Volk Israel betrifft. In Levitikus 16,17 heißt es: „*Er soll Sühne schaffen für sich, für sein Haus und für die gesamte Gemeinde Israel.*" Die Torah betont Sühne für Aaron, für sein Haus und schließlich für das Volk Israel. G-tt gibt uns hier zu verstehen, dass ganz Israel eine Nation ist, in der jeder für jeden verantwortlich ist.

Wir lernen dies aus dem Bund, der in Paraschat Nitzavim erwähnt wird. Dennoch dürfen wir unsere Verantwortung für die Nationen nicht vergessen. Aus diesem Grunde lesen wir das Buch Jona an Yom Kippur während des Mincha-G-ttesdienstes, wenn das Fasten fast vorüber ist. Haschem möchte, dass die wichtige Botschaft von der Hinwendung zu den Nationen in Erinnerung gerufen wird, wenn der Versöhnungstag zu seinem Ende kommt. Diese Botschaft setzt sich fort über das Sukkotfest, wenn Israel 70 Opfer für die Nationen bringt. Gleichzeitig wollen wir uns auch daran erinnern, **wer wir sind**, wenn wir das Fest Schimini Azeret[94] feiern, das auf Sukkot folgt und bei dem ein Opfer gebracht wird, das für ein vereintes Israel steht.

FESTLEKTION
FÜR

SUKKOT

VON
RABBI CHAIM RICHMAN

Die Freude, von Haschem umarmt zu werden

Der hebräische Kalender ist eine ausgesprochen präzise Verabredung mit dem Göttlichen; er kennt die Bedürfnisse des Menschen schon im Voraus und ermöglicht persönliches Wachstum. Die heiligen Zeiten, geheiligt von G-tt, schenken uns in unserem Leben Kraft, Ermutigung und eine tiefe Verbindung mit G-tt.

Jedes der drei großen Feste hat ein besonderes Thema, das uns dazu herausfordert, unser persönliches Potenzial zu erreichen. Auch wenn dies die Pilgerfeste sind, zu denen die ganze Nation Israel zum Tempel in Jerusalem hinaufzieht, sind die Botschaften, die durch diese Feste vermittelt werden, für die ganze Menschheit von Bedeutung. Das Passah, das an den Auszug aus Ägypten erinnert, ist bekannt als ‚die Zeit unserer Befreiung' und ist das Fest der Freilassung, wo alle Menschen ihre Chance auf Erlösung erfahren können. *Schavuot*, der Jahrestag der Offenbarung am Sinai, ist ‚die Festzeit der Offenbarung der Torah', wenn jeder Mensch tatsächlich am Berg Sinai stehen und die Torah erneut empfangen kann.

An *Sukkot*, dem Laubhüttenfest, wohnen wir in der *Sukkah* (Levitikus 23,42), was den schützenden Schatten der göttlichen Gegenwart symbolisiert. Wenn wir in den ‚vorübergehenden Behausungen' sitzen, haben wir die Möglichkeit, unsere Beziehung zu Gott neu einzustellen und für das kommende Jahr greifbar zu machen. *Sukkot* wird die ‚Zeit der Freude' genannt, wie die Torah sagt: „Und du sollst fröhlich sein an deinem Fest (…) und du sollst dich freuen" (Deuteronomium 16,13.15). Es ist diese wahre Freude, die Nähe zu G-tt bewirkt, wie König David in seinem Psalm bezeugt: „Für mich aber ist es gut, mich Gott zu nahen" (Psalm 73,28). Was aber ist wirklich die Quelle dieser Freude? Wie messen wir unsere Nähe zu G-tt?

Der gesamte Monat *Tischrei*[95] ist ein Prozess, der uns die intimste Nähe zu G-tt ermöglicht. Die ehrfurchtgebietenden Tage von *Rosch Haschanah* und *Yom Kippur* schenken uns unvergleichliche Gelegenheiten für Erneuerung und Wachstum. An *Rosch Haschanah* wird die G-ttlichkeit erneut in der

---

95 Tischrei ist der erste Monat des hebräischen Kalenders. Tischrei liegt in der Zeit von September bis Oktober des gregorianischen Kalenders.

Welt offenbart, während wir die Souveränität G-ttes als König bestätigen. Wir bereiten uns darauf vor, uns Seinem vollkommenen Gericht zu stellen. In unseren Gebeten bringen wir unseren Wunsch für die gesamte Menschheit zum Ausdruck: Dass alle Menschen G-tt erkennen und sich in dieser Erkenntnis als eine Gemeinschaft zusammenschließen.

Die ernüchternde Ernsthaftigkeit von *Rosch Haschanah führt zu den Zehn Tagen der Reue,* die uns die Gelegenheit bieten, Wiedergutmachung für das ganze Jahr zu leisten. Am ehrfurchtgebietenden *Yom Kippur* wird die ganze Welt ins Licht der Vergebung getaucht, wobei wir uns vornehmen, uns erneut ganz dem Ziel G-ttes zu verschreiben.

Der Höhepunkt des Erlebens des Monats Tischrei ist *Sukkot,* denn die Läuterung in den Tagen der Ehrfurcht bringt uns eine völlige Neueinstellung unseres Lebens. An Sukkot symbolisieren die Hütten, in denen Israel während dieser Tage wohnt, Israels felsenfestes und unerschütterliches Vertrauen auf den Einen G-tt. Es ist dann Herbst, gerade, wenn die Tage kürzer und kühler werden und die meisten Leute sich ins Haus zurückziehen. Es ist nicht mehr so angenehm, draußen zu sitzen, wie es im Sommer war. Das stellen wir erst fest, wenn wir von den Bequemlichkeiten und der Sicherheit unseres Heims ausziehen und unseren Aufenthalt in den vorübergehenden Behausungen aufnehmen und G-tt für Seine ständige, uns umgebende Gegenwart danken. Das Wissen um diese Gegenwart ist wahre Freude.

Unabhängig von Sonnenschein oder warmem Wetter scheinen diese Behausungen auf Zeit offensichtlich nicht „sicher" in einem physischen Sinn, denn sie schwanken wohl auch ein wenig bei Wind; ihre Dächer sind laubgedeckt und offen zu den Sternen hin. Doch wir sitzen darinnen unbeeindruckt und unerschüttert von der feindlichen Welt – denn wie die Hütte, so ist auch diese Welt vorübergehend und wir sind nur vorübergehende Bewohner darin. So wie wir von den Wänden dieser Hütte umgeben sind, so sind wir von der ständigen, schützenden Gegenwart G-ttes umgeben. Die Winde mögen uns schütteln und die Elemente uns feindlich gegenüberstehen, aber der Schatten der Sukkah ist der Schatten der G-ttlichen Gegenwart.

Doch, das Geheimnis der Sukkah, der Laubhütte, geht noch tiefer als das.

Nach dem reinigenden Erlebnis des Versöhnungstages, der ehrfurchtgebietenden Zeit, wo Gerechtigkeit gespendet wird, gerade dann, wenn wir denken, wir könnten nicht mehr höher hinaufgelangen – wo könnten wir überhaupt noch hin?

Raus aus dem Haus und rein in die Sukkah.

Nach Yom Kippur kann uns unsere menschliche Natur das Gefühl der Verwundbarkeit und Unsicherheit vermitteln. Es war beunruhigend, vor G-tt zu stehen in Seiner Funktion als Wahrer Richter. Habe ich es recht gemacht? War meine Reue wirklich ehrlich? Bin ich wohlwollend gerichtet worden? Bin ich versiegelt worden für das Leben? Und der aller beunruhigendste Gedanke: Vergibt G-tt mir wirklich? Und damit wir uns nicht abgelehnt, mutlos und furchtsam fühlen, weil unser eigenes Urteil vielleicht nicht zu unseren Gunsten war und wir die g-ttliche Verbindung doch verloren haben – gehen wir, anstatt vor dem Allmächtigen wegzulaufen, nach dem Versöhnungstag hinaus in die Sukkah, die selbst ein Symbol der g-ttlichen Gnade ist, und fliehen sozusagen unmittelbar in Seine Gegenwart.

An Sukkot sind wir in ‚Quarantäne‘, allein mit G-tt, umgeben von Seinem Licht. In der Sukkah werden wir überwältigt von der Erfahrung der Tiefe der Liebe und Fürsorge G-ttes. Diese Erfahrung kommt dem Gefühl eines Aufenthalts im Heiligen Tempel am nächsten! König Salomo fühlte sich bewegt, die nahe zeitliche Nachbarschaft dieser Feste und die große g-ttliche Weisheit, die für alle menschlichen Eventualitäten vorsorgt, mit diesen Worten zu kommentieren: „So gehe nun, iss dein Brot mit Freude und trinke deinen Wein mit frohem Herzen; denn Gott hat dein Tun angenommen!" (Prediger 9.7)

Hier liegt das wahre Geheimnis der Sukkah: Das Geheimnis der Sukkah ist, dass sie die Umarmung G-ttes darstellt.

Sagen wir, Du triffst Dich mit jemandem, dem Du Unrecht getan hast. Du hast bei anderen schlecht über ihn geredet. Nach dem Gesetz der Torah musst Du ihm sagen, was Du getan hast und ihn um Vergebung bitten, bevor Haschem Dir vergeben kann. Das ist schwer, hinzugehen und einem anderen einzugestehen: „Ich habe dir Unrecht getan."

Aber Du nimmst all Deinen Mut zusammen, trittst ihm gegenüber und entschuldigst Dich aufrichtig für das, was Du getan hast.

Wenn er Dich kaum kennt oder er kein Interesse an einer Beziehung zu Dir hat und nicht merkt, wie schwer es für Dich ist, tut er Dich vielleicht ab und sagt: „Schon OK, macht nichts, mach Dir keine Gedanken darum."

Weiß der andere aber Deine Aufrichtigkeit zu schätzen und vergibt Dir ehrlich, gibt er Dir vielleicht die Hand und sagt: „Danke, alles vergeben."

Wenn er wirklich bewegt ist von dem, was Du getan hast, nimmt er Deine

Hand vielleicht sogar in seine beiden Hände und sagt etwas wie: „Bitte, denke nicht mehr daran, ich vergebe Dir alles."

Wenn derjenige Dich aber wirklich, wirklich liebt, weil Du Du bist und er Dir wirklich von ganzem Herzen vergibt, dann wird er Dich umarmen und sagen: „Dir vergeben? Wofür? Es ist nie passiert. Ich liebe Dich so sehr. Ich liebe Dich bedingungslos. Vergiss das nie, nicht für einen Augenblick und ganz gleich, was geschieht."

Er möchte, dass Du weißt, wie klar ihm ist, wie schwer es für Dich war, wie sehr er Dich liebt und möchte, dass Du weißt, dass Du nichts zu fürchten hast.

Dies ist das Geheimnis der Freude von Sukkot. Die Wände der Sukkah sind die liebevolle Umarmung G-ttes.

Wenn wir die Sukkah betreten, sind wir völlig in den Schatten der g-ttlichen Gegenwart eingetaucht, wir erfahren das allumfassende Mitgefühl, die Liebe und vollständige Vergebung Haschems.

Ein weiteres Geheimnis von Sukkot ist seine einzigartige Verbindung zu allen Völkern der Erde. Von allen heiligen Zeiten, die G-tt Seinem Volk zu halten gebot, hat das Laubhüttenfest die größte Bedeutung für die ganze Menschheit. Selbst heute identifizieren sich zahlreiche Nichtjuden mit dem Sukkotfest und kommen in Jerusalem zusammen, nur um zu dieser Zeit in der heiligen Stadt zu sein. Es scheint als würden Saiten ihres Herzens angeschlagen und sie selbst von einem unsichtbaren Magneten während des Sukkotfestes an den Ort des Heiligen Tempels gezogen.

Die Beziehung der Nationen zum Sukkotfest geht zurück bis in die Antike, spannt ihren Bogen über unsere eigene Zeit und bildet eine Brücke in die zukünftige, gerechtfertigte Welt, nach der wir uns alle schon so lange sehnen, Israeliten wie Nichtisraeliten, nach dem Tag, an dem „der HERR nur einer ist und Sein Name nur Einer". (Sacharja 14,9)

In Zeiten des Heiligen Tempels wurde während Sukkot ein einzigartiges Opfer auf dem Altar dargebracht – zu einem einzigartigen Zweck.

Kapitel 29 des Buches Numeri beschreibt die Opfer, die während der Festzeit dargebracht werden sollten. Zählt man die Stiere, die während der sieben Tage geopfert werden sollten, kommen wir auf insgesamt siebzig. Im 10. Kapitel von Genesis werden siebzig Nationen erwähnt. Diese sind die uranfänglichen Nationen, manchmal auch bezeichnet als die „siebzig Sprachen," die die gesamte Menschheit repräsentieren. Der Talmud (BT Sukkah 55, B) lehrt, dass die siebzig Stiere im Heiligen Tempel als eine Sühne für die siebzig Nationen der Welt geopfert wurden. Wahrlich, wie die Rabbiner bemerkt haben: „Hätten die Nationen der Welt nur gewusst, wie nötig sie den Tempel hatten, dann hätten sie ihn mit Befestigungsanlagen umgeben, um ihn zu beschützen." (Bamidbar Rabbah 1,3)

Wir spüren bereits, dass ein unauflösbares Band, enthalten im ureigenen Wesen dieses Festes – wie durch die Opfer im Heiligen Tempel, dem „Bethaus für alle Völker"[96] zum Ausdruck kommt – es mit den Völkern dieser Welt verbindet. Sukkot wurde vom Schöpfer Selbst zu einem Fest für die ganze Welt bestimmt. Das Fest ruft die gesamte Menschheit auf, mit vereinten Kräften mit Israel zu feiern und G-ttes Gegenwart in dieser Welt anzuerkennen.

Was für ein Start ins Neue Jahr! Möge es ein süßes Jahr voller Segen sein!

---

96 Jesaja 56,7

FESTLEKTION
FÜR

SIMCHAT TORAH
TORAHFREUDENFEST

VON
RABBI NATHAN LOPES CARDOZA

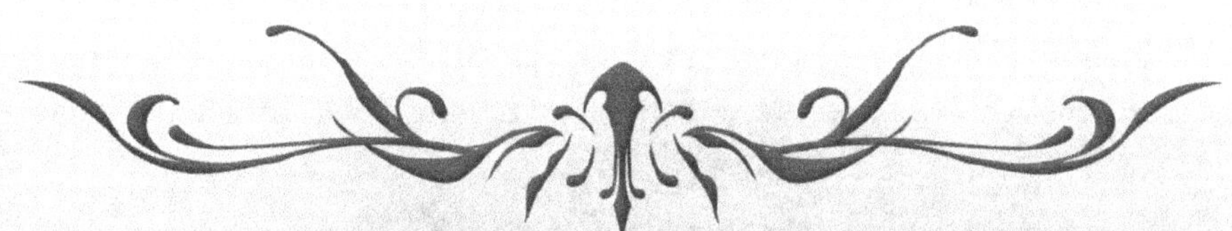

Das unbeugsame Sefer-Torah

Simchat Torah konfrontiert uns mit einem seltsamen Paradoxon. Zu keiner anderen Gelegenheit feiern wir unser Verhältnis zur Torah so, wie an diesem Tag. Wir tanzen mit ihr und singen Liebeslieder für sie, so, als sei sie unsere geliebte Braut. Selbst nachdem der Feiertag vorüber ist, finden immer noch große Festlichkeiten in Israel und der Diaspora statt. Tausende von Menschen begeben sich auf die Straße und tragen Torahrollen, während Kinder mit leuchtenden Fackeln die Festlichkeiten begleiten und Musiker große Umzüge anführen und das Ganze in ein fast mystisches Erlebnis verwandeln.

Dies ist allerdings höchst sonderbar: Die Rollen, die wir in unseren Armen tragen, passen überhaupt nicht in die Zeit, in der wir leben – sie sind völlig aus der Mode.

Wir leben in einer Welt hochentwickelter Technologie; wir gehen auf dem Mond, reisen durch das All, kommunizieren über Satelliten und nutzen das Internet – alles, ohne mit der Wimper zu zucken. Ärzte verpflanzen Herzen und ersetzen oder reparieren mit größter Leichtigkeit andere Teile unseres menschlichen Körpers. Jeden Moment werden wir Zeugen wissenschaftlicher Durchbrüche, die uns völlig überraschen. Bevor es uns ganz klar ist, führen uns weitere erstaunliche Erfindungen in eine Welt, von der wir nie geträumt hätten, dass sie möglich gewesen wäre. Alles ist in Bewegung und in Veränderung begriffen, so schnell, dass der Begriff „Geschwindigkeit" keine Bedeutung mehr hat.

Doch hier sind wir und tanzen mit einer Schriftrolle, die all dies überhaupt nicht wahrnimmt. Der archaische Text hat sich nicht verändert seit Mosche ihn am Berg Sinai in Empfang nahm. Darüber hinaus hat sich, laut Überlieferung, nicht einmal die Art und Weise, wie auf die Torahrolle geschrieben wird, geändert. Es ist immer noch die menschliche Hand, die den Text schreiben muss; kein Textprogramm kann dies übernehmen. Die Feder ist noch nicht ersetzt und es hat auch keine dramatische Veränderung in der Herstellung der besonderen Tinte gegeben. Auch das Pergament wird in genau derselben Weise bereitet, wie schon zu Zeiten der Propheten. Schaute sich jemand die Rolle an, die wir tragen, würde er, wenn er es nicht besser wüsste, glauben, wir hätten sie in einer Höhle entdeckt, wo Leute vor Tausenden von Jahren ihre heiligen Texte aufbewahrten – wie die Rollen vom Toten Meer.

Das jüdische Gesetz ermutigt dazu, immer die neuesten, wissenschaftlichen Kenntnisse in unser Leben zu integrieren und hat kein Problem mit den neuesten Entwicklungen in der Behandlung von Unfruchtbarkeit, dem Fliegen mit Raumfahrzeugen und dem Gebrauch technischer Geräte, um die Einhaltung des Sabbats zu erleichtern. Geht es aber um das Schreiben eines Sefer[97]-Torah, werden keine technologischen Verbesserungen gutgeheißen. Sie werden grundsätzlich abgelehnt[98].

Wir haben eine zukunftsorientierte Religion. Wir fürchten nicht die neuesten Technologien, denn sie erlauben uns, in für unsere Väter ungeahnter Weise, den g-ttlichen Auftrag zu erfüllen, Krankheiten zu heilen, angenehmere Lebensumstände zu schaffen und diese Welt zu einem besseren Ort zu machen. All dies wird von unseren Weisen wunderschön zum Ausdruck gebracht, wenn sie uns auffordern, Partner G-ttes bei der Schöpfung zu werden. Aber gerade der Text, der das verlangt, lässt keine Änderungen in seinem Inhalt zu und hindert uns daran, die neuesten technologischen Errungenschaften zu nutzen, wenn es um die eigene physische Herstellung in Material und Schrift geht. Was ist die Botschaft, die in diesem Paradoxon enthalten ist?

Während wir in einer Welt des ständigen Flusses leben, wo sich Dinge über Nacht ändern können, muss es einen Ort der Stabilität geben, zu dem man Zuflucht nehmen kann. Wir benötigen unerschütterliche Grundlagen, die sich nicht wie Treibsand ändern. Ohne solchen Untergrund wären wir verloren und gefährlich überwältigt von genau der Technologie, die wir geschaffen haben. Auch wenn wir von all diesen Neuerungen profitieren, so bezahlen wir doch einen hohen Preis und werden Opfer einer großen Verwirrung. Technologie und Wissenschaft schaffen oft moralische Probleme, die uns überwältigen

---

97 Sefer – Buch, Rolle
98 Auch wenn es heute einige leichte Änderungen, die die Art der Herstellung aller Komponenten manchmal erleichtern, gibt, so sind die grundsätzlichen Vorgehensweisen dieselben geblieben. In Ohr Yitzchak, der Sammlung der Antworten von Rabbi Yitzchak Abadi von Jerusalem, zu Yoreh De'ah, siman 54, gibt der Autor Anregungen, wie ein Sefer-Torah mit Hilfe der neuesten Technologie geschrieben werden kann, ohne dass der Schreiber die Buchstaben selbst schreiben muss. Dieser Vorschlag wurde jedoch von dem weitaus größten Teil der halachischen Autoritäten nicht angenommen. Ich würde noch hinzufügen, dass es auch nicht im Geiste des Judentums ist, noch ist es das, wofür ein Sefer-Torah idealerweise steht. Dies geht an die ureigene Wurzel der schwierigen Frage, inwieweit Ideologie eine Rolle in halachischen Fragen spielen kann – ein langes und schwieriges Thema, das über den Rahmen dieses Aufsatzes hinausgeht.

und wir stellen uns die Frage, ob es nicht besser wäre, unsere moralischen Werte abzulegen, um all die neuen Möglichkeiten unterbringen zu können, die sich eröffnet haben. Obwohl viele von uns wissen, das würde nur zu weiteren Problemen führen, verlangen andere nach solch radikalen Schritten, weil sie denken, sie brächten Verbesserung.

Es lohnt sich daher sehr, sich ein Sefer-Torah anzusehen und ihm Beachtung zu schenken. Hier hat man etwas, das sich um kein Jota verändert hat. Seine physische Beschaffenheit ist ein Zeugnis für seine Beständigkeit. Es ist der einzige Gegenstand in der Welt, der sich keiner Innovation ergibt. Sein Text gibt uns zu verstehen, dass während sich tatsächlich alles entwickeln und ausgeklügelter werden muss, die grundlegenden, moralischen Standpunkte der Torah nicht verändert werden dürfen. Ihr physisches Erscheinungsbild als „altmodische Schriftrolle" übermittelt uns diese Botschaft. Sie will nicht alles aufnehmen, noch will sie sich selbst aufnehmen lassen. Sie steht über Zeit und Raum und daher löst sie sich von den sogenannten neuen Entwicklungen, die das Verstreichen der Zeit mit sich bringt. Sie will sie selbst bleiben, zu ihren eigenen Bedingungen, und deshalb bietet sie uns in einer stürmischen Welt einen Hort der Stabilität und echter Identität. Auf diese Weise erinnert sie uns an die Ewigkeit, an eine andere Welt, in der dauerhafte Werte herrschen und wo es Ruhe gibt; etwas, wonach wir alle verlangen.

Ein Sefer-Torah lehrt uns, dass nicht alles Alte notwendigerweise auch altmodisch ist. Der Gebrauch von Textverarbeitungsprogrammen hat auf vielerlei Weise zu einer Entpersonalisierung unseres Lebens geführt. Unsere Welt mit Fernbedienung zu steuern, ist für unsere Seelen nicht von Vorteil gewesen; und auf dem Mond zu gehen, hat uns nicht geholfen, unseren Nachbarn von nebenan besser kennenzulernen. Im Gegenteil, technologischer Fortschritt hat uns unserer Menschlichkeit beraubt.

Es ist daher höchst bedeutsam, dass ein Gegenstand seine Unveränderlichkeit bewahrt hat. Er trägt einen Text, der einen größeren Einfluss auf die Welt gehabt hat, als alles andere, das wir kennen. Er hat das Universum verändert, wie nichts anderes. Er ermutigt den Menschen voranzugehen, zu erkunden und sich zu entwickeln. Aber er ist auf Pergament geschrieben, von Menschenhänden, die eine Schreibfeder halten, als wolle er sagen: „Sei Du selbst. Lass Dich nicht vom Fortschrittsdrang über den Haufen rennen."

FESTLEKTION
FÜR

PESSACH

VON
RABBI CHANAN MORRISON

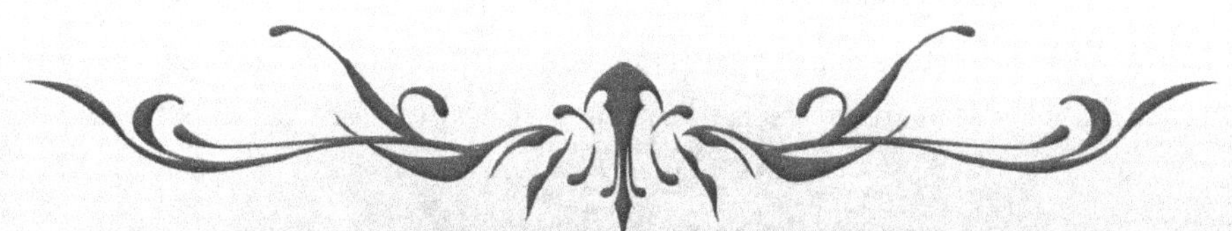

Vernichte den Sauerteig, gewinne die Freiheit

Am ersten Tag [von Pessach] müsst ihr allen Sauerteig
aus euren Häusern schaffen. (Exodus 12,15)

Warum allen Sauerteig entfernen?

Warum befiehlt die Torah uns, allen Sauerteig (Chametz), den wir während Pessach in unseren Häusern finden, zu vernichten? Es ist logisch Matzah zu essen; dieses schnell gebackene Brot hat eine historische Verbindung zum Auszug und erinnert an unsere überhastete Flucht aus der ägyptischen Sklaverei. Aber wie passt das Entfernen von Sauerteig aus unseren Häusern zum Thema von Pessach, Freiheit und Unabhängigkeit?

Freiheit des Geistes

Es gibt zwei Aspekte zum Erwerb von Freiheit. Erstens, man muss physisch unabhängig sein von jeglicher Fremdbestimmung. Aber vollständige Freiheit verlangt auch Freiheit des Geistes. Die Seele ist nicht frei, wenn sie äußerlichen Ansprüchen unterworfen ist, die sie daran hindern, dem Pfad ihrer inneren Wahrheit zu folgen.

Der Unterschied zwischen einem Sklaven und einem freien Menschen ist nicht nur Sache des gesellschaftlichen Standes. Man kann einen gebildeten Sklaven finden, dessen Geist frei ist und einen freien Menschen mit der Einstellung eines Sklaven. Was macht uns in Wahrheit frei? Wenn wir unserem eigenen inneren Selbst treu sein können, der Wahrheit unseres göttlichen Bildes – dann können wir ein erfülltes Leben leben, ein Leben, fokussiert auf die inneren Ziele unserer Seele. Andererseits wird jemand, dessen Geist unterwürfig ist, niemals dieses Gefühl der Selbsterfüllung erleben. Sein Glück wird immer von der Anerkennung anderer, die über ihn herrschen, abhängig sein. Ganz gleich, ob diese Kontrolle *de jure* oder *de facto* besteht.

Der Fremdeinfluss des Sauerteigs

Was ist Chametz? Sauerteig ist eine Fremdsubstanz, die dem Teig zugefügt wird. Der Sauerteig lässt den Teig gehen und aufquellen; er verändert die natürliche Gestalt und Beschaffenheiten. Die Vernichtung allen Sauerteigs im

Haus symbolisiert die Beseitigung aller Fremdeinflüsse und Einschränkungen, die uns von der Realisierung unserer geistigen Ziele abhalten.

Diese beiden Ebenen der Unabhängigkeit, der physischen und der geistigen, existieren sowohl auf der persönlichen als auch auf der nationalen Ebene. Ein unabhängiges Volk muss nicht nur frei von externer Herrschaft sein, sondern auch von Fremdbestimmung in kulturellen und geistigen Bereichen.

Für die Israeliten in Ägypten war gerade in der Stunde ihrer bevorstehenden Erlösung die Gefahr dieser „durchsäuernden" Mächte am größten. In jener Zeit großen Umbruchs war echte, dauerhafte Befreiung keine Selbstverständlichkeit. Würden die Israeliten sich erfolgreich befreien können, nicht nur von der ägyptischen Knechtschaft, sondern auch von der götzendienerischen Kultur, in der sie seit Hunderten von Jahren gelebt hatten? Um ihrer vollständigen Befreiung von Ägypten zu gedenken, verlangt das Pessachfest der Freiheit die Entfernung aller fremden „Säuerungsmittel."

WIR REINIGEN UNS SELBST VON FREMDEINFLÜSSEN

Auch in unseren Tagen, ebenfalls vergleichbar mit einer Ära einer bevorstehenden Erlösung, müssen wir die unreinen Einflüsse fremder Kulturen und Einstellungen, die während unseres langen Exils unter den Nationen in unseren Geist eingedrungen sind, ausmerzen.

Freiheit ist Erfüllung unseres innersten Wesens. Wir müssen die erhabene Freiheit derer, die Ägypten verließen, anstreben. Den Israeliten jener Generation offenbarte Gott Sich Selbst und brachte sie in Seinen Dienst. Dies ist wahrlich die höchste Form von Freiheit, wie uns die Weisen in *Avot* (6,2) lehrten:

Anstatt „eingraviert (*charut*) in die Tafeln" (Exodus 32,16), lies „Freiheit" (*cheirut*). Nur jemand, der die Torah studiert, ist wahrhaft frei.

Aus *Silver from the Land of Israel*, S. 151-153. Übernommen aus *Olat Re'iyah* Bd. II, S.244

FESTLEKTION

FÜR

SCHAWUOT

VON

RABBI DAVID AARON

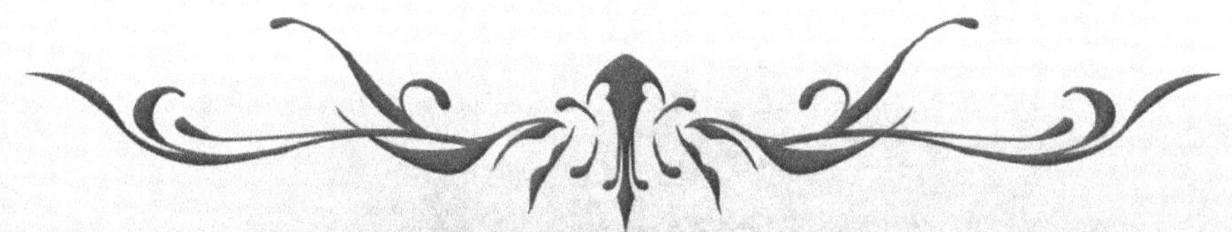

EIN LIEBESBRIEF VOM ALLMÄCHTIGEN

NACH DEM WUNDERSAMEN Auszug aus Ägypten wanderten die Israeliten 49 Tage durch die Wüste, bis sie am 6. Tag des hebräischen Monats Siwan am Berg Sinai ankamen. Dort erlebten sie die denkbar größte Offenbarung und Begegnung mit G-tt. Sie begegneten G-tt von Angesicht zu Angesicht, hörten Seine Stimme und empfingen die Torah und ihre Gebote – die *Mitzvos*.

Während Pessach der Geburtstag des Volkes Israel ist, ist dieser Feiertag, der Schawuot[99] genannt wird, vergleichbar mit der Bar Mitzvah[100] des Volkes Israel. Es ist eine Zeit, die *Mitzvos* zu feiern. Diese Pflichten sind Teil unserer von Liebe geprägten Beziehung zu G-tt, die wir genießen dürfen.

Kürzlich fragte mich ein Freund, ob ich seinem Sohn, Sam, helfen könnte, seine Bar Mitzvah-Ansprache vorzubereiten. Normalerweise unterrichte ich keine Dreizehnjährigen, aber für meinen Freund machte ich eine Ausnahme. Also setzte ich mich mit ihm zusammen und begann, einige Lehren aus dem Torahabschnitt, den er am Sabbat in der Synagoge lesen sollte, mit ihm zu besprechen. Ich ereiferte mich richtig dabei, da ich sah, wie ernsthaft er mir zuhörte und dabei immer wieder mit dem Kopf nickte. Also begann ich, noch tiefer auf das Thema einzugehen und ihm einige der mystischen Bedeutungen hinter den Abschnitten, die er vor allen vorlesen würde, zu erklären. Ich war tief beeindruckt, er schien mich wirklich zu verstehen. Nach fast einer Stunde meines tiefschürfenden Vortrags sagte ich: „Sammy, hast du irgendwelche Fragen?"

„Ja," sagte er, „nur eine. Warum muss ich allen diesen Geboten gehorchen und mich an alle diese Regeln halten?"

Na, ich kam mir ziemlich dumm vor. Hier war ich in die Tiefe gegangen, wo er noch nicht einmal wusste, was seine Bar Mitzvah bedeutete.

Ich fragte ihn: „Sammy, magst du Fußball?"

„Ich liebe es! Ich spiele immer Fußball."

„Kennst du die Regeln?" fuhr ich fort.

---

99 *Schawuot* bezeichnet die Offenbarung der Torah
100 *Bar Mitzvah* – ein 13-jähriger Junge wird als Erwachsener angesehen, der verantwortlich ist, die religiösen Gesetze zu beachten.

„Natürlich, man kann doch nicht spielen, wenn man die Regeln nicht kennt."

„Warum nicht?"

„Klar doch, dann gäbe es kein Spiel. Man könnte nicht gewinnen oder verlieren. Da gäbe es keine Touchdowns, kein Abseits, keine Regelverstöße und keine Strafstöße. Ohne die Regeln gäbe es nur Chaos und es machte auch keinen Spaß."

„Genau, und dasselbe trifft auch zu auf das Spiel unseres Lebens. Ohne Regeln und Anweisungen wäre es nur Chaos und kein Spaß, kein Abenteuer und keine Herausforderung. Du könntest weder gewinnen noch verlieren. Auch wenn wir alle den Spruch kennen: ‚Es geht nicht ums Gewinnen oder Verlieren, sondern darum, wie du das Spiel spielst,‘ ohne Regeln kann man nicht beurteilen, ‚wie du das Spiel spielst.‘ Die Gebote der Torah sind die Spielregeln des Lebens und G-tt ist der Schiedsrichter."

Zum Schluss sah Sammy seiner Bar Mitzvah mit Begeisterung entgegen.

Zu Schawuot feiern wir die Verkündigung der Spielregeln des Lebens und an diesem Tag freuen wir uns, dass wir Mitspieler im Spiel des Lebens geworden sind. Gäbe es keine Regeln, gäbe es kein Spiel.

Wenn es kein Richtig und kein Falsch gibt, was bedeutet es dann, was ich tue? Wenn es nichts zu übertreten gibt, gibt es auch nichts zu erfüllen. Ohne Regeln kann ich nicht einmal Basketball spielen und schon gar nicht mein Leben leben! Ohne die Spielregeln der Torah für unser Leben ist die Welt ein einziges Chaos und alle unsere Entscheidungen, die wir treffen, sind bedeutungslos.

Die Torah jedoch steht für mehr als nur für die Regeln des Lebens. Die Torah ist eine lebendige Begegnung mit G-tt. Die Offenbarung G-ttes am Berg Sinai war für das Volk Israel nicht nur eine Gelegenheit, G-ttes Gebote zu erhalten, sondern auch G-ttes Liebe zu erleben. Was am Berg Sinai geschah, war eine persönliche Begegnung mit G-tt, von Angesicht zu Angesicht. Es war nicht nur die Tatsache, dass sie an diesem Tage die Gebote erhielten, was den Tag bedeutsam machte; es war das Erlebnis der übergroßen Freude der intimen Nähe G-ttes zum Volk Israel.

Die Erfahrung am Berg Sinai war nicht nur eine Offenbarung der Wahrheit G-ttes, wichtiger noch, es war eine Offenbarung der Liebe Gottes. Die Torah war und ist immer noch der Liebesbrief G-ttes. Sie ist das größte Geschenk, das es je gab, denn sie verkörpert G-ttes Gegenwart. Wenn Du die Torah studierst, kannst Du G-ttes Nähe zu Dir spüren. Der Talmud lehrt, dass, als G-tt dem Volk die Torah gab, Er sagte: „Ich gebe euch Meine Seele in der Schrift."

Stell Dir vor, Du erhältst eines Tages einen Liebesbrief. Du bist bei der Arbeit und isst gerade in der Kantine zu Mittag. Jemand legt Dir einen Brief hin. Du siehst, dass es ein Brief von der Person ist, die Du liebst. Reißt Du den Umschlag auf und fängst eilig an, den Brief zu *überfliegen? Nein, natürlich nicht, Du hebst ihn auf. Du wirst ihn an einem besonderen Ort lesen, denn dieser Brief verdient mehr.*

Stell Dir vor, Du bist jetzt an diesem besonderen Ort. Du öffnest den Brief vorsichtig, Du beginnst die Worte der Geliebten zu lesen und dabei hörst Du ihre Stimme und dann spürst Du auch ihre Gegenwart.

Wenn Du auch nur ein wenig so bist, wie ich, liest Du den Brief immer wieder, denn Du weißt, dass viel mehr in diesem Brief steckt. Beim ersten Mal liest Du, um den einfachen Inhalt aufzunehmen. Aber dann liest Du etwas aufmerksamer. Du bemerkst, dass sie Dir über das Wetter und dann über ihre Mutter erzählt. Wo ist der Zusammenhang, fragst Du Dich. Du liest den Brief noch einmal und stellst fest, es gibt Hinweise in diesem Brief. Du achtest nicht nur auf das, was da steht, sondern auch darauf, wie es mit den Sätzen formuliert ist. Dann liest Du alles noch einmal, weil Du merkst, dass noch mehr Tiefe darin steckt. Du siehst Dir sogar an, wie sie die einzelnen Buchstaben gestaltet hat, denn in den feinen Unterschieden ihrer Gestaltung sind geheime Botschaften verborgen. Dann beginnst Du noch tiefer nach den ganz feinen Bedeutungen zu suchen.

Wenn Du dann alle Aspekte analysiert hast, dann faltest Du den Brief vorsichtig wieder zusammen, steckst ihn in den Umschlag und verwahrst ihn an sicherer Stelle. Du verwahrst diesen Brief, weil Du die Gegenwart des geliebten Menschen in den Papieren spürst.

Stellen wir uns vor, dass jemand anderes den Brief liest. Wird diese Person die Gegenwart Deiner Geliebten darin empfinden? Nein, er würde nur die einfache Botschaft der Buchstaben erfassen, die Information. Für Dich aber wäre es anders. Du würdest nicht einfach nur den Brief lesen, Du würdest Dich damit beschäftigen. Und durch diese Beschäftigung mit den Worten, Feinheiten und tieferen Bedeutungen würdest Du Deiner Geliebten begegnen.

Das ist im Wesentlichen das Torahstudium. Durch unsere Beschäftigung mit dem Text hören wir G-ttes Stimme, fühlen die g-ttliche Gegenwart und erleben G-ttes Liebe und durchleben die Offenbarung am Sinai an jedem Tag unseres Lebens.

Deshalb verkörpert die Torah nicht nur einen Weg des Lebens, sondern auch einen Weg der Liebe. Die Weisheit und die Gebote der Torah befähigen uns, einander zu lieben und G-tt zu lieben. Schawuot ist ein Tag, an dem wir in Liebe die Gesetze feiern, wir feiern aber auch die Liebe im Gesetz.

Von *Inviting God in*, von Raabbi David Aaron, © 2007 Rabbi David Aaron. Nachdruck mit Genehmigung von Shambhala Publications, Inc. www.shambhala.com

FESTLEKTION
FÜR

CHANUKKA

VON
RABBI MOSHE LICHTMAN

LOBE GOTT IM LAND

DER TALMUD (ARACHIN 10a-b) bespricht die Gründe, warum wir an bestimmten Festtagen *Hallel*[101] rezitieren und an anderen nicht. Wir sagen es natürlich an Chanukka, wegen der Wunder, die in den Tagen der Hasmonäer geschahen. Warum, so fragt die Gemara[102], lassen wir *Hallel* zu Purim weg? Immerhin geschahen da ja auch Wunder! Der Talmud bietet uns drei Antworten, von denen alle wichtige Auswirkungen auch für unsere heutige Zeit haben.

> (1) **R. Yitzchak** sagt: „[*Hallel* wird an Purim ausgelassen] weil wir kein Lob singen für ein Wunder, das außerhalb des Landes geschah (Chutz LaAretz)."

Die Gemara erklärt weiter, dass der Auszug aus Ägypten eine Ausnahme zu dieser Regel darstellt, da er stattfand, bevor die Israeliten das Land Israel überhaupt je betreten hatten. Nachdem sie aber das Land einmal betreten hatten, wird *Hallel* nicht mehr für Wunder gesprochen, die außerhalb des Landes Israel, *Chutz LaAretz*, stattfinden.

Warum ist das so? Warum sollte es einen Unterschied machen, wo das Wunder geschehen ist? Haben wir deshalb weniger Anlass, Gott für ein Wunder zu danken, als dann, wenn er das Wunder in *Chutz LaAretz*, also außerhalb des Landes Israel, bewirkt? Der Maharscha (1555-1631) bietet eine schöne Antwort darauf, aber zuerst ein Wort der Einleitung.

Warum ist das Land Israel so besonders? Warum überschütten unsere Weisen das Land mit soviel Lob und schreiben ihm so viele besondere Eigenschaften zu? Viele Rabbiner beantworten diese Frage mit einem Vers aus Deuteronomium (11,12): *Es ist ein Land, über das der HERR, dein Gott, wacht; die Augen des HERRN, deines Gottes, sind beständig darauf gerichtet sind, von Jahresanfang bis Jahresende.* Das bedeutet, HaSchem ist unmittelbar

---

101 Hallel ist eine Sammlung von Psalmen 113-118, die zur Zeit der Freude gesprochen werden, zu Pessach, Schawuot, Sukkot und auch zu Chanukka.

102 Gemara – der zweite Teil des Talmuds, im Wesentlich bestehend aus Kommentaren zur Mischnah. (Mischnah - der ersteTeil des Talmuds; eine Sammlung von frühen mündlichen Interpretationen der Schriften, die um 200 n.Chr. zusammengestellt wurde.

an den Angelegenheiten des Landes Israel beteiligt. Er hat alles im Blick und versorgt seine Bewohner mit einer Extraportion *Haschgachah P'ratit* (göttliche Vorsehung). Andererseits beauftragt Gott in *Chutz LaAretz* Engel als Dienstboten, um auf das Geschehen achtzuhaben und für die Bewohner zu sorgen. Deshalb, so heißt es, leben die Israeliten, die in Gottes eigenem Land wohnen, im Palast des Königs und genießen eine engere Beziehung zu HaSchem.

Der Maharscha benutzt diesen Gedanken, um den Unterschied zwischen Chanukka und Purim zu erklären. Die Wunder an Chanukka waren das direkte Ergebnis von Gottes Eingreifen, da sie sozusagen auf „Seiner Scholle" geschahen. Die Wunder zu Purim jedoch wurden durch Seine Boten vollbracht, von Engeln, als Mittler von Gott gesandt. Daher ist es angebracht, *Hallel* nur für Wunder zu sprechen, die Gott selbst gewirkt hat.

(2) **R. Nachman** sagt: „Das Lesen [der Megillah[103]] ist sein *Hallel*."

Das heißt, tatsächlich sprechen wir *Hallel* zu Purim, nur in anderer Form. Anstatt Kapitel von den Psalmen zu lesen, lesen wir *Megillah Esther*.

Wie wir sehr wohl wissen, waren die Wunder zu Purim – anders als zu Chanukka – versteckte Wunder. HaSchem *änderte* zu dieser Zeit keine Naturgesetze; Er lenkte die Geschehnisse einfach in der Art, dass die Juden vor ihrer drohenden Vernichtung bewahrt wurden. R.Nachman lehrt uns, dass solche „Wunder" ebenfalls einen Ausdruck des *Hallel* verdienen.

(3) **Rava** erklärt, dass wir zu Purim kein *Hallel* sprechen, da die Erlösung unvollständig war. Nach dem Auszug aus Ägypten und dem Sieg der Makkabäer konnten wir wahrhaft verkünden: *Lobet ihr Diener des HERRN* (die ersten Worte des *Hallels*), da wir nicht mehr Diener des Pharaos oder des Antiochus[104] waren. Wir hatten volle Eigenständigkeit erlangt und völlige Freiheit, Gott zu dienen. Nach dem Fall Hamans, jedoch, waren wir immer noch von Ahasveros[105] unterjocht.

Es ist wichtig anzumerken, dass die 200-jährige Zeitspanne der jüdischen Souveränität, die Chanukka folgt, nicht die glorreichste Ära Israels war.

---

103 Megillah – Die Rolle Esther/Das Buch Esther in der Bibel
104 Antiochus IV Epiphanes war ein griechischer König des Seleukiden Reiches von 175 v.Chr. bis zu seinem Tod in 164 v.Chr.
105 Ahasveros – König Ahasveros im Buche Esther

Viele der hasmonäischen Könige waren korrupt, mörderisch und völlig unreligiös. Nichtsdestoweniger sagen wir *Hallel* bis auf den heutigen Tag, weil das jüdische Volk Souveränität über sein Land gewann und sie über 200 Jahre behielt. (s. Rambam (1135-1204), Hilchot Chanukah 3,1)

Vor beinahe siebzig Jahren wurde ein Drittel unserer Nation in den Konzentrationslagern Europas ausgelöscht. Drei Jahre später lenkte HaSchem (kein Engel) die Ereignisse so (nein, Er wirkte keine handfesten Wunder, nur die von der versteckten Art), dass wir nach über 2.000 Jahren des Exils wieder die Souveränität über unser historisches Heimatland erlangten. Gibt es aufgrund der obigen Ausführungen irgendeinen Zweifel daran, dass wir die absolute Verpflichtung haben, Haschem für all das zu danken, was Er für uns getan hat?

Offensichtlich haben die vorausgehenden Gedanken entscheidende Konsequenzen dafür, wie wir uns an Yom HaAtzma'ut[106] und Yom Yeruschlayim[107] verhalten sollen. Es gibt aber eine noch viel wichtigere Lektion, die wir lernen können. Wir alle wissen, dass Handeln die beste Art ist, jemandem, der uns einen Gefallen getan hat, unseren Dank entgegenzubringen. Worte können billig sein, aber Taten zeigen, dass wir wirklich meinen, was wir sagen. Dasselbe gilt auch Gott gegenüber. Auch wenn es wichtig ist, Ihm unseren Dank durch das Zitieren des *Hallel* auszudrücken, ist es noch wichtiger, Ihm durch konkretes Handeln zu zeigen, dass wir auch wirklich meinen, was wir sagen. Wenn wir wirklich Gottes Geschenk, das Land Israel und den Staat Israel, wertschätzen, dann müssen wir das Geschenk annehmen, bevor wir dafür „Danke" sagen.

Aus *Eretz Yisrael in the Parashah* von Rabbi Moshe Lichtman

---

106 Yom HaAtzma'ut ist der Nationalfeiertag Israels zum Gedenken der Unabhängigkeitserklärung Israels im Jahre 1948.

107 Yom Yeruschlayim ist ein Nationalfeiertag Israels zum Gedenken an die Wiedervereinigung Jerusalems und der Einrichtung der israelischen Kontrolle über die Altstadt in den Nachwirkungen des Sechs-Tage-Kriegs 1967.

FESTLEKTION
FÜR

PURIM

VON
RABBI CHANAN MORRISON

„GEH UND SAMMLE ALLE JUDEN"

WÄHREND DIESER TAGE des Purimfestes, in dieser schwierigen Stunde, belagern und bedrängen viele äußere Schwierigkeiten die gesamte israelische Nation. Und doch, unsere größte Angst und Sorge kommt von innen. Uns fehlt die innere Einheit, Friede im Hause Israel. Wir wollen uns jene Tage und Ereignisse wieder ins Gedächtnis rufen, wie sie im Buch Esther beschrieben werden – geschrieben unter göttlicher Inspiration. Denn der göttliche Geist überdauert die Zeiträume und die vergänglichen Ideologien jeder Generation. Die ewig gültigen Worte „Geh und sammle alle Juden" sollen uns noch einmal neu beleben und uns in unserer niedergeschlagenen Lage aufmuntern.

IST EINHEIT MÖGLICH?

Man könnte fragen: Ist es heutzutage wirklich möglich, alle Juden zu versammeln? Ist es möglich, all die unterschiedlichen Gruppierungen und Parteien zu vereinen? Wie sollen die Knochen, im weiten Tal des Exils zerstreut – sowohl physisch als auch spirituell – noch einmal die Einheit bilden, die wir als *Klal Yisrael* (ganz Israel) kennen und ihr Verlangen nach Stärke, Erneuerung und Erlösung zur Geltung bringen?

Die Antwort ist, dass es einen Ort gibt, an dem die Zerstreuung, sowohl physisch als auch geistig, nicht über uns herrschen kann. Aber es kommt der Einwand: Wir sehen doch mit eigenen Augen den furchtbaren inneren Kampf, Juden bekämpfen Juden, Brüder wenden sich gegen Brüder wie Wölfe und Schlangen. Wie kann man da sagen: „Geh und sammle alle Juden"?

Wer immer denkt, dass Haman irrte, als er sagte: „*Da gibt es eine Nation verstreut und gespalten*" (Esther 3,8), der irrt. In der Tat, die Nation ist verstreut und gespalten; aber dennoch ist sie ‚eine Nation'. Man sollte die Möglichkeit nicht in Frage stellen, dass eine Nation gleichzeitig vereint und gespalten sein kann. Die Welt ist voller Wunder. Diese Nation, deren nacktes Überleben in der Geschichte voll erstaunlicher Wunder ist, beweist gerade durch ihre Existenz, dass sie im Wesentlichen eine Nation ist, trotz ihrer Zerstreuung.

Es ist wahr, das Leiden des Exils hat uns gespalten. Aber ‚der Ewige

Israels wird nicht lügen'. Das Exil und all seine Schrecken müssen zu einem Ende kommen. Jetzt, wo der Wind begonnen hat, von den vier Enden der Erde zu wehen, sowohl von den Problemen, die uns umgeben als auch von der spirituellen Offenbarung, die uns anregt zurückzukehren, um im Lande unseres Lebens als Nation wiederhergestellt zu werden – jetzt beginnen wir zu erkennen, dass es eine Heilung für das Leiden unser Zerstreuung und Spaltung gibt. In letzter Hinsicht sind wir eine vereinte Nation und werden es immer sein. Israel wird sich einmal wieder zu den ewigen Worten erheben: „Geh und sammle alle Juden."

DER VERBORGENE GEIST

Die schwierige Frage, die den Weg der Erlösung noch versperrt, bleibt – die spaltende Uneinigkeit, die uns verzehrt. Die Antwort darauf ist, dass es zwei Seiten einer Person gibt. Medizinische Behandlung nutzt die inneren Kräfte der Vitalität und Gesundheit, die versteckt im Innern liegen. Dieser innere Geist ist so versteckt, dass selbst der Patient sich seiner Existenz nicht einmal bewusst ist. Geistige Leiden und ihre physischen Ausprägungen betreffen nur unsere äußere Seite, die Seite, derer wir uns bewusst sind. Aber unsere verborgene, unbekannte Seite zerspringt vor Energie, überfließend von Leben und Kraft. Dieser versteckte Vorrat an Gesundheit hat die Kraft, das äußere Selbst zu heilen, welches für sich allein gesehen dazu verleiten könnte, zu denken, man sei krank und schwach, *während* man in Wahrheit eine Seele voller Energie und Gesundheit besitzt, voller Leben und Kraft.

Das, was für den Einzelnen gilt, gilt in einem viel größeren Maße auch für das gesamte Kollektiv. Besonders *Klal Yisrael* ist wahrlich eine einzige Nation: *„Und wer ist wie Dein Volk, Israel, eine Nation in einem Land?"* (II.Sam. 7,23) Wir müssen unseren Irrtum eingestehen, dass wir das Wesen Israels an seiner oberflächlichen Erscheinung festmachen wollen, an seinem Äußeren, seiner äußeren Seite. Dieses Selbstbild hat uns furchtsam gemacht. Wir sind uns nur unserer Zerstreuung und unserer Spaltung bewusst.

Die Hamans einer jeden Generation schlagen mit ihrem giftigen Hass auf uns ein. Besonders in dieser Übergangszeit nehmen sie unsere schwache Seite wahr, denn sie ist ersichtlich und erkennbar. Aber genau durch diese Beschwerlichkeiten werden wir zu der Erkenntnis kommen, dass wir eine vorher nicht gekannte kollektive Seele, einen großen nationalen Geist, haben, dessen Existenz wir ganz vergessen hatten. Er fließt über von Lebenskraft und besitzt genügend Stärke, um unser Leben wie in alten Zeiten zu erneuern und um alle Amalekiter, die unsere Schwachen angreifen wollen, zu vertreiben.

Dieses versteckte Judentum, uns selbst unbekannt, ist die große Seele einer großen Nation, die sowohl das Leiden als auch das Licht dieser Welt in sich trägt. Sie wird uns in diesen bedeutungsschweren Zeiten noch bekannt werden. Der Segen des *„Geh und sammle alle Juden"* wird aus seinem in unserer nationalen Seele verborgenen Ort heraus Gestalt annehmen. Bei jedem Purim müssen wir für den großen, inneren Vorrat unseres Gesegnetseins dankbar sein und für unsere wesenhafte Eigenschaft der Einheit, die unsere gespaltene Seite besiegen wird.

Aus einem Zustand der Unfähigkeit zwischen ‚verflucht ist Haman und gesegnet ist Mordechai' zu unterscheiden, wird eine höhere Erkenntnis kommen – den unbekannten Juden in uns zu finden. Brüder werden einander kennen und Hand in Hand gehen und eine mächtige Stimme wird gehört werden: „Wir wollen uns aufmachen und hinaufziehen nach Zion, zum Hause unseres Gottes" (Jer. 31,6).

Zuerst erschienen in *Ha-Tor*, 5694 (1934). Übernommen von Rabbi Pesach Jaffes Übersetzung von Rabbi Kooks Artikel in ‚Celebration of the Soul,' S. 126-129.

FESTLEKTION
FÜR

TISCHA B'AV

VON
RABBI CHAIM RICHMAN

Eine Zeit zum Trauern, eine Zeit zum Aufbauen

Die Zeitspanne im hebräischen Kalender, die am 17. Tammus beginnt und mit Tischa beAv endet, ist in der jüdischen Überlieferung als ‚die Drei Wochen' bekannt. Sie wird auch *bein Ha-Mitzar'im* genannt, was wörtlich übersetzt bedeutet ‚zwischen den Schluchten'. Der Ausdruck ruft die Vorstellung eines Schiffes hervor, das eine Engstelle durchfahren muss, eine Strecke voller Gefahren, in der mit äußerster Vorsicht navigiert werden muss.

Die Zerstörung des Tempels und andere Unglücke, die Israel während dieser Wochen getroffen haben, haben diese Zeitspanne als eine bedeutungsschwere Zeit tief in das jüdische Bewusstsein eingebrannt. Die Weisen lehren uns, dass alle nationalen und persönlichen Katastrophen, große und kleine, Widerspiegelungen des Verlustes des Tempels sind. Der Tempelberg ist unser unbestreitbarer und unvergleichlicher spiritueller Mittelpunkt der Vergangenheit, der Gegenwart und der Zukunft. Die Torah lehrt uns, dass der Heilige Tempel die Quelle des unglaublichen Friedens ist, den wir alle so brennend ersehnen: „Denn an diesem Ort will ich Frieden geben" (Haggai 2,9). Jesaja sagt einen nie dagewesenen Frieden voraus, der von der gesamten Menschheit genossen werden wird: „Sie werden ihre Schwerter zu Pflugscharen machen (Jesaja 2,4) ... denn mein Haus soll ein Bethaus genannt werden für alle Völker" (Jesaja 56,7).

Jedoch, wie betrachten wir den Verlust des Heiligen Tempels eigentlich? Die Zeit der Drei Wochen ist gekennzeichnet von zunehmenden Graden des Trauerns bis zum Crescendo am Tag des Tischa beAv, wenn wir eine einzigartige und unvergleichliche halachische[108] Realität erleben. Wir sind dermaßen auf den Verlust des Tempels fokussiert, dass jeder einzelne Israelit wie ein Trauernder wird, der, G-tt bewahre, um den Verlust eines nahen Verwandten trauert.

Unsere Tradition sagt, „wenn der Monat Av kommt, drosseln wir unsere Freude."

---

108 Halacha – ist die Sammlung aller jüdisch-religiösen Gesetze, die aus der schriftlichen und der mündlichen Torah abgeleitet sind.

Aber im Kern, auf der nie ermüdenden und tiefsten Ebene des jüdischen Geistes, wird diese Zeit auch als eine Zeit gesehen, die erfüllt ist von wunderbarem Potenzial und zukünftigem Trost. Tatsächlich ist der Monat Av – dessen alleinige Erwähnung die jüdische Seele bereits zusammenzucken lässt, wie das Quietschen der Kreide auf dem sprichwörtlichen schwarzen Brett unserer Geschichte – eigentlich bekannt als *Menachem AV* (der tröstende Vater). Aus dem Herzen der Dunkelheit entspringt die Erlösung, so wie – laut der Überlieferung – der Messias an Tischa beAv geboren wird. Der Prophet Sacharja berichtet uns, dass unsere Tage der Trauer letztendlich in Tage der Freude verwandelt werden (Sacharja 8,19).

Tischa beAv war ursprünglich nicht als Tag fortwährender Trauer gedacht, sondern eher als Brücke zur Zukunft. Trauer ist ein Werkzeug, etwas zu beenden. Das Sehnen und Verlangen, das unsere Trauer beseelt, ist dazu gedacht, uns zum Wiederaufbau zu motivieren. Tischa beAv handelt nicht von der Trauer um den Tempel – es ist die Trauer über eine Welt ohne Tempel; eine Welt, die ihr Licht verloren hat, ihre Farbe und ihre Richtung. Die Torah lehrt, dass der Heilige Tempel das Geheimnis des Überlebens der Menschheit ist. Er stellt die Korrektur der Beziehungen dar – nicht nur unserer Beziehung zu G-tt, sondern auch unserer Verbindung untereinander, zu allen Menschen und zur Natur; zur Welt um uns herum.

Der ultimative Ausdruck der jüdischen Überzeugung ist die Vorfreude auf den Wiederaufbau des Heiligen Tempels. Es kann keine größere Darstellung der kollektiven Seele Israels geben, als das Verlangen danach, den Tempel Realität werden zu sehen. Was wird nötig sein, damit das Volk Israel beginnt, den Heiligen Tempel wieder aufzubauen? Kommen wir diesem Tag tatsächlich immer näher? Heute hören wir viele Entschuldigungen, wie: „Wer sind wir, dass wir den Tempel wieder aufbauen? Wir sind noch nicht bereit. Die Zeit ist noch nicht gekommen. Der Tempel ist eine Sache der Vergangenheit."

Das ist nichts Neues: Der Prophet Haggai, der seine Generation ermahnte, den Tempel wieder aufzubauen, hörte die gleichen Entschuldigungen. „So hat der HERR, der Herr der Heerscharen, gesprochen: Diese Nation hat gesagt, ,die Zeit ist noch nicht gekommen.' Aber ich sage, es ist Zeit, dass der Tempel G-ttes wieder aufgebaut wird!" (Haggai 1,2). Die bewegenden Verse im ersten Kapitel des Buches Haggai machen deutlich, dass der Heilige Tempel die Quelle aller Segnungen in dieser Welt ist und sein Fehlen für alle die Ursache für Zerfall ist. „Und das Wort des HERRN kam durch die Hand des

Propheten Haggai und er sprach: ‚Ist dies eine Zeit für euch selbst, in euren getäfelten Häusern zu sitzen, während dies Haus in Trümmern liegt?' Also spricht der HERR, richtet euer Herz darauf und bedenkt eure Wege! Ihr habt viel gesät, aber erntet wenig; ihr esst, ohne satt zu werden, ihr trinkt, ohne euren Durst zu löschen, ihr kleidet euch, doch keiner wird warm und wer auch immer Geld verdient, verdient es für eine Tasche mit Löchern.'"

Diese Verse weisen darauf hin, dass alle physischen Segnungen der Welt aus dem Dienst am Heiligen Tempel hervorgehen und dass sein Fehlen Verwüstung bringt. G-tt sagt uns jetzt, wie Er es damals tat, dass es in unserer Macht liegt, den Tempel wieder aufzubauen: „So spricht der HERR (…) richtet euer Herz auf eure Wege! Geht hinauf ins Gebirge und bringt Holz und baut den Tempel! Das wird Mich erfreuen und Mich ehren. Ihr habt auf großen Ertrag gewartet, aber siehe, es war wenig; ihr brachtet es ins Haus und ich blies darauf! Warum? Wegen meines Tempels, der in Trümmern liegt und ein jeder von euch läuft für sein eigenes Haus!" (Haggai 1,7-9).

Eine große spirituelle Umwälzung findet in Israel statt. Mehr und mehr Menschen beginnen, sich mit den Werten und spirituellen Zielen zu identifizieren, die der Tempel für unser Leben bedeutet. Neue Umfragen zeigen, dass mehr als die Hälfte des Volkes Israel bereit ist, den Heiligen Tempel wieder aufzubauen. Das Tempel Institut hat fast alle heiligen Gefäße, die für die Wiederaufnahme des G-ttesdienstes erforderlich sind, hergestellt sowie die priesterlichen Gewänder der Kohanim (Männer mit priesterlicher Abstammung), die ihre Hingabe und Bereitschaft für den Tempeldienst zeigen wollen. Das Institut arbeitet auch an computergestützten, architektonischen Entwürfen für das eigentliche Gebäude. Rote Kühe werden in Israel gezüchtet. Das antike Rezept der Schaubrote ist wiederentdeckt. Die Liste der positiven Entwicklungen und Änderungen von tempelbezogenen Einstellungen, Errungenschaften und Leistungen lässt sich fortsetzen. All das bringt Israel einen weiteren Schritt auf dem Weg zur Wiederaufnahme des Tempeldienstes voran.

Das Volk Israel engagiert sich sowohl für sein Erbe als auch für seine Zukunft. Die Vergangenheit ist immer bei uns, aber wir schreiten vorwärts auf unsere Bestimmung zu. Die Erneuerung Israels und der Bau des Heiligen Tempels ist ein Prozess, der begonnen hat und nicht mehr aufzuhalten ist. Israel weiß intuitiv, dass es der Heilige Tempel ist, wonach es verlangt. Es kann den Kreislauf der Trauer und der endlosen Entschuldigungen, die nirgendwo hingeführt haben, nicht länger hinnehmen. Die Nation ist dabei, sich darauf vorzubereiten, sich „wie ein Löwe zu erheben" (Numeri 23,24). Wir kommen dem Tag näher, an dem wir aufrichtig, ohne abgestumpften Zynismus oder Scherz, sagen können, dass Tischa beAv keine Bedeutung mehr hat, da er sich in einen Tag der Freude verwandelt haben wird. Das wird der Tag sein, auf den wir gewartet haben, der Tag des HERRN, der Tag, wenn Israel und die Nationen im Lichte G-ttes wandeln.

Wie wird sich die Prophezeiung Sacharjas erfüllen? Dieser Monat wird kein Monat der Zerstörung, sondern des Segens sein. Es ist jedoch viel leichter und auch weniger bedrohlich, zu klagen, als die Umstände zu ändern. Der geheimnisvolle, traumgleiche Aspekt eines Wunderlandes, wo der Tempel eines Tages auf wunderbare Weise aus dem Nichts erscheint, hat den Aufruf der Torah an das Volk Israel, ein Licht für die Nationen zu sein, verdrängt. Es ist ein Auftrag, der Mut erfordert, Überzeugung und Lebenskraft, aber am meisten von allem ein Auftrag, der verlangt, dass das Volk Israel an sich selbst und an die Rechtmäßigkeit seiner Sache glaubt. G-tt wirkt Wunder und die größten Wunder entstehen durch die Entschlossenheit des Volkes Israel, wenn es sein Vertrauen allein auf G-tt setzt. Es ist Israel, dass die *Schechina* (g-ttliche Gegenwart), die Quelle aller Segnungen, veranlassen wird, auf diese Welt zurückzukehren. Alle Nationen werden zum Tempel in Jerusalem strömen und sagen: „Wir wollen mit euch gehen, denn G-tt ist mit euch" (Sacharja 8,23). Tischa beAv wird dann in einen Tag des Glücks und der Freude verwandelt werden!

VORSTELLUNG DER AUTOREN

RABBI
DAVID AARON

RABBI DAVID AARON (www.rabbidavidaaron.com) ist ein visionärer und spiritueller Lehrer. Er hat Tausende von Menschen, die Sinn in ihrem Leben und eine freudige Verbindung zum Judentum suchten, gelehrt und inspiriert.

Rabbi Aaron ist der Gründer und Dekan des Isralight und der Rosch Yeschiva von Yeshivat Orayta. Er ist Autor mehrerer Bücher, einschließlich der Bestseller wie Endless Light, Living a Joyous Life, The Secret Life of G-D, Inviting God in, The God Powered Life, Love is My Religion und Soul Powered Prayers. Seine Bücher haben die Aufmerksamkeit internationaler Medien auf sich gezogen, einschließlich Larry King Live und E! Entertainment. Er lebt mit seiner Frau, Chana, und sieben Kindern in Jerusalem.

Die Beiträge von Rabbi David Aaron finden sich auf den Seiten:
65 (Toledot), 81 (Vayeschev), 211 (Behar), 239 (Korach) und 351 (Schawuot)

RABBI
DR. NATHAN LOPES CARDOZO

ABBI DR NATHAN Lopes Cardozo (1946) ist Günder und Dekan der David Cardozo Akademi und des Bet Midrash of Abraham Avinu in Jerusalem. Rabbi Cardozo ist ein gefragter Vortragsredner auf internationaler Bühne, sowohl für jüdisches wie nichtjüdisches Publikum. Er hat 13 Bücher und zahlreiche Artikel in Englisch und Hebräisch verfasst. Rabbi Cardozo ist Vorsitzender eines Think Tanks, der sich bemüht, neue halachische und philosophische Ansätze zu finden, um mit der Religions- und Identitätskrise der Juden und des jüdischen Staates umzugehen. Aus den Niederlanden stammend, ist Rabbi Cardozo bekannt für seine innovativen und oft furchtlos vorgetragenen kontroversen Einsichten zum Judentum. Seine Gedanken werden weithin auf internationaler Ebene in sozialen Netzwerken, Blogs, Büchern und anderen Foren diskutiert. Seine neue Dokumentation, Lonely but Not Alone (Einsam aber nicht allein), wurde im letzten März in Jerusalem herausgebracht. Seine Autobiografie mit dem gleichen Titel soll Ende 2016 erscheinen. Rabbi Cardozos wöchentliche Anregungen zum Nachdenken sowie seine Audio- und Videolektionen kann man auf der Webseite der David Cardozo Akademie finden: www.CardozoAcademy.org

Zur Bestellung der kostenlosen wöchentlichen Einsichten
in Judentum und Religion von Rabbi Cardozos:
nlc@internet-zahav.net

Die Beiträge von Rabbi Nathan Lopes Cardozo finden sich auf den Seiten:
205 (Emor), 217 (Bechukotai), 257 (Matot), 293 (Ki Teizei), 309 (Vayelech)
und 343 (Simchat Torah)

RABBI
LEVI COOPER

RABBI LEVI COOPER kommt aus Melbourne, Australien und ist spiritueller Leiter der *Kehillat HaTzur VeTzohar* in Zur Hadassa – eine gemischt religiöse und sekulare Siedlung außerhalb Jerusalems.

Seit 1998 unterrichte Rabbi Cooper am Pardes Institute of Jewish Studies, Jerusalem (www.pardes.org.il). Er ist ein LL.B., LL.M. und Ph.D. der Rechtsfakultät der Bar Ilan Universität und Mitglied der Israel Bar Association. Rabbi Cooper ist zur Zeit außerordentlicher Professor an der Rechtsfakultät der Bar Ilan Universität und promovierter, wissenschaftlicher Mitarbeiter an der Rechtsfakultät der Universität Tel Aviv.

Rabbi Cooper diente als Kommandeur der IDF Dolani Brigade und ist weiterhin im Reservedienst Kommandeur einer Infanterieeinheit. Er ist ebenfalls Mitglied der Tzohar Rabbiner Organisation; Ausbildungsberater der jüdischen Gemeinde in Istambul, Türkei; Ausbilder bei Heritage Seminars; und ist Mitglied bei der Readers´ Association der Nationalbücherei von Israel.

Er ist auch Rabbiner an der Lavi Primary School. Rabbi Levi schreibt eine regelmäßige Kolumne in der Jerusalem Post zu Chassidismus. Seit 2003 ist er Mitherausgeber der *Jewish Educational Leadership* – einer Zeitschrift des Lookstein Centers der Bar Ilan Universität (www.lookstein.org). Seine Doktorarbeit behandelt die Interaktion zwischen Chassidismus und Halacha und seine derzeitige Forschung befasst sich mit der Entwicklung und Normalisierung der chassidischen Überlieferung. Sein erstes Buch, *Relics for the Present: Contemporary Reflections on the Talmud* wurde im Jahre 2012 von Koren / Maggid veröffentlicht. In seinem Buch erkundet Rabbi Cooper die zeitgenössische Bedeutung der Talmudischen Passagen des Traktats *Berakhot*. Band 2, *Relics for the Present* ist gerade erschienen.

Rabbi Cooper ist verheiratet mit Sarah und sie haben zusammen 6 Kinder.

Die Beiträge von Rabbi Levi Cooper finden sich auf den Seiten:
77 (Vayischlach), 173 (Tzav), 223 (Bemidbar), 267 (Devarim)
und 327 (Rosch Haschanah)

RABBI
YEHOSHUA FRIEDMAN

RABBI YEHOSHUA FRIEDMAN wurde 1948 in Cleveland, USA, geboren, etwa ein halbes Jahr nach der Gründung des Staates Israel. Er wuchs in einem liberalen jüdischen Vorstadtmilieu auf und graduierte von der dortigen High School. Er studierte das Great Books Curriculum am St. John's College in Annapolis, MD, das er mit einem BA-Abschluss verließ. Er stellte fest, dass einige der klügsten Leute der Welt nicht jüdisch waren. Ein vierjähriges Studium des Lesens, Analysierens und Diskutierens der großen Werke der westlichen Philosophie hinterließen bei ihm den Eindruck, dass die heutige Zivilisation aus dem griechischen Gedankengut und den jüdischen und christlichen Schriften und dem, was daraus folgt, besteht. Nach den umwälzenden Änderungen durch den Sechs-Tage-Krieg im Jahre 1967, empfand er die Notwendigkeit, einer Hinwendung zu den jüdischen Wurzeln, die in der Gesellschaft nicht ausreichend Beachtung finden. Er war damit nicht allein. Eine kleine Bewegung, die die jüdischen Quellen untersuchte, begann zu wachsen und andere Juden nach Israel zu führen. Von 1970 bis heute hat Rabbi Yehoshua die Torah studiert und unterrichtet und eine große Familie herangezogen. Er ist Gründungsmitglied der Gemeinde von Kochav Hashachar im Binyamin-Gebiet, nordöstlich von Jerusalem und arbeitete einige Zeit als Computerprogrammierer. Er war auch beteiligt an Aktivitäten, die er gerne als „spirituelle Außenpolitik" des jüdischen Volkes bezeichnet.

Die Beiträge von Rabbi Yehoshua Friedman finden sich auf den Seiten:
73 (Vayetze), 235 (Schlach), und 271 (Va'etchanan)

RABBI
MOSHE GOLDSMITH

RABBI MOSHE GOLDSMITH wurde 1948 in Brooklyn, New York, geboren und wuchs dort auf. Er studierte an der BTA Yeshiva High School und machte mit einem Bachelor in Biologie am Brooklyn College seinen Abschluss. Von jungen Jahren an verspürte er den Ruf, nach Israel zu gehen und sich dort niederzulassen. Kurz nach seinem Collegeabschluss heiratete er seine Frau Leah und sie machen Aliyah (immigrierten) mit der Absicht, mit dem Kern der Pioniere Hand in Hand zu arbeiten und eine neue Gemeinde in Israels Kernland aufzubauen. Rabbi Goldsmiths Liebe zur Torah bewegte ihn dazu, sich einem rabbinischen Programm im nahegelegenen Elon Moreh anzuschließen, wo er dreizehn Jahre studierte und seine Smicha (rabbinische Ordination) des Obersten Rabbinats von Israel und eine Lehrbefähigung erhielt. Er war seit dem sehr aktiv in der Gemeinde und acht Jahre lang der Bürgermeister von Itamar.

Rabbi Goldsmith ist ein starker Vertreter der Überzeugung, dass das Volk Israel als Licht der Nationen eine universale Rolle spielen muss. Er ist ein auf vielen Gebieten erfahrener Vortragslehrer und unterrichtet regelmäßig sowohl jüdische als auch nichtjüdische Gruppen. In dieser bedeutungsvollen Zeit möchte er die Aufmerksamkeit auf Itamar lenken und um Unterstützung werben, indem er die wichtige Botschaft, die diese Gemeinde für die Welt bedeutet, nach außen trägt. Er ist überzeugt, dass diese entscheidende Mission lebenswichtig ist für die Zukunft Itamars und die Zukunft anderer Gemeinden in Judäa, Samaria und Israel. Dies, so ist er überzeugt, wird geschehen durch die Überbrückung der Kluft zwischen Juden und Nicht-Juden, was ein wesentlicher Teil der Tikkun Olam (der Rechtfertigung der Welt) sein wird.

www.TourItamarSupportIsrael.com
www.FriendsOfItamar.org
e-mail: leamoshe@netvision.net.il

Die Beiträge von Rabbi Moshe Goldsmith finden sich auf den Seiten:
181 (Tasriah), 253 (Pinchas), 283 (Re'eh), 297 (Ki Tavo) und 331 (Yom Kippur)

RABBI
MOSHE D. LICHTMAN

RABBI MOSHE D. Lichtman stammt aus Elizabeth, N.J. Er studierte an verschiedenen Yeshivot in Israel. Seine rabbinische Ordination (Semichah) erhielt er vom Oberrabbinat von Israel und Rabbi Isaac Elchanan vom Theologischen Seminar der Yeshiva Universität. Er besitzt den akademischen Titel eines MS in jüdischer Ausbildung des Azrieli Instituts der Yeshiva Universität.

Rabbi Lichtman machte 1991 Aliyah (immigrierte) und hat seit dem in verschiedenen weiterführenden Bildungsprogrammen in Israel unterrichtet. Momentan wohnt er mit seiner Frau und acht Kindern in Beit Shemesh.

Für seinen Ruhm sind sicherlich seine literarischen Beiträge zur jüdischen Welt ausschlaggebend. Dank seiner Bemühungen kann jetzt eine breitere englischsprachige Hörerschaft weltweit von den Lehren der Hauptwerke wie *Eim HaBanim Semeichah, An Angel Among Men, A Question of Redemption* und *Rise from the Dust* profitieren. Zusätzlich hat er ein sehr beliebtes Werk mit dem Titel Eretz Yisrael in the Parasha verfasst, welches die zentrale Rolle von Eretz Yisrael in der Torah beschreibt. Aus diesem Buch sind die hier abgedruckten Beiträge entnommen.

Die *Mischnah* in *Pirkei Avot*, die „*Bimkom she'ayn anashim hisht-adel le'hioyt ish*" lehrt, leitet ihn in seinen Schriften, die fast ausschließlich von

Eretz Yisrael und Aliya handeln. „Wenn niemand eine Rolle übernimmt, dann musst du aufstehen und sie übernehmen" erklärt er.

Schließlich unterrichtete Rabbi Lichtman verschiedene Male jüdische Gemeinden im Ausland wobei er die Wichtigkeit der Aliyah in unseren Zeiten hervorhob. Wenn Sie Interesse haben, Rabbi Lichtman einmal als Gastlehrer in Ihrer Nähe zu haben, nehmen Sie unter dieser Webseite Kontakt auf: www.toratzion.com

Die Beiträge von Rabbi Moshe D. Lichtman finden sich auf den Seiten: 95 (Vayigasch), 177 (Schemini), 227 (Naso), 261 (Masei) und 357 (Chanukka)

RABBI
GEDALIA MEYER

RABBI GEDALIA MEYER lebt in Maale Adumim in Israel. Er stammt aus Californien, wo er Naturwissenschaften studierte, bevor er sich für seine jüdischen Wurzel interessierte und eine rabbinische Laufbahn einschlug. Viele Jahre diente er als Rabbiner an vier Synagogen in Amerika und Israel und seit kurzem in seiner Heimatgemeinde in Israel. Er hat auch an verschiedenen jüdischen Schulen und Yeshivot unterrichtet.

Gedalia Meyer hat zusammen mit seiner Frau, Susi, sieben Kinder erzogen. Seine Interessen richten sich auf alle Arten von Torahthemen, mit besonderem Blick auf die spirituelle Seite. Seine derzeitigen Forschungsinteressen beziehen sich auf die historische Entwicklung der jüdischen Spiritualität und die Möglichkeiten, wie sie sich mit den neuesten Entwicklungen der modernen Wissenschaften verbinden lassen. Er ist offen sowohl für alte und neue Ideen und auch eifrig bedacht, seine Erkenntnisse mit anderen zu teilen, wie bescheiden sie auch immer sein mögen.

Rabbi Meyer ist einer der Gründungslehrer von Root Source, wo er „God: the Jewish Image – Video Lessons on the Jewish Journey to Understand God" unterrichtet.

www.root-source.com/teachers/gedalia-meyer/
www.root-source.com/channels/god-jewish-image/

Die Beiträge von Rabbi Gedalia Meyer finden sich auf den Seiten:
43 (Bereschit), 117 (Bo), 148 (Ki Tisa), 247 (Balak) und 303 (Nitzavim)

RABBI

CHANAN MORRISON

RABBI CHANAN MORRISON wuchs in Pensylvania auf und graduierte mit einem BA in Mathematik an der Yeshiva Universität, New York. Da er fortgeschrittene talmudische Studien in Jerusalem studieren wollte, verbrachte er die nächsten sieben Jahre mit einem Studium an Jerusalemer Yeshivot, einschließlich der berühmten Yeshivat Mercaz HaRav, die von Rabbi Abraham Isaac Kook im Jahre 1924 gegründet wurde. Er unterrichtete mehrere Jahre jüdische Wissenschaften in Harrisburg, PA, bevor er nach Israel zurückkehrte und sich in einer kleinen Gemeinde in der judäischen Wüste niederließ.

Rabbi Morrison ist häufig zu Gast bei der Torahsektion der Israel National News Webseite und seine Arbeit kann auf seiner Webseite eingesehen und gelesen werden: www. Ravkooktorah.org. Er hat drei Bücher über Rav Kooks Schriften veröffentlicht: Gold from the Land of Israel (2006), Silver from the Land of Israel (2010) und Sapphire from the Land of Israel (2013).

Der berühmte, erste Oberrabbiner Israels vor der Staatswerdung, Rabbi Abraham Isaac Kook (1865-1935), ist als einer der wichtigsten jüdischen Denker aller Zeiten anerkannt. Seine Schriften reflektieren die Suche der Mystik nach der grundlegenden Einheit in allen Aspekten des Lebens und in dieser Welt. Seine einzigartige Persönlichkeit vereinte gleichermaßen eine seltene Kombination von Talenten und Begabungen. Rabbi Kook war eine prominente, rabbinische Autorität und eine aktive, öffentliche Führungspersönlichkeit. Zur gleichen Zeit aber war er auch ein zutiefst religiöser Mystiker. Er war sowohl ein talmudischer Gelehrter und Poet als auch ein innovativer Denker und heiliger Tzaddik (Gerechter.)

RABBI KOOK

Die Beiträge von Rabbi Chanan Morrison finden sich auf den Seiten:
61 (Chayei Sarah), 99 (Vayechi), 133 (Mishpatim), 231 (Beha'alotecha),
289 (Schoftim), 346 (Pessach) und 361 (Purim)

RABBI
ZELIG PLISKIN

RABBI ZELIG PLISKIN ist ein jüdisch-orthodoxer Rabbiner, Verfasser, Lehrer und Autor von mehr als 25 Büchern, einschließlich Gateway to Happiness, Conversations With Yourself, Building Your Self-Image and of Others, und Life is Now. Er ist bekannt als Zaidy Zelig und hat eine großväterliche Art, mit der er aus anderen das Beste hervorholt.

Rabbi Pliskin wurde 1946 in Baltimore, Maryland, geboren. Als Junge besuchte er die Yeshiva Chofetz Chaim Talmudical Academy in Baltimore und studierte später an der Telshe Yeshiva in Cleveland, Ohio. Nach seiner Hochzeit mit Raizel zog er nach Israel und studierte fünf Jahre an einer Brisk Yeshiva. An der State University von New York erhielt er einen Abschluss in psychologischer Beratung.

Rabbi Pliskins Vater war ein Schüler des Chofetz Chaim an der Radun Yeshiva in Polen und er schrieb eine Biografie über ihn. 1974, nachdem er einen Artikel für The Jewish Observer über das Leben von Chofetz Chaim geschrieben hatte „The Profile of an Oheiv Yisroel“, bat man Zelig Pliskin, ein Buch zur Erklärung der Lehren des Chofetz Chaim zu schreiben. Das Ergebnis war sein erstes Buch: Guard your Tongue (Hüte deine Zunge).

Einige Jahre nach seiner Übersiedlung nach Israel bat ihn die Verkündigungsorganisation Aish HaTorah, einen Vortrag über die menschlichen Emotionen und Beziehungen zu halten. Rabbi Pliskin wirkt heute in der Eheberatung und arbeitet mit Einzelnen, um sie bei persönlichem Wachstum und Fortschritt zu unterstützen. Er ist eng verbunden mit Aish HaTorah und hält Vorträge sowohl in Israel wie auch in den Vereinigten Staaten.

Rabbi Pliskin wohnt mit seiner Familie in Jerusalem.

Rabbi Pliskins Bücher findet man: www.artscroll.com
Weitere Vorträge von Rabbi Pliskin auf: www.aish.com

Die Beiträge von Rabbi Zelig Pliskin finden sich auf den Seiten:
87 (Miketz), 161 (Pekudei), 191 (Acharei Mot), 197 (Kedoschim) und 313 (Haasinu)

RABBI
CHAIM RICHMAN

RABBI CHAIM RICHMAN ist ein Gründungsmitglied des Tempelinstituts in Jerusalem und war dort beinahe dreißig Jahre als einer der Direktoren tätig. Rabbi Richman war in der jüdischen Ausbildung in den USA tätig, bevor er 1982 Aliya machte (immigrierte). Stolz diente er in einer IDF Kampfeinheit. Er ist Autor und Übersetzer von mehr als zehn englischsprachigen Büchern über den Heiligen Tempel sowie mehrerer Originalwerke von Torahkommentaren. Als Leiter der internationalen Abteilung des Tempelinstituts hat er zu Tausenden von Zuhörern weltweit gesprochen und ist häufiger Interviewpartner internationaler Medien. Seit Jahrzehnten ist er einer der bahnbrechenden Rabbiner in der Verkündigung und der Torahunterweisung für Nicht-Juden gewesen, die sich dem Gott Israels nähern wollen.

Rabbi Richman sagt zu seinen Beweggründen für die Einrichtung der internationalen Abteilung des Tempelinstituts: „Die Torah bezeugt, dass der Heilige Tempel in Jerusalem das spirituelle Zentrum der ganzen Menschheit war. Alle Propheten Israels sagen für die Zukunft voraus, dass der Heilige Tempel wieder einmal auf dem Berg Zion stehen wird und zu der Zeit alle Nationen dort gemeinsam anbeten werden.

In unserer Zeit gibt es ein großes spirituelles Erwachen betreffs der Bedeutung des Tempels. Das Tempelinstitut betrachtet dieses Erwachen als von Gott inspiriert und sucht aktiv das Verlangen nach dem Tempel und das Wissen über den Tempel mit der Welt zu teilen."

Um dieses Ziel zu erreichen hat das Tempelinstitut eine einzigartige internationale Abteilung gegründet, deren Aufgabe es ist, das Licht des Heiligen Tempels in eine Welt zu tragen, die die Gegenwart Gottes sucht. Die internationale Abteilung besteht, um Wissen, Inspiration und Information all denen zu vermitteln, die diese Vision teilen und um ihnen Gelegenheit zur Unterstützung und aktiven Teilnahme an Projekten des Tempelinstituts zu bieten.

Die internationale Abteilung produziert wöchentliche Video-Torahlektionen mit Rabbi Richman. Sie organisiert auch Torah-basierte Touren und Seminare in Israel mit einem einzigartigen Blick aus authentisch-jüdischer Sicht auf Jerusalem. Die englische Webseite des Tempelinstituts lautet: www.templeinstitute.org. Rabbi Richman kann direkt unter rabbirichman@gmail.com erreicht werden.

Die Beiträge von Rabbi Chaim Richman finden sich auf den Seiten:
57 (Vayera), 123 (Beschalach), 137 (Terumah), 319 (V'Sot HaBeRachah),
337 (Sukkot) und 365 (Tischa b'Av)

RABBI
SHLOMO RISKIN

RABBI SHLOMO RISKIN ist ein anerkannter Lehrer, Autor, Sprecher und Visionär. –Sein Einsatz für Israel und die jüdische Welt sind in den letzten fünf Jahrzehnten von größter Bedeutung gewesen für die Gestaltung der modernen Orthodoxen Gesellschaft, so wie wir sie heute kennen.

Als Gründungsrabbiner der Lincoln Square Synagoge in Manhattan schuf Rabbi Riskin einen Brennpunkt für einen hochinteressanten Zugang zur Orthodoxie. Er diente als Vorbild für religiös soziales Handeln und trieb die Miteinbeziehung der Frauen in das religiöse Lernen, Leben und in Führungsaufgaben voran und wurde so zu einem bedeutenden Sprecher der modernen Orthodoxie.

1983 zog Rabbi Riskin nach Israel, um Pionierarbeit für die Besiedlung von Efrat zu leisten. Efrat zählt heute fast 12.000 Einwohner und gilt als die blühendste, dynamischste und begehrteste Pendlerresidenz Jerusalems.

Als er in Israel ankam, gründete Rabbi Riskin in Efrat eine High School für Jungen und begann, was später zum Ohr Torah Stone werden sollte (www.ots.org.il): ein Netzwerk grundlegender Bildungsinstitutionen: Frauenausbildungsprogramme, innovatives Führungstraining, brückenbauende Verkündigungsinitiativen sowie proaktive soziale Projektgruppen. Heute gehören zum Ohr Torah Stone ca. 3.000 Studenten aus Israel und der Diaspora. Die Bandbreite der Studenten geht von Grundschulabgängern bis zu Hochschulabsolventen beiderlei Geschlechts. Ungeachtet der verschiedenen Altersgruppen, Programme und Standorte sind alle OTS-Institutionen vereint in der Unterstützung der Vision und Philosophie ihres Gründers. Dazu gehören die tiefe Liebe zu Israel, Toleranz für den Nächsten, Bildung im und Stolz auf das Judentum und hochqualifizierte weltliche Studiengänge. Ohr Torah Stone bildet somit kenntnisreiche, liebevolle und maßgebliche Führungskräfte der Zukunft aus.

Die Beiträge von Rabbi Shlomo Riskin finden sich auf den Seiten:
111 (Va'eira), 143 (Tetzaveh), 155 (Vayakhel), 169 (Vayikra), 185 (Metzora),
243 (Chukat) und 277 (Eikev)

RABBI
NAPHTALI "TULY" WEISZ

RABBI NAPHTALI "TULY" Weisz besuchte die Yeshiva Universität (BA), Rabbi Isaac Elchanan Theological Seminary (Rabbinische Ordinierung) und die Benjamin Cardozo School of Law (JD). Er diente auch als Rabbi der Beth Jacob Gemeinde in Columbus, Ohio.

Nach seiner Aliyah (Einwanderung) gründete Rabbi Weisz Israel365 und ist der Herausgeber von Breaking Israel News. Er ist auch verantwortlicher Herausgeber von The Israel Bibel. Diese innovativen und beliebten Webseiten dienen der Verbreitung des Wissens über die biblische Bedeutung des Landes Israel sowohl unter Juden als auch unter christlichen Zionisten in der ganzen Welt. Rabbi Weisz ist verheiratet und wohnt mit seiner Familie in Ramat Beit Shemesh, Israel.

www.Israel365.com
www.BreakingIsraelNews.con
www.TheIsraelBible.com

Die Beiträge von Rabbi Naphtali „Tuly" Weisz finden sich auf den Seiten:
49 (Noah), 53 (Lech-Lecha), 107 (Shemot) und 129 (Yitro)